JN300573

日本国憲法概論

――ケース・メソッド――

髙野幹久 著

信山社

はしがき

　司法制度改革論議が盛んである。しかし、いかなる制度改革であれ、それを生かすも殺すも、制度の運用に当たる人材次第である。従って、司法制度改革論議は法曹教育改革論議を前提にしなければ、仏作って魂入れずの結果になりかねない。アメリカのロースクールにおいて、ケース・メソッド（case method）教育を受け、法学部・大学院法学研究科で憲法学を長年講じる者として、ケース・メソッドに勝る法曹実務家養成教育方法はないものと確信する。法学教育に当たって、判例の重要性を認識する法学者は少なくはないが、そのための適切な学術書や教科書は必ずしも多いとは言えないように思われる。そこで、汗牛充棟のそしりを受けることも覚悟の上で、ケース・メソッドを採り入れた憲法学の著作をあえて上梓する次第である。

　また、憲法は、国の形や安全保障についての基本的枠組や指針を示す法として、きわめて政治的な法である。憲法政治的論議が盛んなのも宜なるかなとは思う。しかし、憲法の根本的存在価値は人間の権利保障の大憲章であるところにこそある。従って、憲法解釈論議は何よりも人権侵害救済を志向しなければならない。人権の終局的救済は司法の場で行われる。であるとすれば、実体憲法を具体的事件に解釈適用する過程で形成される判例法を分析素材として憲法理論を発展させる憲法学が重要性を帯びる。そして、そのような方法、すなわちケース・メソッドで憲法学を学ぶことにより、憲法を生きた法として国民の精神構造に根付かせ、国民生活の基盤として

はしがき

憲法を活用するリーガル・マインドを身に付けることができるものと考える。

　『日本国憲法概論―ケース・メソッド』が大方の批判に耐えて、特に恩師である故鵜飼信成先生及び故芦部信喜先生の御叱正を受けることなく、洛陽の紙価をいささかなりとも低下せしめることがなければ望外の喜びである。

　本書の刊行に当たっても、今井貴氏並びに信山社の関係各位の御協力に深謝申し上げる。

2001年立秋

鎌倉稲村ヶ崎に立ちて

高　野　幹　久

目　次

日本国憲法概論
―― ケース・メソッド ――

目　次

はしがき

第1編　序　　論 …………………………………… *1*

第1章　法学の方法論 ―― ケース・メソッド(Case Method) … *1*
第1節　アメリカにおける法学教育
　　　　　―― ロースクールについて ………………… *1*
第2節　ケース・メソッドについて ………………… *6*
第2章　判例についての基礎知識 ………………… *11*

第2編　日本国憲法概説 …………………………… *23*

第1部　憲法総論 …………………………………… *23*

第1章　憲法の意義 ………………………………… *27*

第2章　憲法の最高法規性 ………………………… *37*
第1節　最高法規性の意味 ………………………… *37*
第2節　憲法と条約との関係 ……………………… *40*

第3章　憲法の改正 ………………………………… *47*

第4章　日本国憲法の基本原理 …………………… *53*
第1節　国民主権主義 ……………………………… *53*

v

目　　次

　　　第 2 節　平 和 主 義 ………………………………… *60*
　　　第 3 節　基本的人権尊重主義 ……………………… *66*

第 2 部　統 治 機 構 ……………………………………… *71*

第 1 章　権力分立制 ………………………………………… *71*

　　　第 1 節　権力分立の意義 …………………………… *73*
　　　第 2 節　日本国憲法における権力分立 …………… *75*
　　　第 3 節　三権相互間の抑制・均衡関係 …………… *77*
　　　第 4 節　権力分立制と「統治行為」の理論 ………… *79*

第 2 章　立 法 権 ── 国会 …………………………… *85*

　　　第 1 節　国会の地位 ………………………………… *87*
　　　第 2 節　国会の組織 ── 二　院　制 ……………… *89*
　　　第 3 節　国会議員の地位 …………………………… *91*

第 3 章　行 政 権 ── 内閣 …………………………… *95*

　　　第 1 節　行政権の概念 ……………………………… *96*
　　　第 2 節　内閣の地位 ………………………………… *96*
　　　第 3 節　内閣の組織と権能 ………………………… *98*

第 4 章　司 法 権 ── 裁判所 ………………………… *105*

　　　第 1 節　司法権の概念と範囲 ……………………… *106*
　　　第 2 節　司法権の限界 ……………………………… *107*
　　　第 3 節　裁判所の組織と権能 ……………………… *109*

第 5 章　財　　　政 ………………………………………… *117*

　　　第 1 節　財政の基本原則 …………………………… *118*
　　　第 2 節　予　　　算 ………………………………… *120*

第3節　公金・公財産の支出・利用の制限 ………… *122*

第6章　地　方　自　治 ………………………………………… *125*

　　　第1節　地方自治の基本原則 ………………………… *126*
　　　第2節　地方公共団体の組織、機関及び権能 ……… *127*
　　　第3節　条例制定権 …………………………………… *129*

第3部　人　権　保　障 ……………………………………… *133*

第1章　人　権　総　論 ………………………………………… *133*

　　　第1節　人権の歴史 …………………………………… *133*
　　　第2節　日本国憲法における人権保障 ……………… *136*
　　　第3節　私人間における人権保障 …………………… *140*
　　　第4節　外国人の人権 ………………………………… *149*

第2章　人権と公共の福祉 ……………………………………… *153*

　　　第1節　人権の一般原則とその問題性
　　　　　　　―― 人権の限界 ………………………………… *157*
　　　第2節　公共の福祉の意味 ―― 諸学説の概観と検討 *158*
　　　第3節　公務員の労働基本権の制限と公共の福祉 … *162*

第3章　法の下の平等原則 ……………………………………… *165*

　　　第1節　総　説 ―― 平等原則の意味 ………………… *168*
　　　第2節　不合理な差別の類型 ………………………… *170*
　　　第3節　平等原則に関する判例分析 ………………… *173*
　　　第4節　不合理な差別の禁止 ………………………… *176*

第4章　精神的自由に関する基本権 …………………………… *181*

　　　第1節　総　　　説 …………………………………… *181*

目　　次

　　　第2節　思想・良心の自由 ………………………… *182*
　　　第3節　信教の自由 ………………………………… *185*
　　　第4節　学問の自由 ………………………………… *196*
　　　第5節　表現の自由 ………………………………… *201*

　第5章　経済的自由に関する基本権 ……………………… *219*

　　　第1節　居住・移転の自由 ………………………… *221*
　　　第2節　職業選択の自由 …………………………… *223*
　　　第3節　財産権の保障 ……………………………… *225*

　第6章　人身の自由に関する基本権 ……………………… *231*

　　　第1節　基 本 原 則 ………………………………… *232*
　　　第2節　被疑者の権利 ……………………………… *234*
　　　第3節　被告人の権利 ……………………………… *236*

　第7章　社会権──生存権的基本権 ……………………… *245*

　　　第1節　総説──自由権と社会権 ………………… *245*
　　　第2節　生存権と環境権 …………………………… *248*
　　　第3節　教育を受ける権利と教育の自由 ………… *261*
　　　第4節　労働基本権 ………………………………… *270*

　第8章　参　政　権 ………………………………………… *281*

　第9章　国務請求権（受益権）…………………………… *289*

［付録］

日本国憲法 …………………………………………………… *295*
大日本帝国憲法 ……………………………………………… *316*
参 考 文 献 …………………………………………………… *327*
判 例 索 引 …………………………………………………… *329*

第1編　序　　論

第1章　法学の方法論
—— ケース・メソッド (Case Method) ——

第1節　アメリカにおける法学教育
　　　　 —— ロースクールについて

　アメリカのロースクールは、多様性に富んでいるが、少なくとも3つの特徴を共通に持っている。すなわち、その教育は大学院レヴェルで行われ、法曹専門家を養成することを目的とすること、そして、法学教育の方式として、いわゆるケース・メソッド (case method) と言う特異な教育方法を採用していることである。アメリカのロースクールで教育を受けた著者の体験も踏まえて、以下に紹介する。

　アメリカの法制度は、アメリカのロイヤー（法律家、狭義では弁護士のみを指す）達の受けた法学教育の態様の影響を受けて発展してきたと言ってよい。今日、約13万人の法学生に対する法学教育が、アメリカ法律家協会 (American Bar Association)[1] により認証された約177のロースクールで行われている。これらのロースクールの約80％が、さらに厳格な基準の下にアメリカ・ロースクール協会 (Association of American Law Schools) の加盟校として認められている。最近開業を認められた弁護士の殆どはこれらの優秀校から学位を受けている。もっとも、ロースクールの総数はアメリカ

第1編　序　論

全土で211を越えるほど多く、その教育に連邦政府のコントロールを全く受けないから、ロースクール間の多様性は、法学部等法学教育機関の数がより少なく、政府の何らかの規制を受けている国々の法学教育機関よりもはるかに大きいものがある。

　ロースクールのほとんどは大学（University）の1部局となってはいるが、学部に付属するものではなく、日本で言えば独立大学院に相当する。それらの大学は、ハーバード（Harvard）、イエール（Yale）、コロンビア（Columbia）、シカゴ（Chicago）、スタンフォード（Stanford）、ペンスィルヴェニア（Pennsylvania）、コーネル（Cornell）、ニューヨーク（New York）のように、州とつながりを持たない私立大学が多いが、ミシガン（Michigan）、カリフォルニア（バークレイ）（California, Berkeley）のように州の助成を受ける州立大学もある[2]。多くのロースクールはローカル（地域）ロースクールである。学生の多くが、そのロースクールの所在する地域の出身者であり、ロースクール修了後その地域で開業するからである。そして、その地域に特に重要な問題に関する地域の法に力を入れて勉強する傾向がある。例えば、ニューヨークのロースクールではニューヨーク州や市の法を連邦法とともに必ず勉強する。もっともトップ10ロースクールのような著名なロースクールにはアメリカ全土から学生が集まり、いずれの州でも開業できるように訓練を受ける[3]。殆どのロースクールはフルタイム・プログラム（言わば、全日制）で教育を行い、修業年限は3年であるが、なかには、パートタイム・プログラム（言わば、定時制）で、通常夜間に教育を行い、修業年限はより長期にわたるものもある。学生数においては、1500人を越えるロースクールもあれば、わずか300人にも満たないものもある。例えば、ハーバードは1600人以上、ミシガンは1000人以上、カリファルニア（バークレイ）やコロンビアは約900人、イエ

第 1 章　法学の方法論——ケース・メソッド

ールは 600 人以下である。

　このように多様性に富んでいるが、アメリカのロースクールは他国に見られないいくつかの共通の特色を持っている。それらの内で最も顕著な特色は、法学教育が日本で言えば大学院レヴェルで行われること、教育の目的が法曹専門職の養成にあること、そして、ケース・メソッドと言う特異な教育方法を採用していることである。ケース・メソッドについては次節で詳述するが、これらはいずれも 19 世紀における法学教育の発展にその起源を持つものである。

　アメリカにおける法曹育成のための大学教育の伝統はさほど古いものではない。イギリスのオックスフォード大学で、ブラックストーン (William Blackstone)[4] がコモン・ローについて最初の講義を行ったのは 1753 年であった。アメリカにおいては、1779 年に、ウイリアム・アンド・メリー・カレッジ (William and Merry College) に法学の講座が設けられ、1793 年にはケント (James Kent) がコロンビア・カレッジ (Columbia College) の法学の教授になった。しかしながら、アメリカのロースクールが始めて現在の形をとるようになったのは、1829 年にストーリー判事 (Justice Joseph Story) がハーバード・ロースクール (Harvard Law School、1817 年創設) を改組した時である。ストーリーはアメリカのロースクールを法曹教育の場として方向付けるのに貢献した。初期の頃の大学の法学講座の担当者は、ブラックストーンもそうであったが、法学を教養教育の一部と見ていた。しかし、ストーリーのもとで、法学教育と教養教育とが分化し、法学は、学生がロースクールに入学を認められる以前に教養科目を十分に学んできたという前提のもとに教えられるようになった。この方向が定着し、1870 年までには 1 ないし 2 年制のコースを持つ 31 のロースクールが誕生した。

　1870 年代初期、南北戦争後の社会の発展と産業化は、より複雑

な法律業務を扱える法律家の養成を必要とするようになった。1878年には、アメリカ法律家協会が設立され、1900年には、法学教育改善の目的でアメリカ・ロースクール協会が設立された。1905年までには、この協会の加盟校資格として、現在のロースクールがそうであるように、少なくとも3年間の法学教育を行うことが必要とされるようになった。1952年までには、ロースクール入学の前提条件として、3年間の大学の学部教育を受ける制度が確立し、今日、殆どの学生が学士号（college bachelor's degree）を得るために4年間の学部教育を受けている[5]。しかしながら、ロースクールに入学するために特定の学部を出る必要はないし、また学部段階で法学専攻のコースは置かれていない。従って、アメリカでは通常少なくても3年間の学部教育を受け、卒業した後に21歳か22歳になって始めてロースクールに入学して法学教育を受けることになる。多くのロースクールでは、入学するのに非常に高い競争率を突破しなければならず、学部の成績と共に法学教育を受けるための適性を試す全国的な試験（Law School Admission Test）を1日がかりで受験しなければならない。伝統的には、白人の男子学生が多かったが、最近では女子及び少数民族出身者が著増している。今日では、女子学生数は全学生の3分の1以上を占め、黒人その他の少数民族出身学生数は全学生の約10％を占めるに至っている。

　ロースクールの卒業生の殆どは弁護士として開業することを希望し、企業や政府機関で法律職以外の職につく者は少ない。ロースクールにおける法学教育が高度に法律専門的であり、厳しい訓練を受け、また費用もかかるからである。ロースクールでの3年間は、契約法、不法行為法、動産・不動産法、信託法、証拠法、訴訟手続法、刑法、商法、企業法、税法、通商規制法、憲法、行政法、労働法、家族法、国際公法、国際私法（抵触法）等の法律専門科目と共に法

第1章 法学の方法論――ケース・メソッド

理学あるいは法哲学、比較法学、法制史等の周辺関連科目の勉強に当てられる。経済学、社会学、政治学などは、学部段階で習得したものとみなして、カリキュラムには提供されない。1年次のカリキュラムは原則的に全て必修科目であるが、高学年になると殆どが選択科目になる。学部での教養教育がロースクールでの法学教育の前提条件とされているために、ロースクールでは法学の専門教育に専念できることになる。3年間の集中的な専門教育機関中に学生はケース・メソッドとして知られるアメリカ特有の法学教育を受ける。入学後の成績評価のための試験も日本の大学での学期末あるいは学年末テストのような生易しいものではない。ケース・メソッドがやはり試験にも反映される。1科目の試験が半日ないし1日がかりで行われる。1科目あたりの問題は約10頁のブックレットほどの量があり、解答用紙も同じく30頁以上ほどのブックレットが何冊も用意されている。問題の内容は想定された法律事件であり、それに対して、事実関係の分析、争点を提示しての意見展開と、あたかも判決文を書くことが要求される。あるいは、依頼人のために弁論活動をする弁護士の立場で議論を展開しなければならない。もとより、答案作成に役立つと考えられる資料の持ち込み利用が無制限に認められる (open-book examination)。(著者も、旅行かばん2つに資料をぎっしり詰め込んで、試験場に持ち込み受験した経験がある)。このように過酷なほどに厳しい法学教育を3年以上にわたり受けた後に、学生はジュリス・ドクター (juris doctor, J. D.) の学位[6]を与えられ、法曹会に入る候補者となるのである。

　ここで、日本のこれからの法曹養成と大学における法学教育のあり方について付言する。基本的には、アメリカ型のロースクールに準じる制度を導入することが望ましいと考える。すなわち、学部教

第1編　序　論

育においては、語学、教養科目等のリベラル・アーツ関連の科目教育に重点を置き、特に法曹志望者については、基礎法を中心とする法律入門科目のみを設け、視野の広い、コモン・センスを身につけた「法律教養人」を養成する。職業としての法律家（ロイヤー）あるいは企業や政府機関等で専ら法律実務を担当する人材の養成については、3年制の大学院を設け、現在司法研修所で行われているような法律実務教育を主として行い、すくなくともケース・メソッドと moot court（模擬法廷）教育方式を採用する。大学院教員には、裁判官・検察官経験者や弁護士等法曹資格のあるものを多く登用する。このような大学院修了者には、司法試験受験科目を減免し、面接を重視する等の司法試験制度改革も必要であると考える。

第2節　ケース・メソッドについて

アメリカの法学教育へのケース・メソッドの導入は、1871年に、ハーバード・ロースクールの教授ラングデル（Christopher Columbus Langdel）が契約法に関するケースブック（case book）（事例演習教科書）を彼の学生用に編纂、刊行したのが始まりである。ニューヨークのロイヤーでもあった教授の最高の功績はケース・メソッドと言う法学教育方式の導入である。彼は結論する。法の基本原理を習得する最短にして最良の方法はそれらの基本原理が具体的に表現されている裁判官の判決意見を研究することである。また、彼の信じるとこるによれば、ケース・メソッドがより効果を発揮するためには、学生は自習に時間を割くよりも授業に出席することが必要であるとされる。ケース・メソッドによる授業は次のように行われる。教授は先ずケースブックを学生に用意させる。伝統的な講義形式の授業は行わず、いわゆるソクラティック・メソッド（Socratic

第1章 法学の方法論——ケース・メソッド

method) を採用する。すなわち、授業に備えて学生にあらかじめ読んでくるように指示された判例や事例について、教授が学生に質問し、学生と議論する。授業で採り上げる判例は地域管轄、審級管轄を異にするいろいろな裁判所で審理された事件であるから、そこに現れる裁判官の意見は当然一貫したものではない。従って、ケース・メソッドにおいては、学生は裁判官の異なった意見を比較検討し、事件を取り巻く現実状況に身を置いて、対立する法規範や法原理を分析評価することを求められる。このようなケース・メソッドの教育方式は、20世紀最初の10年代の終わり頃までには、アメリカ中のロースクールにおいて一般的に採用されるに至った。

ケース・メソッドは極めて時間のかかる教育方式ではあるが、近時、次の理由で高く評価されるようになった。すなわち、ケース・メソッドは、学生に対し、具体的な事実状況を記述、分析、評価、比較し、弁護士及び裁判官が使用したのと同様な資料を用い、それによって基本的な論議・証明のための陳述を案出することを求めることにより、法律実務家としての技能や技術を開発育成し、問題の分析力、判断力、意見表明力を強化するために役立つと評価されるのである。その目的は、法規定についての百科辞典的な知識を教え込むことにとどまるものではないのである。

しかし、ケース・メソッドは特殊専門的な法学教育には適しているけれども、その困難性、適切な上訴裁判所の判決意見が限定されること、学生の興味の減退等が次第に明らかになるにつれて、教材としての判例に過度に依存することが見直されるようになった。ケースブックもかつては判例のみを内容としていたが、今日では、教科書的理論や法令、さらには、哲学、社会学、歴史学などの分野からの文献も採り入れるようになった。もっとも、教育の重点が、授業に望むに当たって十分な準備を要求することにより、学生の批判

的能力と独自の適切な判断力を育成することに置かれていることに変わりはない。

　学生数が100人を越える大教室における授業も、ケース・メソッドが基本型であることに変わりはない。学生は、週12時間から15時間の授業のそれぞれ1時間あたりの準備にケースブックを2時間分読むことを要求される。小教室やセミナーにおいては、形式ばらない議論が行われ、学生は、資料収集や論文作成、さらには、弁論、法律相談、交渉、判決文の起草等の訓練を受ける。学生は資料探索のために図書館の広範な利用を要求される。例えば、ハーバード・ロースクールの図書館（law library）は150万冊以上の図書を所蔵する。コロンビアは70万冊以上、ミシガンとイエールは60万冊以上、カリフォルニア（バークレー）は40万冊以上と、各ロースクールは膨大な蔵書量を誇る。開架閲覧室はもとよりのこと、書庫内には専用の机（キャレル）まで用意されている。しかも、夜12時まで、試験期間中は24時間開館しているから、学生は大学生活の大半を図書館で過ごすといっても過言ではない。臨床的教育プログラムにおいては、学生は具体的事件について法律家の監督のもとで、訴訟準備を補助するための訴答書面や準備書面などを作成し、また法廷で弁論を行うことによって実務経験を身につける。実際上、現在全てのロースクールが何らかの形の臨床的法学教育を、しばしば現実の問題に関して、時には、法廷実務の指導をする際には模擬問題を用いて、行っている。この種の実務教育に加えて、殆どの学生は夏期休暇を利用して或いはパートタイムで法律実務を体験する。また、ロースクールに設けられた模擬法廷において、学生は仮想事件、通常は上訴事件について、裁判官役をする教授、実際の弁護士、裁判官の前で弁護士としての役割で弁論をする。さらに、競争で選ばれた優秀な学生は、200以上のロースクールで発行されているロ

第 1 章　法学の方法論——ケース・メソッド

ー・レビュー（法律雑誌）に執筆し編集する機会を与えられる。これらの雑誌の中にはアメリカで最も優れた法律雑誌に数えられるものもあり、伝統的に学生によって運営されている。

　注
(1)　弁護士のみならず、裁判官、大学の法学の教授等も会員になれる点で、日本弁護士連合会に完全に相当するものではない。
(2)　以上 10 のロースクールは、順位の入れ代わりこそはあるが、しばしば、トップ 10 ロースクール（Top-Ranked 10 Law Schools）と呼ばれる著名なロースクールである。（なお、アメリカには国立大学はない）。
(3)　もっとも、日本の司法試験に相当する法曹試験（bar examination）は日本と違って全国的にではなく、各州毎に行われるから、例えば、ニューヨークで開業したければ、ニューヨーク州の法曹試験に合格しなければならない。
(4)　有名なブラックストーンのコンメンタリー（Commentaries on the Law of England）の著者。アメリカ第 16 代台大統領リンカーン（Abraham Lincoln）もこの書物で独学して法曹会に入ったと伝えられる。
(5)　アメリカの学生は通常 17 歳か 18 歳で高校を卒業し、次いで一般教育を行う州立または私立の大学へ進学し、21 歳か 22 歳で学士号を取得して卒業する。学部、大学院、専門実務家養成大学院（professional school）等複数の施設からなる大学は総合大学（university）と呼ばれ、1 つの学部のみからなる大学は単科大学（college）と呼ばれるのが通常である。
(6)　1970 年ごろまでは、殆どのロースクール修了者は法学士（Bachelor of Laws, LL.B.)）の学位を与えられたが、以後は J.D. に代わるようになった。J.D. に法学博士と言う訳語を与えるのは誤りである。ロースクールによっては、さらに研究を進めた学生に法学修士

第 1 編　序　　論

（Master of Laws, LL.M.）号や法学博士（Doctor of the Science of Laws, J.S.D. or S.J.D.）号を与えるところもあるが、これらの学位は法曹実務家となるものが取ることはあまりない。これらの上級学位の取得者は通常法学の教師を目指す。S.J.D.やJ.S.D.をDoctor of Laws（LL.D.）と混同してはならない。LL.D. はむしろ名誉博士号である。

第2章 判例についての基礎知識

▷ **尊属殺人被告事件**

最高裁昭 48・4・4 大法廷判決、破棄自判、刑集 27 巻 265 頁
（一審・宇都宮地裁昭 44・5・29 判決、二審・東京高裁昭 45・5・12 判決）
昭和 45 年(あ)第 1310 号

　　　判　　決
本籍　栃木県〇〇〇市〇〇〇××××番地
住居　同県〇〇〇市〇〇町×××番地〇〇〇旅館方
　　　　　　　　　　旅館手伝
　　　　　　　　　　　　　Ａ　　　子
　　　　　　　　　　昭和 14 年 1 月 31 日生

　右の者に対する尊属殺人被告事件について、昭和 45 年 5 月 12 日東京高等裁判所が言い渡した判決に対し、被告人から上告の申立があったので、当裁判所は、次のとおり判決する。

　　　主　　文
原判決を破棄する。
被告人を懲役 2 年 6 月に処する。
この裁判確定の日から 3 年間右刑の執行を猶予する。

　　　理　　由
弁護人大貫大八の上告趣意中違憲をいう点について
　所論は、刑法 200 条は憲法 14 条に違反して無効であるから、被告人の本件所為に対し刑法 200 条を適用した原判決は、憲法の解釈を誤ったものであるというのである。
　よって案ずるに、憲法 14 条 1 項は、国民に対し法の下の平等を保障し

第 1 編　序　　論

た規定であって、同項後段列挙の事項は例示的なものであること、およびこの平等の要請は、事柄の性質に即応した合理的な根拠に基づくものでないかぎり、差別的な取扱いをすることを禁止する趣旨と解すべきことは、当裁判所大法廷判決（昭和 39 年 5 月 27 日・民集 18 巻 4 号 676 頁）の示すとおりである。そして、刑法 200 条は、自己または配偶者の直系尊属を殺した者は死刑または無期懲役に処する旨を規定しており、被害者と加害者との間における特別な身分関係の存在に基づき、同法 199 条の定める普通殺人の所為と同じ類型の行為に対してその刑を加重した、いわゆる加重的身分犯の規定であって（最高裁昭和 31 年 5 月 24 日第 1 小法廷判決・刑集 10 巻 5 号 734 頁）、このように刑法 199 条のほかに同法 200 条をおくことは、憲法 14 条第 1 項の意味における差別的取扱いにあたるというべきである。そこで、刑法 200 条が憲法の右条項に違反するかどうかが問題となるのであるが、それは右のような差別的取扱いが合理的な根拠に基づくものであるかどうかによって決せられるわけである。

　当裁判所は、昭和 25 年 10 月以来、刑法 200 条が憲法 13 条、14 条 1 項、24 条 2 項等に違反するという主張に対し、その然らざる旨の判断を示している。もっとも、最初に刑法 200 条が憲法 14 条に違反しないと判示した大法廷判決（昭和 25 年 10 月 25 日・刑集 4 巻 10 号 2126 頁）も、法定刑が厳に過ぎる憾みがないではない旨を括弧書において判示していたほか、情状等に憫諒すべきものがあったと推測される事案において、合憲性に触れることなく別の理由で同条の適用を排除した事例も存しないわけではない（最高裁昭和 32 年 2 月 20 日大法廷判決・刑集 11 巻 2 号 824 頁、同 38 年 12 月 24 日第 3 小法廷判決・刑集 17 巻 12 号 2537 頁）。また、現行刑法は、明治 40 年、大日本帝国憲法のもとで、第 23 回帝国議会の協賛により制定されたものであって、昭和 22 年、日本国憲法のもとにおける第 1 回国会において、憲法の理念に適合するようにその一部が改正された際にも、刑法 200 条はその改正から除外され、以来今日まで同条に関し格別の立法上の措置は講ぜられていないのであるが、そも

第 2 章　判例についての基礎知識

そも同条設置の思想的背景には、中国古法制に淵源しわが国の律令制度や徳川幕府の法制にも見られる尊属殺重罰の思想が存在すると解されるほか、特に同条が配偶者の尊属に対する罪をも包含している点は、日本国憲法により廃止された「家」の制度と深い関連を有していたものと認められるのである。さらに、諸外国の立法例を見るに、上の中国古法制のほかローマ古法制などにも親殺し厳罰の思想があったもののごとくであるが、近代にいたってかかる思想はしだいにその影をひそめ、尊属殺重罰の規定を当初から有しない国も少なくない。そして、かつて尊属殺重罰規定を有した諸国においても近時しだいにこれを廃止しまたは緩和しつつあり、また、単に尊属殺のみを重く罰することをせず、卑属、配偶者等の殺害とあわせて近親殺なる加重要件をもつ犯罪類型として規定する方策の講ぜられている例も少なからず見受けられる現状である。最近発表されたわが国における「改正刑法草案」にも、尊属殺重罰の規定はおかれていない。

　このような点にかんがみ、当裁判所は、所論刑法 200 条の憲法適合性につきあらためて検討することとし、まず同条の立法目的につき、これが憲法 14 条 1 項の許容する合理性を有するか否かを判断すると、次のように考えられる。

　刑法 200 条の立法目的は、尊属を卑属またはその配偶者が殺害することをもって一般に高度の社会的道義的非難に値するものとし、かかる所為を通常の殺人の場合より厳重に処罰し、もって特に強くこれを禁圧しようとするにあるものと解される。ところで、およそ、親族は、婚姻と血縁を主たる基盤とし、互いに自然的な敬愛と親密の情によって結ばれていると同時に、その間おのずから長幼の別や責任の分担に伴う一定の秩序が存し、通常、卑属は父母、祖父母等の直系尊属により教育されて成人するのみならず、尊属は、社会的にも卑属の所為につき法律上、道義上の責任を負うのであって、尊属に対する尊重報恩は、社会生活上の基本的道義というべく、このような自然的情愛ないし普遍的倫理の維持は、刑法上の保護に値するものといわなければならない。しかるに、自

第1編　序　　論

己または配偶者の直系尊属を殺害するがごとき行為はかかる結合の破壊であって、それ自体人倫の大本に反し、かかる行為をあえてした者の背倫理性は特に重い非難に値するということができる。

このような点を考えれば、尊属の殺害は通常の殺人に比して一般に高度の社会的道義的非難を受けて然るべきであるとして、このことをその処罰に反映させても、あながち不合理であるとはいえない。そこで、被害者が尊属であることを犯情のひとつとして具体的事件の量刑上重視することは許されるもののみならず、さらに進んでこのことを類型化し、法律上、刑の加重要件とする規定を設けても、かかる差別的取扱いをもってただちに合理的な根拠を欠くものと断ずることはできず、したがってまた、憲法14条1項に違反するということもできないものと解する。

さて、右のとおり、普通殺のほかに尊属殺という特別の罪を設け、その刑を加重すること自体はただちに違憲であるとはいえないのであるが、しかしながら、刑罰加重の程度いかんによっては、かかる差別の合理性を否定すべき場合がないとはいえない。すなわち、加重の程度が極端であって、前示のごとき立法目的達成の手段として甚だしく均衡を失し、これを正当化しうべき根拠を見出しえないときは、その差別は著しく不合理なものといわなければならず、かかる規定は憲法14条1項に違反して無効であるとしなければならない。

この観点から刑法200条をみるに、同条の法定刑は死刑および無期懲役刑のほか3年以上の有期懲役刑となっているのと比較して、刑種選択の範囲が極めて重い刑に限られていることは明らかである。もっとも、現行刑法はいくつかの減軽規定が存し、これによって法定刑を修正しうるのであるが、現行法上許される2回の減軽を加えても、尊属殺につき有罪とされた卑属に対して刑を言い渡すべきときには、処断刑の下限は懲役3年6月を下ることがなく、その結果として、いかに酌量すべき情状があろうとも法律上刑の執行を猶予することはできないのであり、普通殺の場合とは著しい対照をなすものといわなければならない。

第2章 判例についての基礎知識

　もとより、卑属が、責むべきところのない尊属を故なく殺害するがごときは厳重に処罰すべく、いささかにも仮借すべきではないが、かかる場合でも普通殺人罪の規定の適用によってその目的を達することは不可能ではない。その反面、尊属でありながら卑属に対して非道の行為に出で、ついには卑属をして尊属を殺害する事態に立ち至らしめる事例も見られ、かかる場合、卑属の行為は必ずしも現行法の定める尊属殺の重刑をもって臨むほどの峻厳な非難には値しないものということができる。

　量刑の実状をみても、尊属殺の罪のみにより法定刑を科せられる事例はほとんどなく、その大部分が減軽を加えられており、なかでも現行法上許される2回の減軽を加えられる例が少なくないのみか、その処断刑の下限である懲役3年6月の刑の宣告される場合も決して稀ではない。このことは、卑属の背倫理性が必ずしも常に大であるとはいえないことを示すとともに、尊属殺の法定刑が極端に重きに失していることをも窺わせるものである。

　このようにみてくると、尊属殺の法定刑は、それが死刑または無期懲役刑に限られている点（現行刑法上、これは外患誘致罪を除いて最も重いものである。）においてあまりにも厳しいものというべき、上記のごとき立法目的、すなわち、尊属に対する敬愛や報恩という自然的情愛ないし普遍的倫理の維持尊重の観点のみをもってしては、これにつき十分納得すべき説明がつきかねるところであり、合理的根拠に基づく差別的取扱いとして正当化することはとうていできない。

　以上のしだいで、刑法200条は、尊属殺の法定刑を死刑または無期懲役刑のみに限っている点において、その立法目的達成のため必要な限度を遥かに超え、普通殺に関する刑法199条の法定刑に比し著しく不合理な差別的取扱いをするものと認められ、憲法14条1項に違反して無効であるとしなければならず、したがって、尊属殺にも刑法199条を適用するのほかはない。この見解に反する当審従来の判例はこれを変更する。

　そこで、これと見解を異にし、刑法200条は憲法に違反しないとして、被告人の本件所為に同条を適用している原判決は、憲法の解釈を誤った

第 1 編　序　　論

ものにほかならず、かつ、この誤りが判決に影響を及ぼすことは明らかであるから、所論は結局理由がある。

　その余の上告趣意について

　所論は、単なる法令違反、事実誤認の主張であって、適法な上告理由にあたらない。

　よって、刑訴法 405 条 1 号後段、410 条 1 項本文により原判決を破棄し、同法 413 条但書により被告事件についてさらに判決することとする。

　原判決の確定した事実に法律を適用すると、被告人の所為は刑法 199 条に該当するので、所定刑中有期懲役刑を選択し、右は心身耗弱の状態における行為であるから同法 39 条 2 項、68 条 3 号により法律上の減軽をし、その刑期範囲内で被告人を懲役 2 年 6 月に処し、なお、被告人は少女のころに実父から破倫の行為を受け、以後本件にいたるまで 10 余年間これと夫婦同様の生活を強いられ、その間数人の子までできるという悲惨な境遇にあったにもかかわらず、本件以外になんらの非行も見られないことと、本件発生の直前、たまたま正常な結婚の機会にめぐりあったのに、実父がこれを嫌い、あくまでも被告人を自己の支配下に置き醜行を継続しようとしたのが本件の縁由であること、このため実父から旬日余にわたって脅迫虐待を受け、懊悩煩悶の極にあったところ、いわれのない実父の暴言に触発され、忌まわしい境遇から逃れようとしてついに本件にいたったこと、犯行後ただちに自首したほか再犯のおそれが考えられないことなど、諸般の情状にかんがみ、同法 25 条 1 項 1 号によりこの裁判確定の日から 3 年間右刑の執行を猶予し、第一審および原審における訴訟費用は刑訴法 181 条第 1 項但書を適用して被告人に負担させないこととして主文のとおり判決する。

　この判決は、裁判官岡原昌男の補足意見、裁判官田中二郎、同下村三郎、同色川幸太郎、同大隅健一郎、同小川信雄、同坂本吉勝の各意見および裁判官下田武三の反対意見があるほか、裁判官全員一致の意見によるものである。

　（以下補足意見等省略）

第 2 章　判例についての基礎知識

検察官　横井大三、同　横溝準之助、同　山室章公判出席
　　　昭和 48 年 4 月 4 日　　最高裁判所大法廷
　　　　　　　　　　　　裁判長裁判官　石　田　和　外
　　　　　　　　　　　　　　裁判官　　大　隅　健一郎
　　　　　　　　　　　　　　裁判官　　村　上　朝　一
　　　　　　　　　　　　　　裁判官　　関　根　小　郷
　　　　　　　　　　　　　　裁判官　　藤　林　益　三
　　　　　　　　　　　　　　裁判官　　岡　原　昌　男
　　　　　　　　　　　　　　裁判官　　小　川　信　雄
　　　　　　　　　　　　　　裁判官　　下　田　武　三
　　　　　　　　　　　　　　裁判官　　岸　　　盛　一
　　　　　　　　　　　　　　裁判官　　天　野　武　一
　　　　　　　　　　　　　　裁判官　　坂　本　吉　勝
　裁判官田中二郎、同岩田誠、同下村三郎、同色川太郎は、退官のため署名押印することができない。
　　　　　　　　　　　　裁判長裁判官　石　田　和　外

　以上に掲載したのは、尊属殺重罰規定（刑法旧 200 条）違憲判決の全文（但し、多数意見のみ）である。あえて全文を掲載したのは、判決というものの形式と、主文（判決の結論）に至る裁判官の論理の展開過程で示される法学的なものの考え方（法学的思考方法）を理解してもらいたいためである。

　ここで、判例を読むにあたって必要な基本的事項について説明しておく。
　わが国の裁判制度は 3 審制をとっており、原則として、第一審の地方裁判所（裁判所法 24 条）で裁判が始まり、次に控訴審である高

第1編　序　論

等裁判所（裁判所法16条）、最終的に上告審である最高裁判所（裁判所法7条、8条）へと事件が移審する[1]。したがって、判例にもそれに対応して最高裁判例、高裁判例、地裁判例等があり、それぞれ最高裁判所判例集、高等裁判所判例集、下級裁判所判例集その他の各判例集に収録されている。また、事件は、その内容によって、民事事件、刑事事件、行政事件に分類される。したがって、各裁判所判例集もそれに対応して、民事判例集、刑事判例集、行政事件判例集があり、たとえば、高裁民集、下級刑集、行裁例集などと省略される（単に、民集、刑集という時は最高裁判所のそれを意味する）。もっとも、これらの公の判例集は身近に手軽に見ることは困難なので、特に重要な事件をコンパクトに整理して収録した判例時報とか基本判例集等の私選の判例集が出版されており、図書館等で容易に見るとができるから、それを利用するとよい。

　裁判所の裁判には、判決と決定がある。判決は慎重な手続で訴に関し原則として口頭弁論に基づき理由を付して裁判所が示す終局的（または中間的）な判断であり、これに対する上級審への不服申立（上訴）は控訴・上告という形でなされる。決定は訴訟における附随的な事項（例えば管轄の指定）または迅速な処理を要する事項について下されるものであって、必ずしも口頭弁論を必要とせず、これに対する上訴方法は抗告である。判例を引用する際に、「最判」とか「東京高決」などと呼ばれるが、これはそれぞれ、最高裁判所判決、東京高等裁判所決定の略である。

　訴訟の当事者は、民事訴訟では最初に訴訟を提起したものが原告であり、その相手方が被告である。刑事訴訟では、検察官が原告として訴訟を提起し、相手方が被告人である。第一審の裁判所の裁判に不服がある場合にはさらに上級裁判所の判断を求めることができる。これを上訴という。上訴には原則として高等裁判所に対する控

第2章　判例についての基礎知識

訴と最高裁判所に対する上告とがある。第一審の裁判に不服で控訴した者が控訴人であり、相手方が被控訴人である。第二審の裁判に不服で上告した者が上告人であり、相手方が被上告人である。

裁判の内容は、民事、刑事、行政事件で異なる。民事訴訟では、申立の内容が理由ありとして認容される場合と、理由なしとして棄却される場合とがある。手続上の理由で訴がしりぞけれらる場合を却下という。実体審理に入らず、いわゆる門前払がなされる場合である。刑事訴訟では、有罪、無罪の実体裁判と管轄違、公訴棄却、免訴の形式裁判がある（もっとも、免訴は実体裁判か形式裁判かについては争いがある）。行政訴訟では、請求認容、取消、請求棄却、申請却下等がある。上訴に対しては、上訴の申立に実質上理由がないとして棄却される場合（原審の裁判が認容されたことになる）と、理由ありとして原審の裁判が破棄される場合とがある。破棄後の事後処理には、差戻、移送、自判がある。

判決（判決書）は、民事においては、主文、事実、理由の3つの部分（項目）から構成されている。主文は判決の結論を示す部分である（例えば、「被告は原告に対し金100万円およびこれに対する昭和〇年〇月〇日から支払済みに至るまで年5分の割合による金員を支払え」、「原告と被告とを離婚する」、「原判決を破棄する」、「本件上告を棄却する」等）。事実は当事者の陳述にもとづき、事件の内容と争点の要旨を記載した部分である。刑事判決は主文（例えば、「被告人を死刑に処する」、「被告人を罰金5万円に処する」、「この裁判確定から3年間の執行を猶予する」等）と理由とから構成されており、理由の中で罪となるべき事実、証拠の標目、法令の適用等が記載される（刑訴法335条参照）。本書で紹介される判例の**【事実】**は、判例集の記載から、事件の概要、争点等について要約したものである。なお、上告審の判決には事実の項目がない。上告審は法律審であり、事実

は事実審である下級審の訴訟記録に表われているからである。民事、刑事を問わず、判決理由は、裁判所による必要な事実の認定と法令の適用を示して、主文の結論に到達した判断の過程を明らかにする部分である。本書では、この判決理由を要約して、【**判旨**】として示された部分に収録してある。イギリスやアメリカのように判例法の比重が高い国と異なり、わが国では、判例は制度上の拘束力をもたないが、先例として事実上の拘束力はもっている。判決の中で、先例として事実上の拘束力をもつのは、真の判決理由（ratio decidendi）と呼ばれる部分であり、傍論（obiter dicata）は先例価値をもたないとされる。真の判決理由とは、事件の中の基本的事実と判決の結論とを結びつける必要にして十分な理由であるということができる。基本的事実を同じくする同種の事件は同じように取り扱うのが、公平と法的安定性の要請から妥当とされ、そこに判決の先例としての事実上の拘束力が認められるのである。われわれが主に判例として研究の対象にするのは、この真の判決理由である。

　最高裁判所においては裁判は大法廷（裁判官全員15人で構成）と小法廷（5人の裁判官で構成され、第1小法廷、第2小法廷、第3小法廷がある）で行なわれる。各法廷は裁判官の合議体であり、そのうちの1人が裁判長となる（これは下級裁判所でも同様である）。したがって、最高裁判所の判決（または決定）には、大法廷判決（決定）と各小法廷判決（決定）とがあるわけである（裁判所法9条、10条参照）。

　最高裁判所の裁判書には各裁判官の意見を表示しなければならない（裁判所法11条）とされている（これは下級裁判所の裁判書と異なるところである）。その多数意見が判決を構成し、それが判例となる。多数意見と結論、理由ともに異にするのが少数意見（反対意見）である。多数意見に付加して自己の意見を述べるのが補足意見である。

また、結論においては多数意見と一致するが、理由を異にするものを単に意見という。

注
(1) 裁判所の種類としては、以上の他に、主として家事調停及び家事審判並びに少年保護事件の審判をする権限を持つ家庭裁判所（地方裁判所とほぼ同格）、比較的軽微な事件（行政事件を除く、訴額が90万円以下の民事事件、並びに罰金以下の刑にあたる罪、選択刑として罰金が定められている罪のほか、一定の軽易な犯罪に係る刑事事件）の第一審の裁判権をもつ簡易裁判所（最下級の下級裁判所）がある（裁判所法2条、31条の3、33条）。

第2編　日本国憲法概説

第1部　憲　法　総　論

▷憲法9条と日米安全保障条約——砂川事件第一審

東京地裁昭和34年3月30日判決・下級刑集1巻3号776頁（日本国とアメリカ合衆国との間の安全保障条約第3条に基づく行政協定に伴う刑事特別法違反被告事件）

　【**事実**】　昭和32年7月8日、東京調達局は行政協定の実施に伴う土地等の使用等に関する特別措置法および土地収用法による内閣総理大臣の使用認定を得て、米軍使用の砂川町所在立川飛行場内民有地の測量を開始したが、これに反対する基地拡張反対同盟員、支援の各種労働組合、学生団体員等千余名の集団が境界柵外に集合、その中の一部の者が境界柵を数十メートルにわたって破壊した。被告人等はこの集団に参加し、他の参加者約300名とともに午前10時40分頃から約1時間にわたって、正当な理由がないのに立入禁止の飛行場内に約4〜5米立ち入ったことにより、刑事特別法2条に違反するとして起訴された。

　【**判旨**】　（無罪）「わが国に駐留する合衆国軍隊はただ単にわが国に加えられる武力攻撃に対する防禦若しくは内乱等の鎮圧の援助のみに使用されるものではなく、合衆国が極東における国際の平和と安全の維持のために事態が武力攻撃に発展する場合であるとして、戦略上必要と判断した際にも当然日本区域外にその軍隊を出動し得るのであって、その際にはわが国が提供した国内の施設、区域は勿論この合衆国軍隊の軍事行動のために使用されるわけであり、わが国が自国と直接関係のない武力

第2編　日本国憲法概説

紛争の渦中に巻き込まれ、戦争の惨禍がわが国に及ぶ虞は必ずしも絶無ではなく、従って日米安全保障条約によってかかる危険をもたらす可能性を包蔵する合衆国軍隊の駐留を許容したわが国政府の行為は、『政府の行為によって再び戦争の惨禍が起きないようにすることを決意』した日本国憲法の精神に悖るのではないかとする疑念も生ずるのである。」「ところでこのような実質を有する合衆国軍隊がわが国に駐留するのは、勿論アメリカ合衆国の一方的な意思決定に基づくものではなく、……わが国政府の要請と、合衆国政府の承諾という意思の合致があったからであって、従って合衆国軍隊の駐留は一面わが国政府の行為によるものということを妨げない。蓋し合衆国軍隊の駐留は、わが国の要請とそれに対する施設、区域の提供、費用の分担その他の協力があって始めて可能となるものであるからである。かようなことを実質的に考察するとき、わが国が外部からの武力攻撃に対する自衛に使用する目的で合衆国軍隊の駐留を許容していることは、指揮権の有無、合衆国軍隊の出動義務の有無に拘らず、日本国憲法第9条2項前段によって禁止されている陸海空軍その他の戦力の保持に該当するものといわざるを得ず、結局わが国内に駐留する合衆国軍隊は憲法上その存在を許すべからざるものといわざるを得ないのである。もとより、安全保障条約及び行政協定の存続する限り、わが国が合衆国に対してその軍隊を駐留させ、これに必要なる基地を提供しまたその施設等の平穏を保護しなければならない国際法上の義務を負担することは当然であるとしても、前記のように合衆国軍隊の駐留が憲法第9条第2項前段に違反し許すべからざるものである以上、合衆国軍隊の施設又は区域内の平穏に関する法益が一般国民の同種法益と同様の刑事上、民事上の保護を受けるこは格別、特に後者以上の厚い保護を受ける合理的な理由は何等存在しないところであるから、国民に対して軽犯罪法の規定よりも特に重い刑罰をもって臨む刑事特別法第2条の規定は、前に指摘したように何人も適正な手続によらなければ刑罰を科せられないとする憲法第31条に違反し無効なものといわなければならない。」

第 1 部　憲法総論

▷ **憲法 9 条と日米安全保障条約——砂川事件上告審**
最高裁昭和 34 年 12 月 16 日大法廷判決・刑集 13 巻 13 号 3225 頁（日本国とアメリカ合衆国との間の安全保障条約第 3 条に基づく行政協定に伴う刑事特別法違反被告事件）（第一審判決に対し、検察側は最高裁判所に飛躍上告した。）

【判旨】（破棄差戻）　憲法 9 条は、「戦争を放棄し、いわゆる戦力の保持を禁止しているのであるが、しかしもちろんこれによりわが国が主権国として持つ固有の自衛権は何ら否定されたものではなく、わが憲法の平和主義は決して無防備、無抵抗を定めたものではないのである。憲法前文にも明らかなように、われら日本国民は、平和を維持し、専制と隷従、圧迫と偏狭を地上から永遠に除去しようとつとめている国際社会において、名誉ある地位を占めることを願い、全世界の国民と共にひとしく恐怖と欠乏から免かれ、平和のうちに生存する権利を有することを確認するのである。しからば、わが国が、自国の平和と安全を維持しその存立を全うするために必要な自衛のための措置をとりうることは、国家固有の機能の行使として当然のことといわなければならない。すなわち、われら日本国民は、憲法 9 条 2 項により、同条項にいわゆる戦力は保持しないけれども、これによって生ずるわが国の防衛力の不足は、これを憲法前文にいわゆる平和を愛好する諸国民の公正と信義に信頼することによって補ない、もってわれらの安全と生存を保持しようと決意したのである。そしてそれは、必らずしも原判決のいうように、国際連合の機関である安全保障理事会等の執る軍事的安全措置等に限定されたものではなく、わが国の平和と安全を維持するための安全保障であれば、その目的を達するにふさわしい方式又は手段である限り、国際情勢の実状に即応して適当と認められるものを選ぶことができることはもとよりであって、憲法 9 条は、わが国がその平和と安全を維持するために他国に安全保障を求めることを、何ら禁ずるものではないのである。そこで、右のような憲法 9 条の趣旨に即して同条 2 項の法意を考えてみるに、同条項において戦力の不保持を規定したのは、わが国がいわゆる戦力を保持

第2編 日本国憲法概説

し、自らその主体となってこれに指揮権、管理権を行使することにより、同条1項において永久に放棄することを定めたいわゆる侵略戦争を引き起こすがごときことのないようにするためであると解するを相当とする。従って同条2項がいわゆる自衛のための戦力の保持をも禁じたものであるか否かは別として、同条項がその保持を禁止した戦力とは、わが国がその主体となってこれに指揮権、管理権を行使し得る戦力をいうものであり、結局わが国自体の戦力を指し、外国の軍隊は、たとえそれがわが国に駐留するとしても、ここにいう戦力には該当しないと解すべきである。」「本件安全保障条約は、…主権国としてのわが国の存立の基礎に極めて重大な関係をもつ高度の政治性を有するものというべきであって、その内容が違憲なりや否やの法的判断は、その条約を締結した内閣およびこれを承認した国会の高度の政治的ないし自由裁量的判断と表裏をなす点がすくなくない。それ故、右違憲なりや否やの法的判断は、純司法的機能をその使命とする司法裁判所の審査には、原則としてなじまない性質のものであり、従って、一見極めて明白に違憲無効であると認められない限りは、裁判所の司法審査権の範囲外のものであって、それは第一次的には、右条約の締結権を有する内閣およびこれに対して承認権を有する国会の判断に従うべく、終局的には、主権を有する国民の政治的判断に委ねられるべきものであると解するを相当とする。そして、このことは、本件安全保障条約またはこれに基く政府の行為の違憲なりや否やが、本件のように前提問題となっている場合であると否とにかかわらないのである。」「果してしからば、かようなアメリカ合衆国軍隊の駐留は、憲法9条、98条2項および前文の趣旨に適合こそすれ、これらの条章に反して違憲無効であることが一見極めて明確であるとは、到底認められない。そしてこのことは、憲法9条2項が、自衛のための戦力の保持をも許さない趣旨のものであると否とにかかわらないのである。」（日米安保条約、及びそれにもとづく米軍の駐留が違憲ではないとする結論は15名の裁判官全員一致によるものであるが、安保条約に対する司法審査権の問題に関しては、次のような「補足意見」及び「意見」が附され

ている。)

【補足意見】 田中(耕)裁判官:「かりに駐留が違憲であったにしても、刑事特別法2条自体がそれにかかわりなく存在の意義を有し、有効であると考える。つまり駐留が合憲か違憲かについて争いがあるにしても、そしてそれが違憲であるとしても、とにかく駐留という事実が現に存在する以上は、その事実を尊重し、これに対し適当な保護の途を講ずることは、立法政策上十分是認できるところである。」

【意見】 小谷裁判官:「多数意見のいう本件安保条約に対しては違憲審査権は原則としてなじまないものとするのは如何なる法的根拠によるものであるのか、少しもその理由が説明されておらず、理由不備の判決といわなければならない。」「多数意見は『国の存立に重大な関係あり、したがって高度の政治性を有する条約』については、原則とて違憲審査権の及ばないことを判示するものであって、国の重大事項と憲法との関係において、憲法を軽視するものであってそれはやがて力(権力)を重しとし法(憲法)を軽しとする思想に通ずる。」奥野裁判官、髙橋裁判官:「安保条約の国内法的効力が憲法9条その他の条章に反しないか否かは、司法裁判所として純法律的に審査することは可能であるのみならず、特に、いわゆる統治行為として裁判所がその審査判断を回避しなければならない特段の理由も発見できない。」

本件差戻第一審判決(東京地裁昭和36・3・27)は、罰金2千円の有罪判決を下し、第二審(東京高裁昭和37・2・15)は、控訴を棄却した。

第1章　憲法の意義

フランスの人権宣言(Délaration des droits de l'homme et du citoyen, 1789)はその16条において次のように述べている「権利の保障が確保せられず、権力の分立が定められていない社会はすべて、

第2編　日本国憲法概説

憲法を持つものではない。」さらに、「18世紀おいて憲法を持っていたのは、世界のうちでイギリスだけであった」といわれながら、「19世紀の文明諸国で憲法を持っていないのはイギリスのみである」という、一見パラドクシカルな表現がなされることがある。これらの言葉は何を意味するものであろうか。これらの言葉の意味するところを理解するためには、まず、「憲法」という言葉の意味を理解することが必要である。

1. 固有の意味の憲法と近代的意味の憲法

「憲法」という文字にあたる外国語は、英語、フランス語ではともにConstitution、ドイツ語ではVerfassungである。そして、constituteもverfassenも、ともに「組み立てる」、「編成する」などの意味を持つ。すなわち、「憲法」とは、文字の上からいえば、国家の組織法を意味する。つまり、憲法とは、一応の定義としては、国家の組織に関する基本法であるということができるが、しかし、憲法という言葉はさらに次に述べるようないろいろな概念の下に用いられているので、「憲法とは何か」ということを理解するためには、単に憲法というときにそれがどの意味の憲法であるかを明確にしておかなければならない。

まず、憲法は、最も広い意味では、国家という社会の基本法を意味する。すなわち、「社会あるところに法あり」といわれるように、何らかの人間社会が形成されれば、そこには必ずその社会を規律する法秩序が存在しなければならない。国家もまたこのような社会の一つである。国家は複雑な社会の諸現象を包括した組織体であり、政治・社会・経済・思想等多くの側面から考察される。国家の本質については種々の議論がなされているが、普通に国家とは、一定の地域（領土）を基礎とし、国家の支配権（主権）のもとに、一定範

第1章 憲法の意義

囲の人間(国民)によって組織される統治団体であると定義づけられ、領土、主権、国民が国家の三要素とされている。国家は社会の一種であるけれども、他の社会の持たない「統治」すなわち権力的支配という機能を持っている。統治の本質は権力であり、国家は権力団体であって、憲法はこのような権力の仕組みに関する法、すなわち、権力の主体(治者)と権力の客体(被治者)との間の関係、統治の組織、作用などについての基本的な事柄を規律するものである。すなわち、国家法のうちで、国家の統治の基本的体制または根本の秩序を定める法規範を全体として憲法と呼ぶのである。国家の基礎法とか根本法といわれるのは、この意味の憲法のことであり、それは、固有の意味の憲法あるいは実質的意味の憲法といわれる。このように、憲法は、国家の秩序の基本を定めるものであるから、およそ国家である以上はすべて固有の意味での憲法を必らずそなえている。このような根本法を持たなければ、国家として存立できない。したがって、固有の意味の憲法は、国家の誕生とともに古くから存在するものである。国家の初歩的段階ともいえる古代国家でも、そこに権力的秩序があった以上、この意味での憲法を持っていたのである。日本においても、建国以来、固有の意味における憲法を常に持っていた。

次に、特定の歴史的段階における国家の憲法、すなわち、国家がその歴史的発展の特定の段階において初めて有するに至る憲法だけを特に「憲法」と呼ぶことがある。すなわち、この場合の憲法とは、古代国家においても見られた固有の意味での憲法ではなく、一定の歴史的段階における国家、すなわち近代国家の憲法のみを指す。原始時代、古代および中世を経て18世紀末の絶対制国家の時代に至るまでは、治者すなわち権力保持者の権力は被治者との合意に基づくものではなく、その権力の行使は何らの制約も受けなかった。そ

こでは治者の意思がすなわち憲法であり、憲法はもっぱら被治者のみを拘束するものであった。しかし、近代に入って、個人の尊厳を基礎とする市民社会が成立すると、さまざまな専制主義の国家体制を否定し、国家権力は無制約に被治者を拘束しうるものではないことが主張されるに至る。すなわち、アメリカの独立、フランス革命等近代革命の結果として誕生した近代国家は、多かれ少なかれ、政治上の自由主義に立脚して、国家の権力の行使に制限を加えることを基本的たてまえとすることになった。したがって、国家の根本法たる憲法も、その成立が治者と被治者の合意にもとづくものとして、一方では国家統治の権力に法的根拠を与えると同時に、他方でその権力の行使を制約することをもってその内容とするものになる。このように、国家権力が憲法の制約を受け、憲法の定めるところにしたがって行なわれることを立憲主義（constitutionalism）という。立憲主義に基礎をおく憲法を、固有の意味の憲法と区別して、近代的意味の憲法あるいは立憲的意味の憲法と呼ぶのである。

　近代立憲主義は、国民の自由のために、君主の専制権力に制約を加え、国民参政、基本権の保障、権力分立、法の支配などの原則を実現する国家体制を要請する。すなわち、近代立憲国家は次のような特色を備えている。

　第1に、国民が国家の政治に参加することである。国民が単に政府の対象として被治者たる地位にとどまるのではなく、直接または間接に国政に参加することは、君主その他少数の者が権力を独占し、専断的な政治を行なうことを制約する最も有効な方法である。もっとも、国家の機能が複雑となり、規模が大きくなると、国民がすべてにわたって直接に国政に参加することは実際上困難になるから、特別の場合の除いて、国民は代表者を選び、それを通じて間接に国政に参加する、いわゆる代表民主制あるいは間接民主制がとられ、

第 1 章　憲法の意義

そのために議会制度が採用されることが多い。

　第 2 に、権力分立制度の採用である。集中された権力はそれを法によって制約することを困難にするから、国家作用を立法、司法、行政の 3 権に分割し、異なる機関に分属せしめ、相互に抑制させることによって、権力の濫用や恣意的行使を防止する。

　第 3 に、国民の基本的人権を保障することである。これは、国家の権力の作用に限界を定め、個人の基本的人権に対して権力の介入することを禁止するものであり、近代憲法の不可欠の部分である。人間の尊厳に基礎をおく立憲主義は、この基本的人権を保障し、それが権力の支配を受けないことを保障するところに、その最大の特徴を有する。権力分立制度も、その究極の目的は権力の集中により国民の基本的人権が侵害されることを防ぐことにあり、基本的人権確保のための政治組織の原理であるといってよい。

　以上の 3 原理、特に「権力分立」と「基本的人権」の 2 つの原理が、その国家の基本法秩序の不可欠の内容になっている場合に、それを定めた基本法が、近代的意味の憲法あるいは立憲的意味の憲法と呼ばれるのである。この章の冒頭にかかげた、フランス人権宣言の第 16 条が、「権利の保障が確保せられず、権力の分立が定められていない社会はすべて、憲法をもつものではない。」と明言したのは、「基本的人権」と「権力分立」が近代的意味の憲法の不可欠の条件であり、これら立憲主義の原理を含まない憲法は真の憲法ではないという考え方を示すものである。

　立憲主義の源流をたずねれば、遠くギリシャ、ローマの昔にもさかのぼることができるが、それが画期的な進展を示したのは、近代初期のイギリスである。イギリスにおいては、中世においてすでに、「国王といえども神と法の下にある」という思想があり、この「法の支配」の原理は、君主の専制権力を否定し、それが法によって規

31

律されることを認めたものであって、この立憲主義の思想が、17世紀の近代革命によって、世界各国にさきがけて、イギリスにおいて憲法上の原理として確立をみたのである。したがって、憲法を立憲的意味あるいは近代的意味で理解するかぎり、近代初期においてはイギリスのみがそれをもっていたとみることができる。これが、「18世紀において憲法をもっていたのは、イギリスだけであった」といわれることの意味するところである。やがて、多くの国で近代革命が成功し、絶対主義体制が崩壊するに及び、近代的意味での憲法が当然のものとして確立されていった。日本についていえば、近代国家としての歩みを始めた明治維新後に初めて、欧米流の立憲主義が受け入れられ、近代的意味での憲法が成立したといえる。

なお、近代的意味の憲法においては、1776年のヴァージニア憲法や1791年のフランス憲法などを初めとして、まず「権利宣言」が生まれ、そのもろもろの基本的人権を守るのに都合のよい国家の組織すなわち統治の機構を定めるという順序で憲法が作られているといっても過言ではないので、講学上も、「人権保障」の部分と「統治機構」の部分とに分けられるのが普通である。この書においても、それに従い、便宜上、「統治機構」（第2部）と「人権保障」（第3部）に分けることにする。

2. 実質的意味の憲法と形式的意味の憲法

次に、憲法は概念上、実質的意味の憲法と形式的意味の憲法とに区分される。これは、憲法の内容と憲法の形式による区分である。前に述べた固有の意味の憲法は同時に実質的意味の憲法である。憲法の本質的な内容は、国家の根本体制または根本秩序についての規律である。それは、国家の領土、国民（国民の地位および権利・義務）、統治の主体、統治組織および統治作用などについての基本的

第1章　憲法の意義

な規律を含む。憲法が基礎法または根本法ともいわれるのは、そのためである。このような内容に着目した場合に、実質的意味の憲法という概念が生ずる。この意味の憲法はすべての国家に必ずともなうものであって、これをもたない国家はない。

　ところで、近代の憲法の大部分は、特別の法典、いわゆる憲法典または成典憲法として成文化された特別の形式をそなえている。実質的意味の憲法が成文化され、とくに法典の形式をとる場合、それを形式的意味の憲法というのである。近代憲法の形式上の特色は、それが形式的意味の憲法として成文化されていることにある。成文憲法の歴史は比較的に新しく、ヴァージニアその他のアメリカ諸州の憲法（1776〜89年）、アメリカ合衆国憲法（1787年）フランス憲法（1791年）に始まる。その後、18世紀から19世紀にかけて、各国で憲法の法典化が行なわれ、現在では殆んどすべての国が憲法典を持っている。日本でも、建国以来、実質的意味の憲法があったことはたしかであるが、成典憲法ができたのは、明治時代の「大日本帝国憲法」からであり、現在は、「日本国憲法」がある（ちなみに、わが国には古く聖徳太子の「十七条憲法」（604年）があり、憲法と呼ばれているが、これは主として公務員の道徳的心得を示したものであって、ここにいう憲法の一例としてあげることはできない）。ところが、イギリスは例外であって、そこでは、いくつかの憲法的法律があるほか、判例法や習慣法にゆずられている部分が多く、「イギリス国憲法」というようなまとまった成文憲法典をもたない。この章の冒頭に、「イギリスに憲法なし」という言葉を紹介したが、それは、イギリスが形式的意味の憲法をもたないことを意味するものである。

　形式的意味の憲法は、その性質上、実質的意味の憲法を内容とするのが普通であるが、例外的に、実質的意味の憲法とはいえないものを含んでいることもある（その例として、スイス憲法25条の2「出

血前に麻痺せしめずに動物を殺すことは、一切の屠殺方法および一切の種類の家畜についてこれを禁ずる」との規定を、引用することができよう)。また、反対に、実質的意味の憲法は、形式的意味の憲法以外の法形式、たとえば法律、命令、または慣習法などにおいても存在しうる。実質的意味の憲法をすべて形式的意味の憲法のなかにとり込もうとすることは不可能であるし、適当でもない。そこで、実質・形式2つの意味の憲法を区別する必要が生ずるのである。したがって、日本国憲法を考察する場合も、憲法典とともに、実質的意味の憲法を含むところの他の法形式、とくに憲法附属法令を併せて全体として実質的意味の憲法を捉える必要がある。

　ところで、近代憲法が成文憲法の形式をとるのは何故であろうか。一般的にいえば、近代社会の構造が複雑になるにしたがい、法律関係を明確にする必要が高まったことが成文法の発達を促したものであるが、近代憲法の場合は、とりわけ、絶対主義の専制を打倒した市民層が、そこで獲得した近代憲法秩序が将来の権力機構によって順守され、尊重されることを求め、それを確保するための方法として、それを成文の形として保存することになったのである。立憲主義によれば、国家権力は憲法のうちにその正当性の根拠をもつと同時に、それを法的に限界づけねばならない。もしも不文のままにしておくと、権力の行使が慣行を生み、憲法の根拠なしに、あるいはその許容する範囲をこえて、権力が発動され、立権主義を崩す可能性が少なくない。すなわち、憲法は、治者の権力を拘束し、被治者の基本的人権を確保するために成文化が要求されるのである。イギリスが成文憲法を採用していないのは、そこでは立憲主義の伝統がきわめて早く確立し、しかもそれが市民層の力によって不文法として成立していたために、他国のように成文化による近代政治原理の維持の必要がなかったからである。

第 1 章　憲法の意義

　なお、成文の憲法すなわち憲法典は、国家の基本法たる性質から、他の一般の法令よりもその変更を困難ならしめられるようになった。すなわち、憲法には国法の体系のなかで最も強い効力を与え、国法体系における最高段階に在るものとすることによって、国家の基本秩序を恒久化しようとするのである。このように、国家の根本法であり基本法である憲法は、成文化されることによって、国家秩序のなかで最高法規としての特質をもつに至る。

第2章　憲法の最高法規性

第1節　最高法規性の意味

　憲法は、国家の根本法であり基本法である。これは、憲法が、国法の形式および内容についての根本をを定めるものであることを意味する。法律・政令をはじめ、すべての国法は、形式・内容ともに、直接または間接に憲法の規律のもとに成立し、通用する。この意味で、憲法は、まさに法の法（Recht der Rechte）であり、規範の規範（Norm der Normen）である。およそ、一つの法規範が適法に存立し、通用するためには、それに通用性を与える他の法規範の通用が前提として必要であり、それを根拠としてのみ可能である。国家には数多くの法規範が存在するが、その中にBという一つの法規範が存在するとすると、B法規範は誰かが一定の手続で制定したものである。その誰かがどのような手続でB法規範を制定するかということもまた、別の法規範であらかじめ定められているべきで、そこに、それを定めたAという法規範が存在する筈である。つまり、A法規範はB法規範を作り出し、それに通用性を与えるもととなっている法規範であり、逆にいえば、B法規範はA法規範に基づいて作り出され、通用性を与えられた法規範であるという関係が見られる。この関係を授権関係というが、憲法は、国法体系における授権関係において、根源的な地位を占め、憲法以下のすべての法令は、直接または間接に、憲法の授権にもとづいて存立し、憲法から派生するのを原則とする。国法体系に属する法規範が、憲法を基点または頂

点として、授権関係に立ち、原則として、憲法—法律—命令というように段階構造を形成していることをあきらかにしたのは、ハンス・ケルゼン（Hans Kelsen）等の法段階説である。このように、憲法が、国法体系における授権関係において、根源的な地位を占め、その頂点にあるということは、今日、憲法が原則的には形式的意味における憲法、すなわち成典憲法であることから、国法の体系のうちで最高の段階に位し、最も強い形式的効力をもつ法とされるのである。すなわち、実質的・内容的に国の根本法・基礎法である憲法は、国法形式において最高法規性（supreme law, highest law）を持っているのである。

　日本国憲法は、特に10章に「最高法規」という章を設け、いろいろな角度から、憲法の最高法規性を強調している。98条1項で、「この憲法は、国の最高法規であつて、その条規に反する法律、命令、詔勅及び国務に関するその他の行為の全部又は一部は、その効力を有しない。」といっているのは、最も端的に、憲法の最高法規性を謳ったものである。また、81条が、最高裁判所に、「一切の法律、命令、規則又は処分が憲法に適合するかしないか」についての最終的審査・決定権を与えているが、これは、憲法の最高法規性を保障する制度として重要な意義を有するものである。さらに、日本国憲法は、憲法の最高法規性に着目しながら、99条に、「天皇又は摂政及び国務大臣、国会議員、裁判官その他の公務員は、この憲法を尊重し擁護する義務を負ふ。」と定めている。国家の機関として、国家の作用を担当し、直接または間接に憲法を運用する任にあたる公務員は、一般国民とは別の意味で憲法と関係する者であるから、これらの者の特別の憲法尊重・擁護義務を強調することによって、憲法の最高法規性を確保しようとする趣旨から設けられた規定である。この趣旨にもとづき、国家公務員法その他の法律で、特定の公

第2章　憲法の最高法規性

務員について、憲法を尊重・擁護する旨の宣誓をなすべきことが定められている。国の最高法規である憲法を尊重し、擁護することは、単に公務員たる者ばかりでなく、日本国を構成するすべての者の義務でなければならない。とくに、日本国憲法は民定憲法であるから、制定者である国民自身がこれを尊重し、擁護する義務があるのは、特別の規定をまつまでもないことである。憲法が公務員の義務のみを規定し、国民の義務を定めていないのは、国民が憲法を尊重・擁護することは自明の理と考えたためであろうが、公務員が憲法尊重擁護の義務をはたさないような場合は、最終的段階における憲法擁護者としての役割を果たすことが期待され、「憲法の番人」たる裁判官のさらにその番人となるのが主権者たる国民なのであるから、国民の自覚をうながす意味で、国民の憲法尊重擁護義務を憲法にかかげるべきであったと思われる。

　さらに、日本国憲法第10章には、もうひとつ97条の規定がある。この規定は、基本的人権の特質と由来を謳うものであり、11条と重複していることもあって、その性質上、最高法規の章におくのは位置を誤ったものではないかとの疑念もある。しかしながら、近代憲法の近代憲法たるゆえんは、国民の基本的人権を保障し、そのために国家権力を制限することにある。個人の尊厳原理に仕えて、国民の権利・自由を保障することにこそ、憲法の生命がある。この意味で、97条は、近代立権主義に基礎をおく日本国憲法の生命的規定であり、根本規範である。この97条に示される憲本の根本価値を実現すべく国家権力を制限するところに憲法の存在目的がある。この憲法の存在目的の故に、憲法が実定法秩序の段階構造において、最も強い形式的効力を付与せられ、最高法規たる地位を与えられるのである。そして、憲法は自らの最高法規性を強く自己主張せんとして、根本規範である97条を最高法規の章の冒頭においたのであ

る。それは立法の過誤でもなければ、第11条との単なる重複でもない。97条こそ、憲法の最高法規性の実質的根拠であり、それなくして、憲法は最高法規たりえない。いわば、97条は日本国憲法の最高法規性の存在根拠であり、同時に認識根拠であるといってよい。このように、97条と98条1項との間には深い原理的関連が存するのであり、「この2つの条文が相伴って憲法が形式的にも実質的にも最高法規たるゆえんが明らかになる」のである。

第2節　憲法と条約との関係

　憲法は最高法規である。日本国憲法98条1項は、憲法が国法秩序の段階的構造において最も強い形式的効力を持ち、それに反する一切の国内法は効力を有しない旨を宣言している。ここで、憲法と条約との関係が問題になる。これは、日本の実定法秩序の構造を理解する上で、きわめて重要な原理的な問題であり、日本の憲法秩序を左右するといっても過言でないような実際的な意味をもつ問題である。

　条約とは、ひろく文書による国家間の合意をいう。日本と外国との文章による合意（実質上の条約）であれば、「条約」と呼ばれるもの（形式上の条約）ばかりでなく、協定・協約・議定書・宣言・憲章などといわれるものを含む。条約は国際法の法形式であり、元来、国家を拘束する国際法的効力をもつにとどまる性格のものであったが、国際関係の緊密化などの事情から、そのまま国内的効力をもちうる条約が多くなり、かつそのような効力を是認する憲法体制をとる国も多くなってきた。また、条約が国内法によって実施され、国民の権利義務について定める場合も少なくない。日本国憲法も、条約を誠実に遵守することを定め（98条2項）、国内法令と同様にそ

第2章　憲法の最高法規性

れを天皇が公布する（7条1号）ところからみて、条約を国法の一形式として承認しているものと考えられる。ところが、憲法の最高法規性を謳った98条1項は、憲法に反する「法律、命令、詔勅及び国務に関するその他の行為の全部又は一部」は無効であると定めているが、この列挙事項の中に、条約が含まれていない。そこで、憲法と条約との関係が問題になる。憲法は最高法規だというが、条約に対する関係ではそうではないのであろうかということが問題になるのである。

　条約は、元来、国際法の法形式であって、条約が、国内法上どのような効力をもつかということは、国際法と国内法との関係という国際法学上の基本問題である。国際法と国内法との関係については、従来、二元論と一元論との対立がある。二元論は、国際法と国内法とは、次元を異にする別個の法体系であって、両者は独立に適用し、互に影響を及ぼさないという。これに対し、一元論は、国際法と国内法との関係を一元的に考え、両者は同一の法体系に属するものであって、互に影響しあい、関係をもちながら通用するとする。近代における国際社会の発展と緊密化の現実は一元論に根拠を与え、現在、一元論が通説となっている。日本国憲法では、条約について、国会の承認を必要とし（73条3号）、天皇の公布を定め（7条1号）、さらに、98号2項で、条約および確立された国際法規の遵守を謳っている。これらのことから、日本国憲法は、一元論的見地から条約の国内法的効力を認めているものと解される。

　一元論を肯認する場合には、さらに国際法（条約）と国内法（特に憲法）とのいずれに優位を認めるかということが問題になる。この問題については、条約と憲法との効力関係について、条約（国際法）優位説と憲法（国内法）優位説との対立がある（条約と法律との関係については、①条約は国家間の合意であること、②条約の締結は国

41

会の承認を必要とすること、③憲法98条2項の条約遵守主義、などからみて、条約優位と解せられる。）

条約優位説の根拠は次のとおりである。①日本国憲法は国際主義または国際協調主義に立脚する（前文2項・3項）。それは、伝統的な国家主権の思想を超えた世界国家的な国際主権的な思想をとっていると解される。したがって、国家のみの意思の現われである憲法よりも、国際社会の意思の現われである条約の方が優越する。②98条2項の条約遵守義務の規定の存在。同項は、日本国が締結した条約および確立された国際法規は、すべての国家機関、したがって、憲法制定権者をも拘束することを意味し、憲法に対する条約の優位を認めるものである。もしも憲法に反することを理由として条約の施行を拒むことができるとすれば、それは条約を誠実に遵守する義務に反することになる。③98条1項および81条が「条約」を挙げていないこと。すなわち、98条1項は、憲法の条規に反する他の法形式は無効としながら、そこに条約を挙げていないのは、憲法が条約、国際法規に対しては「最高法規」ではないことを示すものであり、81条が、裁判所の違憲立法審査権の対象として条約を除外していることは裁判所が条約の違憲性を審査することができないこと、したがって、違憲の条約の存在を認めるものであると解される。

これに対し、憲法優位説は次のように主張する。①日本国憲法が国際協調主義に立つことは認められても、それから直ちに条約優位を結論すべきではない。そもそも条約締結権は、憲法によって内閣や国会という国家機関に認められた権能である。条約が憲法に優越し、その結果、憲法違反の条約が認められるとすれば、それは、国家機関が、みずからの権能の根拠となる憲法を、違憲の条約を締結することによって変更するこことになるが、そのようなことは法

第2章 憲法の最高法規性

論理的に不可能である。憲法の変更は、国民投票を含む憲法の定める改正手続によるを要し、条約によって憲法を動かすことは許されない。憲法の国際主義は、同時に憲法の認める国民主権主義を排除することをも含むものではない。② 98条2項は、有効に成立した条約の国内法的効力を認め、その遵守を強調するものであって、それは条約と憲法との効力関係を規定するものではなく、違憲の条約までも遵守すべきことを定めたものではない。国家機関の憲法尊重擁護義務を規定する99条に照らしても、内閣と国会とは違憲の条約を成立させることはできない。③ 98条1項が「法律・命令」以下の列記のうちに「条約」を入れていないのは、条約を除く趣旨ではなく、そこにいう「法律」「詔勅」または「国務に関するその他の行為」のうちに条約を含ませる趣旨であり、決して、条約との関係では憲法は「最高法規」ではないという趣旨ではない。また、第81条が条約を除外したのは、条約が国家間の合意であるという特殊性から、そのうちには裁判所が審査するのに適しないものもあることを考慮したためであって、条約の優位を認める趣旨を含むものではない。

　憲法優位説と条約優位説、いずれが正当であるかは、論者の世界観なり価値観なりに左右されることもあって、にわかに判断しがたい困難な問題であるが、次の理由から、憲法優位説を妥当と考える。① 条約優位説を根拠づけるほどの国際社会、国際法秩序は、いまだ現実に実現されていない。国際法秩序にもなお国家主権の思想が強く生きている。② 国際協調主義はなるほど憲法の立脚する大事な原理の1つであるが、それよりも大事な基本原理は国民主権主義である。これと矛盾するような条約は認められない。条約優位とすれば、その改正に重い要件を必要とする憲法（96条）を軽い手続ですむ条約（73条3号、61条）で簡単に改正できる結果を生ずる。憲

43

第1部 憲法総論

法の改正には、国民主権の現われとして国民投票を要するにもかかわらず、条約の締結は国会の承認だけで足りる。したがって、条約に対して憲法に優先する効力を認めることは、その改正に国民投票を必要とする憲法を国民投票を必要としない条約によって変更することを認めることであり、それは憲法の基本原則たる国民主権主義そのものに矛盾する。条約によって、憲法、とくに国民主権主義のような根本体制が変更できるとすることは許しがたい背理である。③ 条約の締結権そのものが憲法によって与えられ、憲法の制限を受けている（73条3号）のであり、条約は憲法の授権にもとづいているのであるから、条約が自らの根拠となっている国の基本法の上位にあり、これを変更できるとするのは、法論理的にも矛盾である。④ 憲法の最高法規性と基本法的性格に着目するかぎり、憲法優位説の見解が、より妥当な解釈というべきである。

この問題についての最高裁判所の見解は必ずしも明らかではない。日米安保条約の合憲性が問題になった、いわゆる砂川事件で、最高裁は次のように判示している〔最大判昭和34・12・16刑集13巻13号3225頁（日本国とアメリカ合衆国との間の安全保障条約第3条に基づく行政協定に伴う刑事特別法違反被告事件）、前掲参照〕。「本件安全保障条約は、……主権国としてのわが国の存立の基礎に極めて重大な関係をもつ高度の政治性を有するものというべきであって、その内容が違憲なりや否やの法的判断は、その条約を締結した内閣およびこれを承認した国会の高度の政治的ないし自由裁量的判断と表裏をなす点がすくなくない。それ故、右違憲なりや否やの法的判断は、純司法的機能をその使命とする司法裁判所の審査には、原則としてなじまない性質のものであり、従って、一見極めて明白に違憲無効であると認められない限りは、裁判所の司法審査権の範囲外のものであって、それは第一次的には、右条約の締結権を有する内

第 2 章　憲法の最高法規性

閣およびこれに対して承認権を有する国会の判断に従うべく、終局的には、主権を有する国民の政治的判断に委ねられるべきものであると解するを相当とする。そして、このことは、本件安全保障条約またはこれに基く政府の行為の違憲なりや否やが、本件のように前提問題となっている場合であると否とにかかわらないのである。」

　この判決において、最高裁判所は、「一見極めて明白に違憲無効であると認められない限りは」、日米安保条約は違憲審査権の範囲外にあるとしていながら、同条約が「一見極めて明確に違憲無効」かどうかを問題とし、同条約にもとづく「アメリカ合衆国軍隊の駐留は、憲法9条、98条2項および前文の趣旨に適合こそすれ、これらの条章に反して違憲無効であることが一見極めて明白であるとは、到底認められない」として、実際上、安保条約の合憲性を審査し、判断を下しているのである。また、この判決は、日米安保条約が高度の政治性を有するものであることにかんがみ、一見極めて明白に違憲無効であると認められない限り、裁判所の審査権の範囲外であるとしたわけであるが、そのことは、高度の政治性を有しない条約については一般に審査権が及ぶとしているものとみることができるし、また、高度の政治性をもつ条約も、一見極めて明白に違憲であるかどうかは審査できるということを意味するものと思われる。この判決の趣旨は必らずしも明確ではないが、その判旨から推して、最高裁判所は憲法優位説をとっているものとみてよいであろう。

第3章　憲法の改正

1. 硬性憲法と軟性憲法

　憲法は、その改正手続の難易によって、硬性憲法と軟性憲法とに分けられる。すなわち、普通の法律に比べて特に慎重な改正手続を必要とする憲法を硬性憲法（rigid constitution）といい、普通の法律と同じような手続で改正できる憲法を軟性憲法（flexible constitution）という。大部分の成典憲法は硬性である。明治憲法も日本国憲法も、ともに硬性憲法である。日本国憲法についていえば、普通の立法手続は、原則として、衆議院・参議院の両議院で、それぞれ出席議員の過半数で、法律案を可決すれば足りる（56条、59条）。それに対し、憲法改正手続ははるかに厳格である。すなわち、日本国憲法は、その改正について、とくに第9章という1章を設け、96条にその手続を定めているが、憲法改正の重要性を考え、その手続を慎重にし、改正をいちじるしく困難にしている。まず、国会の発議について、普通の法律の議決の場合は、出席議員の過半数で足りるに対し、各議院の総議員の3分の2以上の多数の賛成を必要とし、しかも法律や予算などの議決の場合と異なり、衆議院の優越を認めない。これだけですでに、かなりの程度の硬性憲法とみなされるうえに、さらに、国民投票で国民の過半数の賛成を必要としており、これも憲法を硬性にするものである。わが憲法は、硬性の資格を二重にそなえており、世界の憲法のうちでも、改正のむずかしい憲法の部類に属する。なお、最高法規たる憲法の改正について、国民投票による承認という形で、国民が決定権をもつことは、国民主権主義の原理の明確なあらわれである。

ところで、現代の憲法が硬性憲法である理由は何であろうか。どの硬性憲法にも一般に通ずるねらいは、いうまでもなく、改正を困難にすることによって憲法の継続性と安定性とを保障する点にあるが、現代の民主的憲法の多くはさらに別のねらいを持っている。すなわち、その1つは、憲法改正にあたって、なんらかの仕方で、一般国民を参加せしめようとのねらいである。これは国民主権の原理からの当然の帰結である。また、硬性憲法は、個人もしくは集団の基本権を保障するねらいをもっていることもある。基本権の保障はとくに小数者の権利の保障に意義があるから、通常の多数決の方法での改正を認めることは不適当であると考えられるからである。しかし、最も重要な理由は、近代憲法が権力を行使する側によって遵守されねばならない根本法である以上、国民やその代表者の反対をおしきって改正すべきではなく、国の根本法が安易で軽率な変更をうけないことを保障しようとするところにある。その意味で、近代憲法が成文化される理由は、同時にそれが硬性のものである根拠にもなっているのである。

もっとも、硬性憲法であるということは、憲法の定める改正手続が厳格であるということにすぎず、実際に改正が困難であることとは必らずしもつながらない。改正が事実として行なわれるかどうかは、単に改正についての規定の仕方ばかりによるものではなく、それよりむしろ、政治的・社会的変化により、憲法と現実との間にきびしい隔離が生じ、改正についての切実な要求が生ずるかどうかということ、および、要求を実現するに足りる政治勢力がその背景にあるかどうかにかかっているのである。

2. 憲法の変遷

この点で、「憲法の変遷」ということが問題になる。「憲法の変

第3章　憲法の改正

遷」という言葉は、「憲法の改正」と区別して用いられる。どちらも、憲法の規範を国家社会の現実の要求に対応させようとして行なわれるものである。しかし、憲法の改正は、憲法の定める手続にしたがって意識的に憲法正文の規定を変更し、その結果、規範と現実とを一致させるものであるのに対し、憲法の変遷は、改正手続によらないで、憲法をいわば実質的に変更させるものであって、暗黙のうちに憲法を変化が生ずる現象をいう。場合によっては、憲法正文と憲法の現実との不一致をまねき、しかも、それが「もぐり」の改正とか、「解釈改憲」とかいわれるものになるおそれがある。自衛隊の存在が憲法の変遷に関連してよくとりあげられる。日本国憲法が制定された当時は、憲法9条は、絶対的な戦争放棄および戦力の不保持を意味するとの解釈のもとに、政府をはじめ大多数の政党および一般国民の支持を受けていた。ところが、その後、国際政治・国内政治状況の変化に対応し、「戦力」についての政府の解釈は二転三転し、現在では、自衛のための戦力は憲法の禁ずる「戦力」ではないと解し、その結果、現に自衛隊は法律および予算によって認められた大きな存在になっており、その組織および装備は年をおって拡大・強化されている。ここに、9条という憲法規範と自衛隊の存在という現実との間に大きな隔離が生じ、9条の変遷をまねくような事実が進展してきていることは否定できないであろう。

3. 憲法改正の限界

　憲法の改正で最も問題になるのは、改正の限界という問題である。これについては、憲法改正手続に従っている限り、いかなる改正も可能であるとする無限界説がある。もしも改正に限界なしとするならば、それはゆきつくところ、憲法の基本原理やその基本的性格をも変更できるということになる。しかしながら、例えば、国民主権

主義を基本原理とする憲法を改正して君主制をとる憲法に変えることも可能とするのは、それはもはや憲法の改正ではなく、憲法の破棄であり自殺である。憲法の改正の限界ありとする限界説の立場が基本的に正当である。

　それでは、憲法の改正の限界を何に求めるべきであろうか。憲法の明文で、改正行為に制限を設けている例もかなりある。フランスの 1884 年 8 月 14 日の法律 2 条は、「共和政体は、憲法修正の発議の目的となすことができない」と定めており、1946 年憲法 95 条、1958 年憲法 89 条にも同様な規定がある。また、1949 年の西ドイツ基本法（いわゆるボン憲法）は、人間の尊厳の不可侵、基本的人権の承認、国民主権、権力分立等の原則に触れるような改正は許されないとして、改正の限界をきわめて詳細に示している（79 条）。

　わが日本国憲法は、その前文で民主制の原理は、「人類普遍の原理であり、この憲法は、かかる原理に基くものである。われらは、これに反する一切の憲法、法令及び詔勅を排除する」と定めている。これは、民主制の原理を、根本規範（観念上、憲法のさらに上位にある法秩序の最高命題）、憲法の憲法とみて、この原理に反する内容の国家行為を一切排除し、憲法改正によってもこの原理を動かすことは許さないとするものである。改正の限界について、憲法に特別の規定のない場合にも、憲法の基礎をなし、その窮極にある原理を定める根本規範に触れることは許されないものと解すべきである。根本規範は、「憲法の憲法」として、普通の憲法規範より上位の段階にある規範であり、憲法のよって立つ基礎であるから、根本規範の定める基礎に触れるような憲法の変改は、先にも述べたように、それはもはや憲法の改正ではなく、憲法を超えた革命行為である。根本規範こそ、憲法の明文の有無にかかわらず、憲法改正行為の限界をなすものである。日本国憲法についていえば、民主制＝国民主権

第3章　憲法の改正

主義、さらに、国民主権主義からひきだされるところの基本的人権尊重主義と平和主義の3大基本原理が根本規範として憲法改正の限界に位するものである。

　次に特殊な問題として、憲法改正手続規定である96条の改正を96条そのものによって根拠づけることができるかという問題がある。改正権者が自身の行為の根拠となる改正規定を同じ改正規定にもとづいて改正することは、法論理的に不可能とする説がある。原則的にはそういえるであろう。しかしながら、だからといって、改正規定を一言半句も動かせないかというとそうではない。この問題については次のように考えるべきであろう。すなわち、改正規定の改正によって、根本規範に触れるような結果になることは許されない。つまり、民主制の否定につながるような方向での改正は認められない。例えば、「国会の発議＋国民の承認」という民主的手続を「国会の議決＋天皇の裁可」ですますというような変更は許されない。そうでないかぎり、あまりにも硬性すぎる現行手続を多少緩和することは許される。例えば、現行では、国会の発議は両院対等とされているが、これを衆議院優位（59条2項、60条2項、61条参照）に改めるのは、むしろ民主制の強化につながるから、認められるであろう。

第4章　日本国憲法の基本原理

　一般に、憲法の前文は、その憲法制定の由来、目的、制定者の決意などを宣言するものであり、そこに、その憲法の基本原理が述べられるものである。日本国憲法の基本原理も、その前文に現われている。すなわち、国民主権主義、平和主義、基本的人権尊重主義の3つの原理がそれである。本章においては、主として前二者について論述し、基本的人権尊重主義については、第3部で詳述することにする。

第1節　国民主権主義

▷象徴天皇制と不敬罪 —— プラカード事件

最高裁昭和23年5月26日大法廷判決・刑集2巻6号529頁（不敬被告事件）

　【事実】　昭和21年5月19日、東京都内で行なわれた飯米獲得人民大会（食糧メーデー）に際し、被告人は、縦2尺5寸横3尺7寸のプラカードに、「詔書（ヒロヒト曰ク）国体はゴジされたぞ　朕はタラフク　食ってるぞ　ナンジ人民　飢えて死ね　ギョメイ　ギョジ　日本共産党田中精機細胞」と書いて、デモ行進に加わったため、旧刑法74条の不敬罪に当たるとして起訴された。第一審は、昭和21年11月2日、プラカードの文言は天皇制の批判ではなく、天皇一身に対する誹毀侮辱であり、天皇の地位が完全に変革した以上、被告人の行為は不敬罪を似て問擬すべきではなく、刑法230条1項の名誉毀損罪の罰条を似て臨むのを相当とするとして、懲役8月に処した。第二審は、昭和21年11月3日、日本国憲法の公布とともに不敬罪に対する大赦令が公布施行されていたの

で、昭和26年6月28日、大赦を理由に免訴の判決を言い渡した。

【判旨】（棄却）「そもそも恩赦は、ある政治上又は、社会政策上の必要から司法権行使の作用又は効果を、行政権で制限するものであって、旧憲法下でいうならば、天皇の大権に基いて、行政の作用として、既に刑の言渡を受けたものに対して、判決の効力に変更を加え、まだ、刑の言渡を受けないものに対しては、刑事の訴追を阻止して、司法権の作用効果を制限するものであることは、大正元年勅令第20号恩赦令の規定に徴し明瞭である。」「しかして、裁判所が公訴につき、実体的審理をして、刑罰権の在否及び範囲を確定する権能をもつのは、検事の当該事件に対する具体的公訴権が発生し、かつ、存在することを要件とするのであって、公訴権が消滅した場合、裁判所は、その事件につき、実体上の審理をすすめ、検事の公訴にかかる事実が果して真実に行われたかどうか、真実に行われたとして、その事実は犯罪を構成するかどうか、犯罪を構成するとせばいかなる刑罰を科すべきやを確定することはできなくなる。これは、不告不理の原則をとるわが刑事訴訟法の当然の帰結である。本件においても、既に大赦によって公訴権が消滅した以上、裁判所は前に述べたように、実体上の審理することはできなくなり、ただ刑事訴訟法第363条に従って、被告人に対し、免訴の判決をするのみである。従って、この場合、被告人の側においてもまた、訴訟の実体に関する理由を主張して、無罪の判決を求めることは許されないのである。」

【意見】 庄野裁判官：「既に新憲法は実施され、天皇は、主権の存する日本国民の総意に基き日本国の象徴であり日本国民統合の象徴であるとされ、不敬罪も刑法からそのかげを没し、刑法の威嚇がなければ天皇の尊厳が保てないという封建的な思想が払拭された今日、本件行為当時に不敬罪が実質的に廃止されていたと断ずることに、さ程の困難を感じないのである。」「右の理由により本件被告人に対しては原判決を破毀して無罪を宣告すべきである。」

第 4 章　日本国憲法の基本原理

1. 意　義

日本国憲法は国民主権主義を明確に採択した（1条）。前文第 1 項後段も、国政が「国民の厳粛な信託による」という、近世自然法のイデオロギーの上に立って、「主権が国民に存することを宣言し、この憲法を確定する」と述べて、憲法制定権（pouvoir constituant）の所在を明らかにした。憲法 1 条が、「主権の存する日本国民」というのも、この根本原則の表明に他ならない。しかも、前文（1項）は、この国民主権主義が、「人類普遍の原理」であるとして、国政の権威が「国民に由来」（国民主権）し、政治権力は「国民の代表者」によって行使され（国民自治）、「その福利は国民がこれを享受する」（国民享益）としている。これは、リンカーンの有名な、「人民の、人民による、人民のための政治」"Government of the people, by the people, for the people"（1863）という、民主主義の基本原理に関する定言を想起させるものであって、国民主権主義の基礎となる民主制の原理を表明したものである。すなわち、民主主義は、国民が国民自身の福祉のために自ら統治する（自治）ことを意味するから、主権、すなわち、国の政治的なあり方を最終的に決定する力が、国民に存することが要請されるのである。

2. 国民主権主義と象徴天皇制

国民主権主義に立脚する日本国憲法は他方で、国家及び国民統合の象徴[1]としての天皇制を残した。国民主権主義とこの天皇制との関係は、どう解せられるべきかが、ここで問題になる。国民主権主義の確立は、明治憲法における天皇主権の否認と旧憲法体制の変革を意味する。旧天皇制が憲法の国民主権主義と両立しがたいことは明らかであるが、現行の象徴天皇の地位は、これとどのような「調和」的関係をもちうるかが問題になるのである。

第 1 部　憲 法 総 論

　憲法 1 条は、天皇が「日本国の象徴」であり、「日本国民統合の象徴」であると規定した。第 1 条の基本的意味は、国民主権の宣明にあるというべきであるが、国の根本的組織原理を定めたこの憲法の冒頭の規定に、天皇が位置づけられたことは、それ自体、一種の政治的妥協の反映だと考えられる。憲法の制定には、通常、国家固有の歴史と伝統あるいは国民感情を尊重することも考慮される。すなわち、天皇制は、日本固有の歴史、伝統あるいは国民感情を考慮し、尊重するという立場から必要が認められて存置されたものである（占領行政を平和的かつ円滑に進めるために、連合国総司令官マッカーサーが天皇に対する日本国民の国民感情をたくみに利用したという占領政策の産物ともいえる）。しかしながら、天皇制は、元来、民主制の原理とは相容れないものである。そこで、民主制と天皇制という原理的にはむしろ対立する両者を調和または妥協せしめるためには、憲法は、天皇の制度に根本的な改革を加えなければならなかった。それが象徴天皇制である。すなわち、明治憲法における天皇が、神勅にもとづいて、国民統治の淵源であるとともに、その中心たる地位にあって、強大な権能をもっていた（明治憲法 1 条、3 条、4 条）のに対して、日本国憲法における天皇は、民意にもとづいて、国家及び国民統合の象徴たる地位に立ち、それにふさわしいとみなされる権能のみを認められることになったのである。

　天皇の地位は、このようにして、かつての神権的、絶対的な統治権者としての高みから、単なる象徴に転化したのである。

　天皇の地位が神格性を否定され、絶対君主から単なる象徴的地位に転化したことをアイロニカルに表現する事件として、「プラカード」事件（前掲最判昭和 23・5・26 刑集 2 巻 6 号 529 頁）がある。前掲判例の「事実」に示されたような被告人の行為は、明治憲法下においては、まさに不敬罪に該当するが、現行憲法下では、一般国民

に対すると同様、せいぜい侮辱罪として拘留又は科料（刑法231条）になるにすぎない。天皇に対するものだからといって、不敬罪として重く罰するのは、国民主権主義の確立、天皇の神格性の否定と法の下の平等の徹底の結果として、憲法に違反することは明らかである。

　天皇が単なる象徴にすぎないということは、法律的には、天皇はもはや君主でも元首でもないことを意味する。統治権を持つ世襲君主の存在は、国民主権の基本原則に適合するとはいいがたい。「人民の、人民による」政治が、特定血統の、人民に超越した元首の下で行なわれるということは自己矛盾だからである。すなわち、「単なる象徴」としての地位においてのみ、天皇は、国民主権主義に適合するものとして、その存在を許されるものである。ふえんすれば、天皇は明治憲法におけるな統治権の総撹者ではなく、統治の諸権能は、それぞれ国会・内閣・裁判所に分属し、天皇は国政に関する権能を持たず、ただ主として儀礼的・形式的な意味を持つにすぎない国事行為のみを、実質的決定権を有する内閣の助言と承認に基づいてのみ、行なうことができるにすぎない（4条、7条）。そして、そのような単なる象徴としての地位も、「主権の存する日本国民の総意」に基づいてのみ認められる（1条）。天皇の象徴としての存在が民意によって根拠づけられるということは、そのような法的基礎を失えば、天皇の地位は変動せざるをえないものであることを意味する。つまり、国民主権主義は、憲法改正をもってしても動かすことができない憲法の根本規範であるが、象徴天皇制は将来国民の総意にもとづき、憲法改正をもって改廃することができるものである。

3. 国民主権原理の法的表現と制度化

　国民主権の原理は法的にはいろいろな点にあらわれている。第1

に、国民が憲法制定権者であることである。憲法は国家の基本秩序を定めるものであるから、憲法制定権力をもつことは主権者の本質であるといえる。憲法前文も、「日本国民は……主権が国民に存することを宣言し、この憲法を確定する」（1項前段）と明定している。また、憲法の改正も部分的な憲法の制定とみるべきであるから、憲法改正権は主権者たる国民に留保されねばならない。96条が憲法改正の成立に国民投票における過半数の賛成を要件にしているのは、そのあらわれである。

　第2に、憲法制定権者が国民であるという根本規範に基づいて、実定憲法上、主権者が国民であることが明示される。憲法前文（1項前段）及び第1条がこのことを明らかにしている。この規定は憲法典のうちでも、最も重要な部分であり、実定憲法の基礎にある根本規範が明文化されたものと考えられるから、たとえ憲法改正の手続をとっても、それを改めることはできない。それを改正することは憲法の基礎を破壊することになるからである。

　第3に、憲法上の制度として国民主権が次のように具体化されている。まず国民が直接に国政に参与する制度がある（直接民主制の表現）。それは、国民が国家権力の究極の根源であることを基礎にして、国民に国家機関としての地位を与えるものである。15条によれば、国民は公務員を選定し罷免する固有の権利を持つ。これはすべての場合に、公務員の任免を国民が直接に行なうことを要求するものではないが、その任免が直接または間接に主権者である国民の意思に基づかねばならないたてまえを示すもので、国民主権の原理の明白な表現である。国民が直接に行なうものとしては、国会議員の選挙（43条）、地方公共団体の長や議会議員の選挙（93条）、最高裁判所裁判官の国民審査（79条2項）がある。その他法律の認めるものとして、地方公共団体の議会解散要求、議会議員や長の解職請

求（リコール）（地方自治法 76 条以下）がある。また、公務員選定罷免権以外にも、国民が国家作用に直接参与するものとして、憲法改正の承認（96 条）、地方自治特別法の制定への住民参加（95 条）がある。法律が認めるものとしては、地方公共団体の条例制定や監査の直接請求（地方自治法 74 条以下）等がある。

　しかし、多数の国民が直接に国政全般に参与することは不可能である。したがって、国民は選挙を通じて国会議員を選び、その代表者によって政治に参与することが原則である。日本国憲法もこの代表民主制（間接民主制）を国政の方式として採用している。これは間接的な国民の政治参与であるが、国民主権主義にもとるものでないことはいうまでもない。前文は「日本国民は、正当に選挙された国会における代表者を通じて行動し」（1 項前段）と述べ、第 41 条は「国会は、国権の最高機関」であると定め、その国会は「全国民を代表する選挙された議員」で組織されている（43 条 1 項）。これは、国会が国民を直接に代表する国家機関として、国民に代って主権者の権能を行なう職責を持つこと、したがって、国政全般について他の国家機関よりも強い発言権を持つべきことを示すものである。具体的には、法律の制定という立法機関本来の任務（41 条）のほかに、憲法改正の発議（96 条）、条約の承認（73 条 3 号但書、61 条）、予算の議決（60 条、86 条）、内閣総理大臣の指名（67 条）、国政調査（62 条）、弾劾裁判所の設置（64 条）、衆議院の内閣不信任決議（69 条）などの重要な権限が国会に帰属しているのは、国民主権主義の制度化であるといってよい。

第 1 部　憲法総論

第 2 節　平 和 主 義

▷ 憲法 9 条と日米安全保障条約 —— 砂川事件第 1 審
東京地裁昭和 34 年 3 月 30 日判決・下級刑集 1 巻 3 号 776 頁（日本国とアメリカ合衆国との間の安全保障条約第 3 条に基く行政協定に伴う刑事特別法違反被告事件）

▷ 憲法 9 条と日米安全保障条約 —— 砂川事件上告審
最高裁昭和 34 年 12 月 16 日大法廷判決・刑集 13 巻 13 号 3225 頁（日本国とアメリカ合衆国との間の安全保障条約第 3 条に基く行政協定に伴う刑事特別法違反被告事件）

　（砂川事件については、第 1 部冒頭参照）

▷ 自衛隊の合憲制 —— 長沼事件（長沼ナイキ基地訴訟）第一審
札幌地裁昭和 48 年 9 月 7 日判決・判時 712 号 24 頁（保安林指定の解除処分取消請求事件）
　【事実】　防衛庁は第 3 次防衛力整備計画に基づく防衛強力化のために北海道夕張郡長沼町に航空自衛隊第 3 高射群施設（地対空ミサイル発射基地）を設置するため、水田用水の確保および洪水による災害防止のために水源かん養保安林に指定された通称馬追山国有林の一部について、保安林指定の解除を被告農林大臣に申請した。それに対して被告は、昭和 44 年 7 月 7 日、森林法 26 条 2 項にもとづき、保安林指定の解除処分をおこなった。そこで原告地元住民 173 名は、この処分の取消を求める訴訟を提起した。原告の主張は、憲法 9 条に違反する自衛隊のミサイル基地建設の目的でなされたこの解除処分は違憲無効であり、また違憲の自衛隊のミサイル基地建設は、森林法 26 条 2 項によって解除の要件とされている「公益上の理由」に該当しないから、この処分は違法であると

第4章　日本国憲法の基本原理

〔砂川事件、伊達判決と最高裁判所判決との第9条解釈の対比〕[(2)]

伊達判決（第1審）	最 高 裁 判 決
1　憲法9条は自衛権を否定しないが、自衛の戦争及び自衛の戦力の保持も許さない趣旨である。	1　憲法9条は、わが国が主権者として有する国有の自衛権を何等否定するものではなく、「憲法の平和主義は決して無防備・無抵抗を定めたものではない。」「必要な自衛のための措置をとりうることは当然である。」
2　9条から導かれる日本安全保障の方式は「現実的にはいかに譲歩しても……国際連合の機関である安保理事会等のとる軍事的安全措置等を最低線」とする。 米国の駐留は、もしも「国際連合の機関による勧告または命令に基づいて、わが国に対する武力攻撃を防禦するために、……駐留せしめるということであれば、あるいは9条2項前段によって禁止されている戦力の保持に該当しないかもしれない。」しかし、安保条約が極東の平和と安全の維持のためという米軍の広範囲な出動を認めていることは、「わが国が自国と直接関係のない武力紛争の渦中にまきこまれ」る危険を包蔵し、憲法の精神に反する疑いがある。	2　がわ国はいわゆる戦力は保持しないけれども「これによって生ずるわが国の防衛力の不足は、これを前文にいわゆる平和を愛好する諸国民の公正と信義に信頼することによって補い、もってわれらの安全と生存を保持しようと決意したのである。」そしてそれは、国際連合の安保理事会のとる措置等に限定されるものではなく、「わが国の平和と安全を維持するための安全保障であれば、その目的を達するにふさわしい方式または手段である限り、国際情勢の実情に照らして適当と認められるものを選ぶことができるのはもとよりであって、第9条はわが国が、他国に安全保障を求めることを何ら禁ずるものではないのである。」
3　米軍には日本の指揮・管理権はなく、また日本防衛の法的義務もないが、実質的に考慮すれば、わが国防衛のため米軍が使用される現実的可能性は大きく、従って、かかる米軍の駐留を許容したことは、指揮権の有無・出動義務の有無にかかわらず、第9条第2項前段の戦力不保持に違反し、米軍は憲法上許すべからざるものである。	3　従って9条2項の法意は、わが国がみずからの戦力により侵略戦争を行なうことを禁じたものであり、「いわゆる自衛のための戦力の保持をも禁じたものであるか否かは別として」、そこで禁ぜられているのはわが国自体の戦力を指し、米軍はそれに該当しない。

61

するものである。

【判旨】（容認）「わが国は、平和主義に立脚し、世界に先んじて軍備を廃止する以上、自国の安全と存立を、他の諸外国のように、最終的には軍備と戦争によるというのではなく、国内、国外を問わず戦争原因の発生を未然に除去し、かつ、国際平和の維持強化を図る諸活動により、わが国の平和を維持していくという積極的な行動（憲法前文2項2段）のなかで究極的には『平和を愛する諸国民の公正と信義に信頼して、われらの安全と生存を保持しようと決意した。』（同2項1段）のである。」「このような前文のなかからは、万が一にも、世界の国々のうち、平和を愛することのない、その公正と信義を信頼できないような国、または国家群が存在し、わが国が、その侵略の危険にさらされるといった事態が生じたときには、わが国みずからが軍備を保持して、再度、武力をもって相戦うことを容認するような思想は、まったく見出すことはできないといわなければならない。」「もちろん、現行憲法が、……その前文および第9条において、いっさいの戦力および軍備をもつことを禁止したとしても、このことは、わが国が、独立の主権国として、その固有の自衛権[3]自体までも放棄したものと解すべきでないことは当然である（昭和34年12月16日付最高裁判所判決参照）。しかし、自衛権を保持し、これを行使することは、ただちに軍事力による自衛に直結しなければならないものではない。すなわち、まず、国家の安全保障（それは究極的には国民各人の生命、身体、財産などその生活の安全を守ることにほかならない）というものは、いうまでもなく、その国の国内の政治、経済、社会の諸問題や、外交，国際情勢といった国際問題と無関係であるはずがなく、むしろ、これらの諸問題の総合的な視野に立ってはじめてその目的を達成できるものである。そして、一国の安全保障が確保されるなによりも重要な基礎は、その国民の一人一人が、確固とした平和への決意とともに、国の平和問題を正しく認識、理解し、たえず独善と偏狭を排して近隣諸国の公正と信義を信頼しつつ、社会体制の異同を越えて、これらと友好を保ち、そして、前記した国内、国際問題を考慮しながら、

第 4 章　日本国憲法の基本原理

安全保障の方法を正しく判断して、国民全体が相協力していくこと以外にありえないことは多言を要しない。そして、このような立場に立ったとき、はじめて国の安全保障の手段ととして、あたかも、軍事力だけが唯一必要不可欠なものであるかのような、一面的な考え方をぬぐい去ることができるのであって、わが国の憲法も、このような理念に立脚するものであることは勿論である。」「自衛権の行使方法が数多くあり、そして、国家がその基本方針としてなにを選択するかは、まったく主権者の決定に委ねられているものであって、このなかにあって日本国民は前来記述のとおり、憲法において全世界に先駆けていっさいの軍事力を放棄して、永久平和主義を国の基本方針として定立したのである。」「自衛隊の編成、規模、装備、能力からすると、自衛隊は明らかに『外敵に対する実力的な戦闘行動を目的とする人的、物的手段としての組織体』と認められるので、軍隊であり、それゆえに陸海空、各自衛隊は、憲法第9条第2項によっでその保持を禁ぜられている『陸海空軍』という『戦力』に該当するものといわなければならない。そしてこのような各自衛隊の組織、編成、装備、行動などを規定している防衛庁設置法（昭和29年6月9日法律第164号）、自衛隊法（同年同月同日法律第165号）その他これに関連する法規は、いずれも同様に、憲法の右条項に違反し、憲法第98条によりその効力を有しえないものである。」

　戦争の体験に学んで、憲法は思い切った平和主義の立場を宣言した。その前文において、日本国民は、「政府の行為によって再び戦争の惨禍が起ることのないようにすることを決意」したことを示し、恒久平和への念願をかかげ、さらに進んで9条で戦争放棄を誓ったのである。
　近代各国の憲法にも、戦争の制限や国際紛争の平和的解決などに関する規定が見られないわけではない。しかし、それらの規定は、戦争の全面的放棄と軍備の不保持まで徹底したものではなかった。

第1部 憲法総論

すなわち、そこで廃止し、また禁止すべきであるとされた戦争は、いわゆる侵略戦争であって、不法な侵略に対する自衛権に基づく戦争は常に除外され、自衛のための戦争をなす権利は、各国家に留保されていた。このような諸国の憲法の例に比して、日本国憲法9条は、平和主義、戦争の禁止をさらに徹底したものである。すなわち、9条は、第1に、侵略戦争のみならず、一切の戦争を放棄し、第2に「戦争」のみならず、さらに「武力の行使」および「武力による威嚇」をも放棄し、第3にこれに伴い、さらに軍備の不保持と交戦権の否認を定めているのである。まさにこの点においてこそ、9条の世界史的意義が存するといってよい。すなわち、それは従来各国がその国家主権の最も明瞭な現われとして当然に持つものとされていたところの自衛のための戦争をなす権利をも放棄するものである。

しかしながら、憲法9条の掲げた高遠な理想は、現実の政治過程のなかで次第に変容を加えられ、とくにその非武装の宣言は、漸増する軍備によって著しく歪曲されるに至った。それだけにまた、第9条は、憲法の他の条項の何れにもまさって、憲法解釈上の論議の焦点となり、対立するイデオロギーと社会勢力の最大の争点となった。9条をめぐって争われた裁判例も少なくない。まず、安保条約なかんずく米駐留軍の存在の合憲性が問題になった砂川事件があるが、この事件では、第一審のいわゆる伊達判決の違憲論と飛躍上告審である最高裁の合憲論とが真向から対立した。また、自衛隊の合憲性が争われた事件としては恵庭事件、長沼事件（ナイキ基地訴訟）がある。恵庭事件（札幌地裁昭和42・3・29下級刑集9巻3号359頁）では裁判所は憲法判断を回避したが、長沼事件では第一審（前掲札幌地裁昭和48・9・7）が初めて明確に自衛隊は憲法違反であるとの判断を下して注目された。しかし、第二審（札幌高判昭和51・8・5行裁例集27巻8号1175頁）は憲法判断を回避した。最高

第 4 章　日本国憲法の基本原理

裁は、自衛隊の前身である警察予備隊違憲訴訟（最判昭和 27・10・8 民集 6 巻 9 号 783 頁）で憲法判断を回避して以来いまだ自衛隊の合憲性について判断を下していない。長沼ナイキ基地訴訟上告審（最判昭和 57・9・9 民集 36 巻 9 号 1679 頁）においてもやはり憲法判断を回避してしまった。

　第 9 条論争はひところ下火になっているように見えたが、最近政府、自民党による憲法改正論議の高まりのなかに第 9 条が最大論点としてうかびあがってきた。警察予備隊、保安隊をへて自衛隊へと発展してきた再軍備の政治的現実に示されるように、第 9 条をめぐる問題ほど憲法規範と既成事実との間の乖離がはなはだしい問題は他に例をみない。もし自衛隊が違憲だとしたら、その存在と増強は第 9 条を空洞化するものであり、それはまさに憲法の変遷というべき現象を生ぜしめていると言ってよい。国民のなかには一方で戦争体験の風化現象が、他方で戦争を知らない世代に現状肯定、保守化の傾向がみられる。護憲勢力は分裂、後退し、憲法の平和主義は危機的状況におかれている。現在われわれは平和になれて、第 9 条の平和主義も色あせたかに見えるけれども、われわれが強く認識しなければならないことは、この平和主義が憲法体制の基本原理としての民主主義と不可分のものとして措定されたということである。カント（Kant）が、その「永久平和論」で指摘するように、真に民主的な国は必然的に平和を愛好し、逆にまた平和国家であるためにはまず民主国家でなければならない。泰平の逸楽をむさぼり、真に民主国家、平和国家であるための努力を怠っていると、歴史の歯車は専制と隷従の時代へと逆回転を始めかねないし、また歯止めのきかない軍事大国へと暴走するおそれがある。われわれは、民主主義と平和主義を基本原理とする憲法の諸規定が空洞化され、変遷させられないように常に目覚めていなければならない。

第1部　憲法総論

第3節　基本的人権尊重主義

　日本国憲法は、その11条において、「国民は、すべての基本的人権の享有を妨げられない。この憲法が国民に保障する基本的人権は、侵すことのできない永久の権利として、現在及び将来の国民に与へられる。」と規定し、さらに同趣旨の規定（97条）を最高法規の章におくことによって、基本的人権尊重主義を憲法の基本原理とすることを明らかにしている。

　基本的人権とは、人間が人間らしく生活していくうえで基本的に必要な権利であって、人間が人間である以上当然に享有する生来的な権利であり、国家権力をもってしても侵しえない天賦の権利である。それは、近世自然法思想に由来し、人間社会のあらゆる価値の根源が個人にあり、他の何ものにもまさって個人を尊重しようとする、「個人の尊厳」という根源的原理に立脚するものである。

　基本的人権を保障することは、近代憲法の中核であり、基本的人権に関する一群の規定（人権宣言）は憲法の本質的部分である。近代憲法はまさに基本的人権を保障することを目的とし、その目的を達成するための統治の機構について定める基本法である。フランス人権宣言（1789年）16条に、「構利の保障が確保せられず、権力の分立が定められていない社会はすべて、憲法を持つものではない」とあるように、人権宣言を持たない憲法はおよそ近代憲法と呼ぶに値しないと言ってよい。

　この基本的人権尊重主義は、他の2つの憲法の基本的原理と相互に密接不可分の関連をもっている。アブラハム・リンカーンのゲティスバーグにおける演説（1863年）中の名文句、「国民の、国民による、国民のための政治」は、民主政治を最も簡明に定義したもの

第4章　日本国憲法の基本原理

であるが、ここでいう「国民の国民による政治」とは、国民主権主義に立脚する政治を意味し、「国民のための政治」は、国民の福利のための政治、すなわち基本的人権を尊重する政治を意味する。国民が政治の主人公であって初めて、国民の基本的人権は確保せられるのである。天皇主権主義に立脚する明治憲法（大日本帝国憲法）の人権保障が、真の意味での基本的人権保障ではなく、君主の臣民に対する恩恵的保障の色彩が強かったことは、国民主権主義と基本的人権尊重主義との不可分的関連を雄弁に物語るものである。また、平和主義も、基本的人権尊重主義と同様に、「個人の尊厳」という根源的原理に立脚するものである。内にあって人権を抑圧し、自由を制限する政治体制は、国民の不満をそらすために対外的膨張を試みるのが常である。第二次世界大戦は、人権を抑圧するナチズム、フアッシズム、軍国主義が惹起したものであることを想起すべきである。そして、戦争は自国民、外国人を問わず、人間の生命を奪い、危険にさらす。平和的生存権をおびやかす戦争下にあって、どうして他の基本的人権が確保せられえようか。平和なきところに人権保障はなく、人権抑圧は戦争を招く。日本国憲法はその前文（2項）において、「全世界の国民が、ひとしく恐怖と欠乏から免れ、平和のうちに生存する権利を有することを確認する。」ことによって、等しく「個人の尊厳」原理に立脚する基本的人権尊重主義と平和主義の不可分性を自覚させるものである。

注
(1) 象徴（Symbol）とは、一般に、抽象的無形の観念を表現する有形のものをいう。鳩が平和を、白百合の花が純潔を表わすがごとし。また社会的には、紋章が家を表わし、国旗が国家を象徴するという具合に、感覚的知覚に訴える具体的なものが、法律的にも用いられ

る。君主の地位を国の象徴とした例として、イギリスのウェストミンスター条例（Statute of Westminster, 1931）の「王位は、イギリス連邦諸国の自由な結合の象徴である」"The Crown is the symbol of the free association of the members of the British Commonwealth of Nations"という規定がある。日本国憲法1条もこの例に属する。この国家的象徴の政治的機能または目的は、国家の内部におけるいろいろな異なる要素を結合して統一せしめる点にある（統合的機能）。すなわち、天皇が、日本国の象徴であり日本国民統合の象徴であることは、天皇の一身が、日本国また日本国民の統合という無形の象徴的存在を、有形的、具体的に表現または体現するものであることを意味する。

　象徴と代表とは法的概念としては異なる。代表関係は、代表するものとされるものとの同質性を前提とし、いわば内在的な表現が成り立つのに対し、象徴関係では、象徴するものとされるものとが有形と無形という異質的なもので、いわば外在的、超越的表現が成り立つにとどまる。したがって、代表者の行為が法的に被代表者の行為とみなされるのに対し、象徴としての天皇の行為が、直ちに日本国や国民の行為とみなされるという法的効果を伴なうものではない。天皇と国民の間には、法的代表関係はなく、また、議会と国民との間におけるような政治的代表関係もみられない。

(2) 憲法調査会・憲法の運用と実際、法律時報臨時増刊〔日本評論新社、昭和36年、92〜93頁〕

(3) 集団的自衛権　日本国憲法は個別的自衛権はもちろんのこと集団的自衛権も国家固有の権利として認めているが、憲法解釈論としては行使できないと言う考え方が支配的である。集団的自衛権とは、同盟条約などに基づき自国と密接な関係にある他国が武力攻撃された場合に、自国への攻撃とみなして、被攻撃国と共同で、その武力攻撃に対して自衛の行動をとり得る権利と定義され、従来の自衛権概念の拡張として、国際連合憲章上も固有の権利として認められる

第4章　日本国憲法の基本原理

ものである。したがって、集団的自衛権は、国際連合憲章上特に認められた新しい概念ないし権利であり、国連憲章は「固有」のという形容詞を使ってはいるが、個別的自衛権とは本来的に異なる概念であり、決して文字通り国家「固有」の権利ではない。個別的自衛権の拡張には自国領域の専守防衛と言う歯止めが利くけれども、集団的自衛権はその定義上、当然に海外派兵を前提とする。いわゆる周辺事態法を実効的に運用するためにも集団的自衛権の行使を解釈上認めようとする動きが強まるであろうが、海外派兵を前提とする集団的自衛権は憲法解釈論としては認められず、憲法の改正が必要であり、それは日本国憲法の基本原理である平和主義を形骸化することになろう。

第2部　統治機構

第1章　権力分立制

▷ **権力分立制と「統治行為」の理論——苫米地事件**
最高裁昭和35年6月8日大法廷判決・民集14巻7号1206頁（衆議院議員資格確認並びに歳費請求事件）

【事実】　原告（苫米地義三）は、昭和24年4月25日施行の衆議院議員総選挙によって衆議院議員となったものであるが、昭和27年8月20日の衆議院解散（第3次吉田内閣「抜打ち解散」）によってその地位を失い、その結果、議員として歳費をうけることができなくなった。そこで原告は、次の理由で本件解散の違憲性を主張し、衆議院議員としての地位の確認と歳費の支払を求めて、国を被告として、本件訴を提起した。① 衆議院の解散は、憲法自体に根拠がある場合にのみ許される。前記解散は憲法7条に基づいてなされたものであるが、この規定は実質的な解散決定権の所在について明確な内容を有しておらず、憲法上の根拠とみられるものは憲法69条であり、69条の規定により内閣が解散の意志を決定した後、その助言と承認のもとに7条により天皇による解散が行なわれなければならない。したがって、69条に定める事態が発生していないのに第7条により解散を行なうことは違憲である。② 7条による解散が行なわれる場合には、内閣の助言と承認という2つの行為が必要であり、この内閣の助言と承認には閣議の全会一致による決定が必要であるが、本件解散の場合には、この閣議決定はなされていない。したがって本件解散については内閣の助言と承認がなく、解散は違憲である。これ

第2部 統治機構

に対し、国は国会解散その他特に高度の政治性を有する一連の行為は、統治行為または政治問題と呼ばれ、この行為をめぐる争いは、裁判所の審理の対象から除外されるものであり、本件の衆議院解散の合憲性の審査は裁判権の外にある。また、天皇が憲法第7条に基づき解散をしたことについても、内閣が解散を助言する旨の決定をしており、またかりに、助言が認定されなくとも、同条に定める内閣の助言と承認の趣旨は、天皇の行為が内閣の意思に基づきなされなければならないことをさしているのであるから、内閣の承認があれば同条の要請をみたしており、違憲ではないと主張した。原告の請求は、第一審では認容されたが、第二審で棄却されたので、原告はこれを不服として上告した。

【判旨】 （棄却）「現実に行われた衆議院の解散が、その依拠する憲法の条章について適用を誤ったが故に、法律上無効であるかどうか、これを行うにつき憲法上必要とせられる内閣の助言と承認に瑕疵があったが故に無効であるかどうかのごときことは裁判所の審査権に服しない。」「わが憲法の三権分立の制度の下においても、司法権の行使についておのずからある限度の制約は免れないのであって、あらゆる国家行為が無制限に司法審査の対象となるものと即断すべきでない。直接国家統治の基本に関する高度に政治性のある国家行為のごときはたとえそれが法律上の争訟となり、これに対する有効無効の判断が法律上可能である場合であっても、かかる国家行為は裁判所の審査権の外にあり、その裁判は主権者たる国民に対して政治的責任を負うところの政府、国会等の政治部門の判断に委され、最終的には国民の政治判断に委ねられているものと解すべきである。この司法権に対する制約は、結局、三権分立の原理に由来し、当該国家行為の高度の政治性、裁判所の司法機関としての性格、裁判に必然的に随伴する手続上の制約等にかんがみ、特定の明文による規定はないけれども、司法権の憲法上の本質に内在する制約と理解すべきものである。衆議院の解散は、衆議院議員をしてその意に反して資格を喪失せしめ、国家最高の機関たる国会の主要な一翼をなす衆議院の機能を一時的とは言え閉止するものであり、さらにこれにつづく総選挙を

第 1 章 権力分立制

通じて、新な衆議院、さらに新な内閣成立の機縁を為すものであって、この国法上の意義は重大であるのみならず、解散は、多くは内閣がその重要な政策、ひいては自己の存続に関して国民の総意を問わんとする場合に行われるものであってその政治上の意義もまた極めて重大である。すなわち衆議院の解散は、極めて政治性の高い国家統治の基本に関する行為であって、かくのごとき行為について、その法律上の有効無効を審査することは司法裁判所の権限の外にありと解すべきことは既に……説示するところによってあきらかである。」「政府の見解は、憲法7条によって、――すなわち憲法69条に該当する場合でなくとも、――憲法上有効に衆議院の解散を行い得るものであり、本件解散は右憲法7条に依拠し、かつ、内閣の助言と承認により適法に行われたものであるとするにあることはあきらであって、裁判所としては、この政府の見解を否定して、本件解散を憲法上無効なものとすることはできない。」

国会、内閣、裁判所という統治の機構の核心に入る前に、ここで、統治の機構の基本原理、市民的自由を確保するための統治組織として近代憲法にとって欠くことのできない原理としての権力分立制を中心にして、立法、行政、司法のいわゆる三権についての概観をすることにする。

第1節　権力分立の意義

1789年のフランス人権宣言16条は次のように言っている。「権利の保障が確保せられず、権力の分立が定められていない社会はすべて、憲法をもつものではない。」権力分立を定めていない憲法は憲法とは言えない。少なくとも、近代的意味の憲法ではないというのである。すなわち、権力分立という制度が、国民の権利の保障と共に、立憲国家の憲法に欠くことのできないものであることを強調

第2部　統治機構

しているわけである。

　権力分立（separation of powers, séparation des pouvoirs）は国家権力の仕組み方についての一原理である。その要旨は、国家の権力が、個人にせよ、集団にせよ、誰かの一手に集中され、それらの者があまりに強大にならないようにするために、立法、行政、司法の各権力を分離・独立させて、それぞれ異なる機関に担当せしめ、互いに他を抑制し、均衡を保つように仕組む、ということである。つまり、国家の作用は、複雑・多岐にわたるが、それをその性質に応じて、立法、行政、司法の3つに区分し、それらを別個の機関の独立の権限として配分するとともに、互いに抑制し、均衡を保たせることによって、国家の権力を緩和し、もって権力の濫用を防ぎ、個人の自由を守るのが狙いである。

　権力分立は自由主義的な政治組織原理である。権力分立原理が権力の集中を嫌うのは、それによって権力の濫用が行なわれ、そのために国民の自由が侵されるからである。人間はいつも権力を獲得したがる弱点をもっており、しかもそれを濫用する性向がある。モンテスキュー（Montesquieu）は、その著『法の精神』の中で次のように言っている。「すべて権力をもつ者はそれを濫用しがちである。彼は極限までその権力を用いる。それは不断の経験の示すところである。」つまり、権力分立制は国家権力及びそれを行使する人間に対する猜疑心から出発している。ジェファーソン（Thomas Jefferson）は「信頼はいつも専制の親である」といっているが、政府を信頼しすぎると専制的になり、国民の自由が失われる。権力の濫用がなされると、何よりも大事な自由が侵されてしまうから、それを防ぐために、権力を分立させることが必要なのである。すなわち、権力分立の窮極の狙いは国家権力から国民の自由を守ることである。

第1章　権力分立制

第2節　日本国憲法における権力分立

　次に、日本国憲法における権力分立について概観する。明治憲法も権力分立の原則を採用していた。しかし、明治憲法の場合は、天皇主権の原理のもとに、天皇が「統治権を総攬」（4条）し、立法、行政、司法の三権は結局天皇に帰属し、天皇がその統治権を行使するにあたって、帝国議会、政府、裁判所がそれを助けるという建前を採っていた。つまり、権力分立といっても、天皇の下にあって、その大権行使を助ける機関の分立にすぎなかったわけである。
　これに対し、日本国憲法は、国民主権の原理のもとに、国民の信託にかかる国政の三権を、国会、内閣及び裁判所にそれぞれ独立に分属せしめ、その上にあって統治権を総攬するものを認めていない。明治憲法にくらべて、いろいろな点で権力分立制をはるかに徹底・強化させている。それを憲法の規定の上でみると次のようになっている。

(1)　立法権――国会

　41条により、国会は「国の唯一の立法機関」であるとされている。立法とは、国民を拘束する成文の一般的・抽象的法規範を定立する作用である。国の立法は原則として国会を通して行なわれ《国会中心立法――裁判所による裁判所規則の制定（77条1項）、両議院による議院規則の制定（58条2項）は、その例外である》、かつ、原則として国会の議決だけで成立する《国会単独立法――地方自治特別法（95条）はその例外である》。明治憲法では、行政部にも広大な立法権が与えられ、緊急命令（8条）や独立命令（9条）などの副立法権も認められていたが、現行憲法では、行政権による立法は、法律を執行するための命令（執行命令）及び法律の委任にもと

75

づく命令(委任命令)(73条6号)だけに限られている。

(2) 行政権——内閣

「行政権は内閣に属する」(65条)。国家作用は、まず、立法作用と、それによって定立された国法を執行する作用とに分かれる。執行作用はさらに司法と行政とに分かれる。立法、司法の内容は比較的簡明であるのに対し、行政の内容は複雑多岐であって、必ずしも明確でないために、行政の概念規定については積極的な定義づけはなされず、それは立法でも司法でもない一切の国家作用であるとか、国家作用から立法と司法とを除いた部分の総称である(控除節)とか、消極的な定義にとどまっている。憲法73条は「内閣の職務」として7つの重要な一般行政事務を掲げているが、内閣の行政権能はこれのみに限られるものではなく、また、同条の列挙事務の中には行政作用に属さない事務も含まれている(6号参照)。内閣は、首長たる内閣総理大臣[1]及びその他の国務大臣で組織する合議体(66条1項)で、行政権の中枢かつ最高機関である。明治憲法は、天皇に強大な行政権を認めていたが、現行憲法は、明治憲法のもとで天皇の手にあった行政権の多くの部分を内閣に移すことによって行政権を内閣に集中させ、この角度からも権力分立制を強化した。天皇は単に憲法の定める限られた国事行為を名目的儀礼的に行なうことを認められているにすぎず、行政権に関与しない。内閣が行政権の本来的・中枢・最高・責任機関である結果、他のすべての行政機関はその統轄に服し、内閣に対して全く独立した地位にある他の行政機関を設けるこは、民主的責任行政の原則から、認められない(会計検査院は憲法みずから認める例外である——90条)。

(3) 司法権——裁判所

「すべて司法権は、最高裁判所及び法律の定めるところにより設置する下級裁判所に属する」(76条1項)。司法とは、具体的な争訟

について、法を適用し、宣言することによって、これを裁定する作用である。それは民事・刑事のほかに行政事件の裁判を含めて、「一切の法律上の争訟」の裁判を意味する（裁判所法3条1項）（明治憲法では、行政事件の裁判は特別の行政裁判所の権限に属していた）。裁判官は、権力分立の趣旨に基づき、「その良心にしたがい独立してその職権を行ない、この憲法及び法律にのみ拘束され」（76条3項）、立法機関や行政機関はもとより、他の裁判官の命令にも服しない。また、裁判官はその身分が保障され、特に一定の場合を除いて罷免されない（78条）。これらは、司法権の独立[2]の意味するところである。

第3節　三権相互間の抑制・均衡関係

以上のように、三権の分立が図られているわけであるが、権力の集中をさけるという権力分立の狙いは、権力を分離させるばかりでなく、各権力が互いに抑制し合い、均衡を保つことによって達成される。ただ権力を分離・独立させるだけでなく、「権力が権力を抑制する」ように仕組むことによって、自由が権力の濫用から効果的に守られるのである。この権力の抑制・均衡の仕組みを日本国憲法についてみてみよう。

(1)　**国会と内閣との関係──議院内閣制**[3]

国会と内閣との関係については議院内閣制が採られている。議院内閣制は内閣の成立と存続とが国会の意思に依存せしめられている制度であって、行政権を民主的にコントロールすることがその狙いである。この制度のもとにおいては、行政部はかなり強く立法部のコントロールを受け、そのかぎりで厳格な意味での権力分立制は変容を受けることになるが、そのかわり、そこには、国民→議会→内

閣という直線的連結関係が見られ、それを通して主権者国民の意思が政府、特に行政に反映するように仕組まれている。

議院内閣制は日本国憲法では次の点にあらわれている。㈤国会は国会議員の中から内閣総理大臣を指名する（67条1項）、㈼内閣総理大臣及び他の国務大臣の過半数は国会議員でなければならない（67条、68条）、㈻内閣は国会に対して連帯して責任を負う（66条3項）、㈥内閣は衆議院の信任を必要とする（69条、70条）、すなわち、衆議院は内閣不信任決議をすることができる、㈭各議院は国務大臣の議院出席・答弁を要求することができる（63条）。これに対し、内閣は国会の召集を決定し（7条2号、53条）、衆議院の解散を決定する（7条3号、69条）ことによって、国会を抑制する。

(2) **国会と裁判所との関係**

憲法は裁判所に規則制定権を認め（77条）、その自律性を強化したうえに、国会の制定した法律の合憲性審査権を与えた（81条）。この法令審査権を活用することによって、裁判所は「憲法の番人」として国会が違憲の立法をしないように監視することができる。これに対し、国会は、裁判官の罷免の裁判を行なう弾劾裁判所を設ける権限をもつ（64条）。

(3) **内閣と裁判所との関係**

内閣は、裁判官の任命権（ただし、最高裁長官については指名権）をもつ（79条、80条）。もっとも、下級裁判所の裁判官については、最高裁判所の指名した名簿によることを要するから、行政権による司法権の抑制には限界がある。これに対し、裁判所は、法令審査権によって、内閣その他の行政官庁の命令・規則・処分の合憲性を審査し（81条）、それにより行政に対し司法的コントロールを及ぼすことができる。また、行政事件の裁判も司法裁判所が行なうことは（76条）、行政権に対して司法権を強化したものである。

第1章 権力分立制

 以上のように、日本国憲法においては、国会、内閣、裁判所の間には、相互的な交渉、依存、抑制、均衡の関係が維持され、権力の集中・濫用から国民の権利自由が守られているのである。

第4節　権力分立制と「統治行為」の理論

 次に権力分立に関する判例を紹介しておこう。立法、行政、司法の三権さらに天皇の権限がからんでいる事件として、苫米地事件（前掲最判昭和35・6・8）がある。この事件は、三権相互の関係、特に司法権の限界と「統治行為」の理論が問題になった事件である（事実関係については前掲参照）。

 原告・苫米地義三の解散無効主張の理由は、①衆議院の解散は憲法69条に定める内閣不信任決議を前提とすべきであるのに、この解散は憲法7条のみを根拠としてなされており、②また、その解散を決定するための適法な閣議を欠いていた――天皇の衆議院解散行為には内閣の助言と承認を必要とするのに、それを欠いていた、とするものである。

 第一審（東京地判昭和28・10・19行裁例集4巻10号2540頁）、第二審（東京高判昭和29・9・22行裁例集5巻9号2181頁）とも、解散は第69条の場合に限られないと解したが、第一審は天皇の解散行為に対する内閣の助言と承認のうち助言がなされなかったことを理由に解散無効として原告の請求を認容したのに対し、第二審は助言と承認ともに存在したとして解散有効と判示し、第一審判決を取り消し、請求を棄却した。原告はこれを不服として最高裁判所に上告したものである。

 最高裁判所は、いわゆる統治行為の理論を肯定して、解散の合憲性に関する裁判所の審査権を否定し、上告を棄却した。すなわち、

第2部　統治機構

衆議院の解散の決定のごとき、きわめて政治性の高い国家統治の基本に関する国家行為について、その法律上の有効・無効を審査することは司法裁判所の権限外であると判示したのである。

　この判決で最高裁判所が肯定した「統治行為」(acte de gouvernement)の理論あるいは「政治問題」(political questions)と呼ばれる理論は、最高裁判所の判旨を藉りて言えば次のような理論である。すなわち、「わが憲法の三権分立の制度の下においても、司法権の行使についておのずからある限度の制約は免れないのであって、あらゆる国家行為が無制限に司法審査の対象となるもの」ではない。「衆議院の解散は、衆議院議員をしてその意に反して資格を喪失せしめ、国家最高の機関たる国会の主要な一翼をなす衆議院の機能を一時的とは言え閉止するものであり、さらにこれにつづく総選挙を通じて、新たな衆議院、さらに新たな内閣成立の機縁をなすものであって、この国法上の意義は重大であるのみならず、解散は、多くは内閣がその重大な政策、ひいては自己の存続に関して国民の総意を問わんとする場合に行われるものであってその政治上の意義もまた極めて重大である。」このように「直接国家統治の基本に関する高度に政治性のある国家行為のごときはたとえそれが法律上の争訟となり、これに対する有効無効の判断が法律上可能である場合であっても、かかる国家行為は裁判所の審査権の外にあり、その判断は主権者たる国民に対して政治的責任を負うところの政府、国会等の政治部門の判断に委され、最終的には国民の政治判断に委ねられているものと解すべきである」とする。そして、この司法権に対する制約は、結局は、「三権分立の原理に由来し、当該国家行為の高度の政治性、裁判所の司法機関としての性格、裁判に必然的に随伴する手続上の制約等」にかんがみ、「司法権の憲法上の本質に内在する制約」であると把握する。

第1章 権力分立制

 以上要するに、統治行為の理論とは、衆議院の解散、条約の締結というような国家統治の基本に関する国家行為は、その高度の政治性のゆえに、裁判による法的価値判断に適しないから、裁判所の審査権が及ばないとするものであり、この理論はしばしば裁判所によって憲法判断回避の口実に使われる。たしかに、最高裁判所の言うように、三権分立の制度の下においては、司法権の行使について、自ずから、ある程度の制約はまぬがれないであろうが、だからといって、安易に統治行為論を濫用して憲法判断を回避することは、まさに三権分立制度の下において、裁判所に与えられた、立法権、行政権に対する司法的抑制の役割を、そして人権保障の最後の防塁であり、憲法の番人である裁判所の役割を、自ら放棄するものであると言わざるをえない。

 注
 (1) 内閣総理大臣の職務権限
　内閣総理大臣は、内閣の「首長」(66条1項)であり、他の国務大臣の上位にあって、内閣の中枢にある者である。それは、明治憲法下におけるような、単なる「同輩中の首席」ではなく、国務大臣の任免権(68条)および訴追同意権(75条)、行政各部の指揮監督権(72条)など強大な権限を認められている。しかし、その職務権限の限界については、閣議(合議機関としての内閣が意思決定するにあたっては全閣僚の合議である閣議が必要である)との関係でなお問題が残されている。いわゆる「ロッキード事件丸紅ルート」において、総理大臣の職務権限論は、「首相の犯罪」についての法律上の重要な争点の一つとされている。検察の論告並びに被告人、弁護側の最終弁論にあらわれた職務権限論の要旨を次にかかげる。
　検察論告──「総理大臣は、閣議にかけた方針に基づき、各大臣を指揮監督して行政指導を行わせるほか、この監督権を背景に自らも

81

第 2 部　統治機構

直接行政指導できる職務権限を有し、また、その事務が行政各部に専属でないかぎり自ら行える。当時、被告人は『ジェット化、大型化』『対米輸入促進』という閣議了解、決定に基づき、運輸大臣を通じ、または自ら、航空会社の機種選定を行政指導できた。」(検察論告は主旨において、学界の通説に合致するものといってよい。)被告人・弁護側の最終弁論——「一般の行政事務は、内閣の統轄のもとに行政各部が専属的に分担して処理することを憲法は予定している。そもそも、運輸大臣は民間航空会社の機種選定に関与する権限をもっておらず、それは刑法 197 条 1 項後段 (受託収賄罪) の『職務』にあたらず、また『職務に密接に関連する行為』ともいえない。したがって、運輸大臣を通じた総理大臣の権限行使もありえない。総理大臣の指揮監督権は、本来、内閣の統括、調整のためのもので、内閣の意志に基づかずに無制限に行使できず、民間会社の航空機選定に介入できる余地はない。」

(2)　司法権の独立史上、金字塔として高く評価されるべき事件に「大津事件」(明治 24 年 5 月 27 日) がある。当時の強大国ロシアの皇太子 (後の日露戦争の時にニコライ II 世皇帝として君臨し、ロシア革命で銃殺される) が、東京のニコライ堂の落成式に臨席するために来日中、滋賀県大津で、警備の巡査津田三蔵によりサーベルで傷害を受けた事件である。当時小国にすぎなかった日本の政府は、ロシアの報復を恐れて、外交政策上の配慮から、当時大逆罪の「天皇三后皇太子に対し危害を加えんとしたる者は死刑に処す」という規定を適用して、津田を死刑に処すべく、裁判所に圧力を加えた。しかし、刑法では、外国皇太子に対する傷害は、一般国民に対すると同様、殺人未遂にとどまるから、日本の皇室に対する罪である大逆罪の規定を適用して犯人を当然に死刑にすることは、法を曲げることになる。ここにおいて、時の大審院長・児島惟謙は、法の尊厳と裁判の独立を守ることこそ、真の国家の自主性と尊厳を確保する道なりと、あくまでも法の曲ぐべからざる所以を説き、政府の強い圧

力を斥けて、結局、裁判所は、犯行を普通の殺人未遂として、津田を無期徒刑（無期懲役）にして、もって司法権の独立を守った。
(3) 同じ権分分立制にも、特に立法権と行政権との関係について、大統領制（アメリカ型）と議院内閣制（イギリス型）とがある。大統領制においては、立法権と行政権とが厳格に分離され、議院内閣制におけるように相互に抑制・均衡の関係にない。大統領に対する議会の不信任決議や大統領による議会解散権もない。大統領は国民の選挙（間接選挙）で選ばれ、行政府の構成員たる閣僚は議員を兼ねることはできない。

第2章　立法権——国会

▷議員定数不均衡——衆議院議員定数違憲訴訟

最高裁昭和51年4月14日大法廷判決・民集30巻3号223頁（選挙無効請求事件）

【事実】　昭和47年12月10日に行われた衆議院議員選挙の千葉県第1区の選挙に関して、同選挙区の選挙人であった原告は、選挙当時の公職選挙法13条、別表第1、同法附則7項ないし9項の規定による各選挙区間の議員1人あたりの有権者の最大格差は1対4.99に及んでおり、合理的理由もなく、選挙区により国民を不平等に取り扱ったものであるから、憲法14条1項に違反するとして公職選挙法204条に基づいて、本件選挙は無効であると主張して提訴した。原審・東京高判昭和49・4・30は、参議院選挙に関する別表第2を合憲とした最大判昭和39・2・5民集18巻2号270頁に従い、本件に現れた事実関係のもとでは、投票価値の不平等が国民の正義公平の観念に照らして容認できない程度に至っているとは認められないとして、違憲の主張を否認した。そこで原告が上告した。

【判旨】　破棄自判、請求棄却。ただし、本件選挙は違法。最高裁の多数意見は、公職選挙法204条による選挙無効確認請求訴訟において、議員定数配分規定そのものの違憲を主張して、選挙の効力を争うこともできるとしながら、選挙無効の判決によって当該選挙区の選出議員がいなくなることは憲法上望ましい姿ではないとし、行政事件訴訟法31条1項に含まれる法の基本原則を適用して、本件選挙は憲法に違反する議員定数配分規定に基づいて行われた点において違法であると判示するにとどめ、その請求を棄却した。本判決は最高裁による数少ない法令違憲判決であることは注目すべきである。

「選挙権の平等は……選挙権の内容の平等、換言すれば、各選挙人の投票の価値、すなわち各投票が選挙の結果に及ぼす影響力においても平等

第2部　統治機構

であること」を含む。

「投票価値の平等は、原則として、国会が正当に考慮することのできる他の政策的目的ないし理由との関連において調和的に実現されるべきもの」であるが、「単に国会の裁量権の行使の際における考慮事項の1つ」に過ぎないものではない。議員定数配分に際しては、人口比例原則が「最も重要且つ基本的な基準」である。

本件議員定数配分規定については、「本件衆議院議員選挙当時においては、各選挙区の議員一人当たりの選挙人数と全国平均のそれとの偏差は、下限において47.30パーセント、上限において162.87パーセントとなり、その開きは、約5対1の割合に達していた」。このような程度に達した投票価値の不平等は、「これを正当化すべき特段の理由をどこにも見出すことができない以上、本件議員定数配分規定の下における各選挙区の議員定数と人口数との比率の偏差は、右選挙当時には、憲法の選挙権の平等の要求に反する程度になっていたものといわなければならない」。

しかしながら、「これによって直ちに当該議員定数配分規定を憲法違反とすべきものではなく、人口の変動の状態をも考慮して合理的期間内における是正が憲法上要求されていると考えられるのにそれが行われない場合に始めて憲法違反と断ぜられるべきものと解するのが、相当である」。しかしこの見地からしても本件の場合、「憲法上要求される合理的期間内における是正がされなかったものと認めざるを得ない」。かくして、「本件議員定数配分規定は、本件選挙当時、憲法の選挙権の平等の要求に違反し、違憲と断ぜられるべきものであったというべきである」。選挙区割り及び議員定数の配分は、……相互に有機的に関連し、一つの部分における変動は他の部分にも波動的に影響を及ぼすべき性質を有するものと認められ、その意味において不可分の一体をなすと考えられるから、右配分規定は、単に憲法に違反する不平等を将来している部分のみではなく、全体として違憲の瑕疵を帯びるものと解すべきである」。

しかし、本件議員定数配分「規定及びこれに基づく選挙を当然に無効であると解した場合、これによって憲法に適合する状態が直ちにもたら

されるわけではなく、かえって、……今後における衆議院の活動が不可能となり、前期規定を憲法に適合するように改正することさえもできなくなると言う明らかに憲法の所期しない結果を生ずるのである」。「そこで考えるのに、行政処分の適否を争う訴訟についての一般法である行政事件訴訟法は、31条1項前段において、当該処分が違法であっても、これを取り消すことにより公の利益に著しい障害を生ずる場合においては、諸般の事情に照らして右処分を取り消すことが公共の福祉に適合しないと認められる限り、裁判所においてこれを取り消さないことができることを定めている」。そこで、「高次の法的見地から」、本件においては、この事情判決条項の「法理にしたがい、本件選挙は憲法に違反する議員定数配分規程に基づいて行われた点において違法である旨を判示するにとどめ、選挙自体はこれを無効としないこととするのが、相当であり、そしてまた、このような場合においては、選挙を無効とする旨の判決を求める請求を棄却するとともに、当該選挙が違法である旨を主文で宣言するのが、相当である」。

第1節　国会の地位

憲法前文に「権力は国民の代表者がこれを行使し」とうたわれているように、日本国憲法は代表民主制を基本とする。代表民主制とは議会を中心とする政治、すなわち議会制民主主義であり、国民の意思は議会すなわち国会により代表され、国会が国政の基本方針を決定すると言う意味で、国会は国政の中心にあり、憲法上極めて重要な地位を占めている。その国会は、国民の代表機関、国権の最高機関であり、唯一の立法機関である。

1. 国民の代表機関

憲法43条は、国会が「全国民を代表する選挙された議員」で組

織されると規定する。ここに言う代表とは、代表機関の行為が法的に代表される国民の行為とみなされる、すなわち国会が国民を代理すると言う法的意味ではなく、国民は国会を通じて行動し、国会が国民の意思を反映するものとみなされると言う趣旨の政治的意味である。すなわち、国会を構成する議員は選挙区や後援団体など特定の選挙母体の代理人ではなく、選挙母体の訓令に拘束されず、自己の意思にのみ基づいて、全国民を代表して発言し、行動するものとされるのである。

2. 国権の最高機関

憲法41条は、「国会は、国権の最高機関」であると規定する。三権分立制のもとで、内閣が行政権の最高機関であり、最高裁判所が司法権の最高機関とされながら、何故に、国会が国権の最高機関とされるのであろうか。それは、国会が主権者である国民によって直接選挙される議員で構成され、その点で国民に連結し、国民の意思を直接反映する機関であり、立法権を始め重要な権能を憲法上与えられ、国政の中心的地位を占める機関であるということを強調する政治的美称に過ぎない。福祉国家と呼ばれる現代国家にあって行政権の肥大化現象が言われる今日、政治的には、内閣こそ「国権の最高機関」と言うべきであろう。

3. 唯一の立法機関

明治憲法においては、議会は天皇の立法権に協賛する機関に過ぎなかったが、日本国憲法においては、国会は「国の唯一の立法機関である」。これは国会が立法権を独占することを意味する。ここで言う立法は形式的意味の立法、すなわち、国法の一形式である「法律」（国会が制定する法規範）ではなく、形式的意味の命令を含む法

第2章 立法権——国　会

規範一般の定立を指す実質的意味の立法を言い、およそ一般的・抽象的な法規範を全て含む。国会が「唯一」の立法機関であるとは、実質的意味の立法は、専ら国会が定立しなければならないことを言い、国会による立法以外の実質的意味の立法は、議員規則、裁判所規則等、憲法の特別の定めがある場合を除いて認められないとする「国会中心立法の原則」と、国会による立法は国会以外の他の機関の参与を必要とせずに成立すると言う「国会単独立法の原則」を意味する。明治憲法は、議会の関与しない、しかも法律と同じ効力を有する独立命令、緊急勅令などの行政権による立法を認めていたが、日本国憲法下では、内閣の発する政令は、法律を執行するための執行命令か、法律の具体的な委任に基づく委任命令でなければならない。

第2節　国会の組織——二院制

　憲法第42条によれば、国会は、衆議院と参議院によって構成される。国民の意思を代表する機関は1つで足りる筈であるのに、第二院が設けられる理由としては、議会の専制の防止、衆議院と政府との衝突の緩和、衆議院の軽率な行為・過誤の回避、民意の忠実な反映、衆議院の数の政治に対する参議院の理性の政治などが挙げられる。もっとも、特に最後の理由は、同じような選挙制度で議員が選ばれ、政党化し、衆議院のカーボンコピーとまで揶揄される参議院の独自性の欠如から言って意味が失われているといえよう。両院とも合議制の機関であるが、それぞれ同時に活動し、独立に議事を開き、議決し、両院の議決の合致したとき、国会という1つの国家機関の意思が形成される原則になっている。

第2部　統治機構

1. 組織上の差異

　憲法上、両院の組織の差異は、議員の任期の点だけである。衆議院議員の任期は4年であるが、解散があれば、その期間満了前に終了する。参議院議員の任期は6年であるが、その半数は3年ごとに改選される。両議院の議員は共に選挙によって選出され、選挙区、投票の方法などの詳細は公職選挙法で定められている。衆議院議員選挙は数次の改正を経て現在比例代表性を加味した小選挙区制をとるに至っている（定数480人の内、300人を小選挙区選出議員、180人を比例代表選出議員とする。公選法4条1項。）参議院議員選挙については、戦後から、各都道府県を単位とする地方区と、全国を一選挙区とする全国区を採用してきたが、現在では全国区制が名簿式比例代表制に改められ、従来の地方区選出議員は選挙区選出議員、全国区選出議員は比例代表選出議員と呼ばれるようになった（定数242人の内、前者が146人、後者が96人。公選法4条2項。）

2. 権能の差異

　国会の権能には、憲法改正の発議権、法律の議決権、内閣総理大臣の指名権、弾劾裁判所の設置権、財政監督権及び条約締結権がある。これらの権能は衆参両院により行使されるのであるが、両院はその権能において著しい差異がある。憲法改正の発議の場合を除いて、衆議院優越の原則が認められている。それは、衆議院議員が最も長期でも4年で改選されるため、議員任期6年の参議院よりも国民の意思がより良く反映されるからである。法律案の議決については、衆議院の可決した法律案を参議院が修正もしくは否決した場合、衆議院が出席議員の3分の2以上の多数で再可決すれば、法律となる（憲59条2項・4項）。予算の議決については、衆議院に先議権があり、参議院において、衆議院と異なった議決をしたとき、両院

第2章 立法権──国　会

協議会を開いても意見が一致しない場合、または、参議院が衆議院の可決した予算を受け取った後、国会休会中の期間を除いて30日以内に議決しないときは、衆議院の議決が国会の議決となる（同60条2項）。条約の締結に対する国会の承認についても、参議院で衆議院と異なった議決をした場合、予算の議決の場合と同じ手続きにより、衆議院の議決が国会の議決となる（同61条）。内閣総理大臣の国会の指名についても、衆議院と参議院が異なった者を指名する議決をした場合、両院協議会を開いても、両院の意見が一致しないとき、または、衆議院が指名の議決をした後、国会休会中の期間を除いて、10日以内に参議院が指名の議決をしないときは、衆議院の議決が国会の議決となる（同67条2項）。

第3節　国会議員の地位

　議員は、各議院の構成員であって、それぞれの院の会議または委員会に出席し、議題について討議し、表決に参加する権利を有する。その他、国民の代表者として重要な権能を行使するので、多くの特権が認められている。憲法上、議員には次の2つの特権が与えられる。

1.　不逮捕特権

　憲法50条は、「両議院の議員は、法律の定める場合を除いては、国会の会期中逮捕されず、会期前に逮捕された議員は、その議院の要求があれば、会期中これを釈放しなければならない」と規定する。この特権保障の目的は、議員の身体の自由を確保し、政府の権力によって、議員の職務執行が妨げられないようにすることと、議員の審議権を確保することにある。「法律の定める場合」とは、院外に

おける現行犯の場合とその議員の所属する議院の許諾のある場合の2つである（国会法33条、34条）。前者の場合、不当逮捕の可能性が少ないことがその理由である。なお、議院が逮捕を許諾しながら、その逮捕に期限を付することは違法であるとする判例がある（東京地決昭和29・3・6判時22号3頁）。制度の目的を、不当な逮捕から、議員の人権が侵害される危険を防ぐことにあると解しつつ、逮捕許諾の請求に対しては議院はそれを全面的に拒否することができる以上、期限または条件をつけることも必ずしも違法ではないとするのが多数説である。さらに、制度の目的として審議権の確保に重点を置く立場に立てば、期限付逮捕許諾は許されると言うことになろう。

2. 発言・表決の免責特権

憲法51条は、「両議院の議員は、議院で行った演説、討論又は表決について、院外で責任を問われない」と規定する。議員は院内で行った演説、討論又は表決について、院外で、民事・刑事・懲戒の責任を問われない。この制度の目的は、議員の職務執行の自由の保障にある。したがって、この免責特権の保障は、厳密な意味の「演説、討論または表決」に限定されず、議員の国会における意見表明と見られる行為や、職務行為に付随する行為にも及ぶ。もっとも、暴力行為はそれに含まれない。判例では、第1次国会乱闘事件（東京地判昭和37・1・22判時297号7頁）と第2次国会乱闘事件（東京地判昭和41・1・21判時444号19頁、東京高判昭和44・12・17高裁刑集22巻6号924頁）において、議員の職務行為に付随して行われた暴力行為について、その訴追に議院の告発が必要か否かが争われたが、裁判所は告発を不要と解した。また、議員は、院内における発言が院内の秩序を乱した場合、議院によって懲罰を受けたり、所属の政党がそれについて除名等の制裁を加えたりすることがあるのは

別問題である。やじ的発言などは、免責の対象とはならない。これらの発言は名誉毀損罪や侮辱罪に問われることもある。また、議員が職務と無関係に違法または不当な目的を持って事実を摘示し、或いは、あえて虚偽の事実を摘示して、国民の名誉を毀損したと認められる特別の事情がある時には、国家賠償法（1条1項)に基づいて、国に賠償を求めることができる場合もあるとの判例もある（最判平成9・9・9民集51巻8号3850頁）。

第3章　行政権——内閣

▷内閣総理大臣の職務権限　ロッキード事件（丸紅ルート）

最高裁平成7年2月22日大法廷判決・刑集49巻2号1頁

【事実】　アメリカの航空会社ロッキード社の製品の販売代理店である丸紅の社長Xらは昭和47年8月23日、当時の内閣総理大臣Y邸を訪問し、丸紅及びロッキード社の利益のために航空会社全日空がロッキード社のトライスター機（L 1011型）を選定購入するよう全日空に対し、当時の運輸大臣らを介して間接的に、或いは自ら直接に働きかける等の協力を依頼した。Yはこれを承諾して、全日空に対する同機の売込みが成功した場合にはその報酬の趣旨で現金5億円の供与を受けることをXとの間で約束し、この約束に基づいてYは昭和48年8月から49年3月にかけて、X側から、4回にわたりロッキード社の資金合計5億円を受領した。この被疑事実に対して、第一審は被告人全員に有罪判決を下した（東京地判昭和58・10・12判時1103号3頁）ので、控訴がなされ、その有罪判決に対しさらに上告がなされたが、上告中にYが死去した（平成5年12月16日）のに伴い、Yに対しては公訴棄却の決定がなされた（最大決平成5・12・24）ため、Yに対しては未確定のまま決着した。

【判旨】　（上告棄却）「内閣総理大臣は、憲法上、行政権を行使する内閣の首長として（66条）、国務大臣の任免権（68条）、内閣を代表して行政各部を指揮監督する職務権限（72条）を有するなど、内閣を統率し、行政各部を統括調整する地位にあるものである。……内閣総理大臣が行政各部に対し指揮監督権を行使するためには、閣議にかけて決定した方針が存在することを要するが、閣議にかけて決定した方針が存在しない場合においても、内閣総理大臣の右のような地位及び権限に照らすと、流動的で多様な行政需要に遅滞なく対応するため、内閣総理大臣は、少なくとも、内閣の明示の意思に反しない限り、行政各部に対し、随時、

第 2 部　統治機構

その所掌事務について一定の方向で処理するよう指揮、助言等の指示を与える権限を有するものと解するのが相当である」。「運輸大臣が全日空に対しL 1011型機の選定購入を勧奨する行為は、運輸大臣の職務権限に属する行為であり、内閣総理大臣が運輸大臣に対し右勧奨行為をするよう働きかける行為は、内閣総理大臣の運輸大臣に対する指示という職務権限に属する行為ということができる」。

第 1 節　行政権の概念

憲法65条は「行政権は内閣に属する」と規定し、以下75条までの11ヶ条の中に、内閣の組織、内閣の職務など、行政機関としての内閣についての憲法上の原則を定めている。内閣の職務権限を行政権と言うが、ここに言う「行政権」を積極的に定義することは、その内容の多様性、複雑性からいって困難であり、通常、全ての国家作用から、立法作用と司法作用を除いた残りの作用であると言うような消極的な定義にとどまっている。このような定義の仕方は「控除説」とか「消極説」とか呼ばれる。特に社会国家または福祉国家と呼ばれる現代国家においては、国民生活全般について積極的に対応する政府の活動が要請される。行政権の肥大化現象が言われるように、国家作用の内で最も大きな組織、職員を有して、国民生活の隅々まで密接にして多様な活動を行うのが行政作用である。

第 2 節　内閣の地位

明治憲法においては、天皇が立法、行政、司法の統治権を総攬し、天皇の大権行使を輔弼（助言）する機関として各国務大臣を置いたが、内閣そのものについては憲法の規定すらなかった。これに対し

第 3 章 行政権──内　閣

て、日本国憲法では、内閣について独立の章を設け、内閣に行政権の主体としての地位を認め、内閣総理大臣に首長としての地位と権能を付与し、国会との関係で議院内閣制を定めている。憲法 65 条は、権力分立主義に基づいて、「行政権は内閣に属する」と定めているが、この規定は、憲法または法律によって他の機関が内閣から独立して行う行政を除いては、内閣自らが行政事務を行うほか、各国務大臣が管掌する行政各部を指揮監督して統括することを意味し、原則として行政権の最高機関である。したがって、法律を以って、内閣から全く独立した地位を有する行政機関を設けることは、内閣が行政権の行使について国民代表としての国会に対して責任を負い（66 条 3 項）、そのコントロールに服するという議院内閣制の趣旨から言って認められない。

　この点で、人事院、公正取引委員会、国家公安委員会など、内閣から多かれ少なかれ独立して活動しているいわゆる独立行政委員会の合憲性が問題になる。しかし、行政事務の種類によっては、その性質上ある程度、内閣から独立して行政を処理することを必要とする場合がある。例えば、人事院は官吏に関する事務を掌る内閣所轄の機関であるが、内閣の指揮官監督を受けない他、準立法的、準司法的権限も与えられている。国家公安員会、公正取引委員会、中央労働委員会などの行政委員会は職務の性質上独立が認められる。これらの行政委員会は特に政党の圧力を受けない中立的な立場で公正な行政を確保することを目的とし、その任務において、裁決・審決と言った準司法的作用、規則の制定などのの準立法的作用、人事・警察・行政審判などのような政治的中立性が高度に要求される行政作用を行っている。このような作用の中立性、非政治性、さらには必ずしも直接に国会のコントロールに親しまない作用の特殊性などを総合的に判断すれば例外的に合憲と解することは可能であろう。

第2部　統治機構

第3節　内閣の組織と権能

1. 内閣の組織

　憲法は内閣の組織について、内閣は「その首長たる内閣総理大臣及びその他の国務大臣でこれを組織する」（66条1項）と規定する。内閣総理大臣及び17人以内の国務大臣（内閣法2条2項）は、合議体としての内閣の構成員であると共に、各省庁の大臣であるのが通例であるが、行政事務を分担管理しないいわゆる無任所の大臣も認められる（同3条）。内閣総理大臣その他の国務大臣は文民[1]でなければならず、国務大臣の過半数は国会議員でなければならない（憲法66条2項・68条1項）。

2. 内閣総理大臣の地位及び権限

　内閣総理大臣は、国会議員の中から国会の議決で指名し、天皇が任命する（憲法67条・6条）[2]。明治憲法下では、内閣総理大臣は他の国務大臣と憲法上は同格であり、「同輩中の主席」にすぎなかったが、日本国憲法下においては、内閣総理大臣には「首長」としての地位が認められている。

　首長としての地位に基づき、内閣総理大臣は憲法上以下の権限を認められている。①国務大臣の任免権（68条）、②国務大臣の訴追の同意権（75条）、③議案の提出権（72条）、④一般国務・外交関係の報告権（72条）、⑤行政各部の指揮監督権（72条）[3]、⑥法律及び政令に連署（74条）、⑦議会への出席発言権（63条）。なお、法律上の権限としては、①閣議を主宰する、②主任の大臣間の権限についての疑義を裁定する、③行政各部の処分または命令を中止せしめ内閣の処置を待つことなどが内閣法により認められている

（4条2項、7条、8条）。このように、内閣総理大臣の地位と権限が強化されたのは、憲法が議院内閣制を採用し、内閣が行政権の行使について国会に対して連帯して責任を負うことになったため、内閣の一体性と統一性を保持する必要があり、内閣総理大臣に指導的、統制的権限を与えたからである。

3. 内閣の権能

内閣は最高の行政機関、行政権の中枢として、憲法上、法律上広範な行政権を行使する。

(1) 憲法73条例示の事務

73条は「内閣は、他の一般行政事務の外、左の事務を行う」と規定して、次のように主要なものを列挙している。

① 法律の執行と国務の総理

「法律を誠実に執行」するとは、国会の制定する法律の目的が具体的に実現できるように必要とされる措置を取ることであって、行政権は執行権とも呼ばれるように、法律の執行は行政本来の職務である。内閣は、たとえ違憲と思われる法律であっても、国会の意思を尊重して誠実に執行しなければならない。「国務を総理する」とは、内閣が最高の行政機関として、行政事務を統括管理することを意味する。

② 外交関係の処理

普通の外交事務は外務大臣が主管するが、重要な外交関係は内閣の所管である。外交使節の任免、全権委員の派遣その他一般の外交交渉などを行う。従って、実質上外国に対して日本国を代表するのは内閣である。

③ 条約の締結

第73条は、内閣の職務の一つとして、「条約を締結すること。但

し、事前に、時宜によっては事後に、国会の承認を経ることを必要とする」と定める。条約は国家間の明示の合意であるが、内閣が任命した全権委員の署名調印だけで発効せず、当事国の批准を必要としている場合には、通例、署名調印によって条約の内容が確定した後、内閣が批准する前に、国会の承認が求められる。条約の締結に国会が関与するのは、そこに国民の意思を反映させるためである。緊急を要する条約などについては批准後に、国会の承認が求められる。

④　官吏の事務の掌理

ここに言う官吏は行政権の行使に携わる公務員を指す。これに基づいて、国家公務員法が官吏の掌理の基準を定めている。また、直接人事行政を行う機関として、内閣の所轄の下に、内閣から独立して職務を行う、人事院が設けられている。

⑤　予算の作成

予算とは一会計年度における財政行為の準則であって、主として歳入歳出の予定的見積を内容とするものであり、政府の行為を規制する法規範としての性質を有する。「予算を作成して、国会に提出する」、すなわち、予算の発案権は内閣にあるが、財政立憲主義に基づき、予算は、国会の議決を経る独得な国法の一形式とされている。

⑥　政令の制定

第73条6号は「この憲法及び法律の規定を実施するために、政令を制定すること。但し、政令には、特にその法律の委任がある場合を除いては、罰則を設けることができない」と定めている。政令すなわち内閣の命令は、執行命令及び一定限度の委任命令に限られる。すなわち、政令は原則として、憲法及び法律を実施するための執行命令であるが、比較的細目にわたる事項については、法律の委

任により、政令その他の行政機関の命令を以って必要な定めをすること、すなわち、委任命令が認められる。また6号の但し書きは、委任命令を認める趣旨と解されている。なお、憲法は政令制定のみについて定めているが、法律で、内閣以外の行政機関に命令を制定できる権能を与えることを否定するものではない。このような行政機関による命令としては、総理府の長として内閣総理大臣の制定する総理府令、各省大臣の制定する各省の省令、総理府及び各省の外局の長の規則、人事院規則などがある。

⑦ 恩赦の決定

恩赦は、訴訟法上の手続きによらずに、裁判所による刑の言い渡しの効果の全部もしくは一部を消滅させ、または特定の罪について公訴権を消滅させる行為をいう。恩赦には、「大赦、特赦、減刑、刑の執行の免除及び復権」（73条7号）があるが、憲法はその決定権を内閣に与えている。

(2) 憲法73条以外の職務

内閣の職務権限には73条例示の重要事務のほかに、同条にいう「他の一般行政事務」があり、さらに、特別規定に基づく職務権限がある。すなわち、天皇の国事行為に対する助言と承認（憲法3条・7条）、最高裁判所長官の指名（同6条2項）、その他の裁判官の任命（同79条1項・80条1項）、国会の臨時会の召集（同53条）、予備費の支出（同87条）、決算審査および財政状況の報告（同90条1項・91条）などである。内閣が、これらの職務を行うのは閣議（国務大臣全体の会議）による（内閣法4条1項）。

4. 内閣の責任

憲法は、天皇の国事行為に対する内閣の助言と承認に関する責任（3条)のほかに、「内閣は、行政権の行使について、国会に対し連

帯して責任を負う」（66条3項）と規定して、内閣の責任についての一般原則を定めている。このように、内閣が国会に対して責任を負うことは議院内閣制の重要な特色である。もっとも、衆議院に対する責任と参議院に対する責任とでは異なっている。内閣の責任を問い、内閣不信任決議案を可決し、または、内閣の信任の決議案を否決することによって、内閣の総辞職を要求することは、衆議院のみの権限に属する。その他、問責決議、質疑、質問、国勢調査、法律案もしくは予算の否決または修正などの方法で内閣の責任を問うことができることは参議院も同じである。

　内閣の負う憲法上の責任は、通常の法的責任ではなく、政治的責任を意味する。ただ、憲法69条により衆議院において内閣不信任決議が可決されたとき、または信任決議案が否決されたとき、内閣が衆議院の解散か総辞職かの二者択一を迫られ、やむを得ず引責辞職する場合は、法的責任の色彩もかなり濃い。参議院の問責決議は、衆議院の不信任決議と異なり、法的効果は生ぜず、あくまでも政治的な意味を持つにとどまる。

　また、内閣が「行政権の行使について」責任を負うというのは、内閣の責任が、その行政権能に属する全てに及ぶことを意味するから、内閣の下にある行政機関の行為についても、それを指揮監督する内閣の責任が生じる。

　ここに言う責任は「連帯責任」であるから、内閣を組織する国務大臣は一体となって行動しなければならず、閣議と異なる意見を持つ国務大臣は、それを外に向かって公表することは許されず、辞職すべきであろう。もっとも、特定の国務大臣が、個人的理由に基づき、またはその所管事項に関して、単独の責任を負うことは、憲法上否定されているわけではない。したがって、個別の国務大臣に対する不信任決議は、直接辞職を強制する法的効力は持たないが、可

能である。その他、各国務大臣の具体的な責任の取り方としては、答弁、個別的辞職などの他、法律及び政令に対する国務大臣の署名と内閣総理大臣の連署の制度も大臣責任の形式と考えられる。

  注
(1) 「文民」の意味については、① 現在職業軍人でない者、② これまで職業軍人であったことがない者、③ 現在職業軍人でない者と、これまで職業軍人であったことがない者、という3つの説がある。現在、実質的に軍隊と見られる自衛隊が存在することを考慮すると、自衛官を職業軍人に含ませ、③説を採用して、過去及び現在において自衛官でない者を文民とする解釈も含めるべきであろう。軍事権を議会に責任を負う大臣によってコントロールし、軍の独走を抑止する原則であるシビリアン・コントロールの趣旨を徹底するこの考え方が妥当である。したがって、退役自衛官を国務大臣に任命することは憲法の趣旨に反すると考えられる。
(2) 首相公選論　近時また首相公選論が唱導されている。しかし、その実態は明らかではない。議院内閣制の否定を意味することになるが、かといって大統領制を言うものでもない。議院内閣制と大統領制との折衷論も考えられる。現行憲法上国の元首は誰であるか明らかではないが、天皇であるとする解釈によれば、元首である大統領制とは両立しないことになる。いずれにせよ、その骨子は、行政府の長を国民が国民投票で直接選出することにある。その際、扇動的政治家やタレント的候補者の出現を防ぐために、立候補には国会議員の推薦か一定数の国民の推薦を条件にする意見が大方である。その背後にあるものは、首相指名を巡る与党内部の派閥の争いの激化、腐敗行為、さらには執行権の不安定、選挙の腐敗、国民の政治からの離反など議院内閣制が生み出す病理現象である。議院内閣制では官僚主導になり、政治主導の政策決定ができないと言う判断もある。しかし、現在の議院内閣制は、戦争の反省を踏まえ、特定の人物や

機関に権力を集中させてはならないと言う判断から導入されたのではなかったのか。民主主義がうわべだけで、国民の血肉となったとはいえない諸現象を見るとき、政治主導、政治の効率化の名の下に独裁政治が顔を出さない保証があるのか。さらに、首相公選制は、天皇が首相を任命する6条や、国会が首相を指名する67条等憲法条項の改正が必要であろう。首相公選論者には改憲の突破口を求めるふしもある。もっとも、67条に関しては、首相は「国会議員の中から」指名するとあるから、国会議員の中から首相候補者を国民投票で選出することも可能かもしれない。しかし、国会議員であることを選任要件にとどまらず、在任要件でもあると解すると派閥政治脱却を言う公選論とは矛盾することになる。ただ、首相公選論が、「民意の回復」を強調し、国民主権の原理を忘れた議会万能の幻想に対して一種の警告の役割を果たすものとして、有意義な問題の提起をしていることは評価されてよいと考えられる。

(3) 内閣法は「内閣総理大臣は、閣議にかけて決定した方針に基づいて、行政各部を指揮監督する」と定めているが(6条)、判例は、閣議にかけて決定した方針が存在しない場合でも、「少なくとも、内閣の明示の意思に反しない限り、行政各部に対し、随時、その所掌事務に付いて一定の方向で処理するよう指導、助言等の指示を与える権限を有する」と解している(前掲最大判平成7・2・22刑集49巻2号1頁参照)。

第4章　司法権——裁判所

▷**法律上の争訟**——**創価学会寄付金事件**（板まんだら事件）
最高裁昭和56年4月7日判決・民集35巻3号443頁

【事実】　もと創価学会会員であるXらは、御本尊「板まんだら」を安置する正本堂を建立するための創価学会の募金に応じてそれぞれ金員を寄付したが、右贈与は要素の錯誤に基づく無効のものであるとして、それらの返還を請求して出訴した。要素の錯誤と言うのは、上記「板まんだら」が偽者であることを知らなかった点、及び、創価学会が、正本堂建立は広宣流布達成の時期であるとして募金したのに、その完工の時に広宣流布は未だ達成されていないと言明した点にあると主張された。第一審の東京地判昭50・10・6は、Xらの主張する錯誤の内容は日蓮正宗の信仰の本質に関するため裁判所が法令を適用することによって解決できる「法律上の争訟」に当たらないとする創価学会の主張を認めて訴えを却下したが、第二審の東京高判昭51・3・30はこれを取り消して事件を差し戻したので、創価学会が上告したものである。

【判旨】　破棄自判（控訴棄却）「裁判所がその固有の権限に基づいて審判することのできる対象は、裁判所法3条にいう『法律上の争訟』、すなわち当事者間の具体的な権利義務ないし法律関係の存否に関する紛争であって、かつ、それが法令の適用により終局的に解決することができるものに限られる。……したがって、具体的な権利義務ないし法律関係に関する紛争であっても、法令の適用により解決するのに適しないものは裁判所の審判の対象となりえない、というべきである。」「（本件）要素の錯誤があったか否かについての判断に際しては、……信仰の対象についての宗教上の価値に関する判断が、また……宗教上の教義に関する判断が、それぞれ必要であり、いずれもことがらの性質上、法令を適用することによっては解決することのできない問題である。本件訴訟は、具体

的な権利義務ないし法律関係に関する紛争の形式を取っており、その結果信仰の対象の価値または宗教上の教義に関する判断は請求の当否を決するについての前提問題であるにとどまるものとされてはいるが、本件訴訟の帰すうを左右する必要不可欠のものと認められ、……本件訴訟の争点及び当事者の主張立証も右の判断に関するものがその核心となっていると認められることからすれば、結局本件訴訟は、その実質において法令の適用による終局的な解決の不可能なものであって、裁判所法3条に言う法律上の争訟にあたらないものといわなければならない。」

第1節　司法権の概念と範囲

　日本国憲法は司法権の帰属に関して、「すべて司法権は、最高裁判所及び法律の定めるところにより設置する下級裁判所に属する」（76条1項）と規定して、司法権を統一的に司法裁判所に帰属せしめている。一般に、司法とは、具体的な争訟について、法を適用し、宣言することによって、これを裁定する国家の作用を言うとされてきた。これを、より厳密に定義すれば、「当事者間に、具体的事件に関する紛争がある場合において、当事者からの争訟の提起を前提として、独立の裁判所が統治権に基づき、一定の争訟手続によって、紛争解決のために、何が法であるかの判断をなし、正しい法の適用を保障する作用」と言うことができる。

　司法権の範囲については、日本国憲法に明確な規定は見られないが、日本国憲法は明治憲法下におけると異なり、その範囲は民事、刑事に関する裁判権に限らず、広く行政事件の裁判も含めて、すべての裁判作用を「司法権」とし、これを通常裁判所に属するものとした。この趣旨は、憲法76条2項が、特別裁判所の設置を禁止し、行政機関は終審として裁判を行うことができないと規定していると

ころに示されている。この結果、司法権の範囲は、著しく拡大されることになったわけである。裁判所法3条は、憲法のこの趣旨を確認し、「裁判所は、……一切の法律上の争訟を裁判し」と規定している。

司法権の概念の中核をなす「具体的な争訟」と言う要件は、具体的事件性の要件とも言われる。裁判所法3条の「一切の法律上の争訟」も同じ意味である。判例は、「法律上の争訟」の意味について、① 当事者間の具体的な権利義務ないし法律関係の存否に関する紛争であり、したがって、裁判所の救済を求めるには、原則として自己の権利または法律によって保護される利益の侵害と言う要件が必要とされるとし、かつ、② それが法律を適用することにより終局的に解決することができるものに限られるとしている（前出、「板まんだら」事件参照）。

第2節　司法権の限界

以上のように、裁判所は、「一切の法律上の争訟を裁判」するが、この原則には、いくつかの例外がある。

(1) **憲法の明文規定による例外**

国会の各議院の行う国会議員の資格に関する争訟の裁判（55条）、国会の弾劾裁判所による裁判官の罷免に関する弾劾裁判（64条）。

(2) **国際法上の例外**

一般国際法上、治外法権の特権を認められている外交使節や、日米安全保障条約に基づく行政協定・地位協定のような特別の条約によって治外法権的特権を認められている駐留軍の軍人や軍属などに対しては、日本国の司法権は及ばない。

(3) **事件性**

裁判所の司法権の行使は紛争が具体的事件性がある場合に限定される。すなわち、「法律上の争訟」(裁判所法3条)でなければならない。警察予備隊違憲訴訟(最大判昭和27・10・8民集6巻9号783頁)のように、紛争が抽象的、仮定的である場合には、司法判断は及ばない。

(4) **自律権(自主権)に関する行為**

懲罰や議事手続きなど、国会または各議院の内部事項については自主的に決定され、司法権は及ばない(警察法改正無効事件・最大判昭和37・3・7民集16巻3号445頁参照)。

(5) **自由裁量行為**

政治部門の自由裁量に委ねられていると解される行為は、当・不当が問題になるだけで、裁量権を著しく逸脱するか、著しく濫用した場合でなければ、裁判所の統制は及ばない。近時、、社会経済政策立法、社会権、とりわけ福祉の問題、選挙に関する立法、国籍条項などについて、立法裁量が問題になっている。

(6) **統治行為(政治問題)**

一般に、統治行為とは、「直接国家統治の基本に関する高度に政治性のある国家行為」であって、その高度の政治性の故に、法律上の争訟として、裁判所による法律的判断が理論的には可能であるにもかかわらず、司法審査の対象外とされる行為を言う。その理論的根拠は多岐にわたるが、高度の政治性を持った国家行為は、それを行う国家機関の政治的責任と最終的にはそれに対する国民の政治判断に委ねるほうが合理的であることにその主たる理由を求める者が多い。統治行為の観念を認めるか否かについては学説上争いがあるが、認める場合としては、条約の締結、衆議院の解散、議事手続上の可否、国務大臣の任免をめぐる問題などが統治行為とされている。

最高裁判所は、衆議院解散の効力が争われた苫米地事件（最大判昭和35・6・8民集14巻7号1206頁）において統治行為の存在を真正面から是認した。

(7) **団体の内部事項に関する行為**

地方議会、大学、政党、労働組合、弁護士会等の自主的な団体の内部紛争に対して、司法審査が及ぶかどうかも、問題になる。法律上の争訟であれば司法審査に服するのが原則であるが、純粋に内部的事項の場合には、事柄の性質上、それぞれの団体の自治を尊重して、司法審査を控えるべきではないかと言うものである。それぞれの団体の目的、性質、機能及びその自律性・自主性を支える憲法上の根拠を勘案して、その相違に即して、かつ紛争の性質等を考慮に入れて個別的、具体的に検討すべきであろう。

第3節　裁判所の組織と権能

1. 裁判所の組織

司法権はすべて裁判所に帰属するが、この裁判所は最高裁判所と法律の定めるところにより設置する下級裁判所に大別される。裁判所のこの構成は、裁判における上下の審級制と最高裁判所の終審制を示している。下級裁判所には、高等裁判所、地方裁判所、家庭裁判所、簡易裁判所の4種がある（裁判所法2条）。審級制の構造は訴訟法の定めるところであるが、原則として、第一審である地方裁判所、控訴審である高等裁判所、上告審である最高裁判所の順に上訴される三審制がとられている。家庭裁判所は家庭事件や少年事件の審判などを行うために特に設けられた裁判所であり、地方裁判所と同等の位置に立つ。簡易裁判所は、小額軽微な事件を簡易かつ迅速に裁判する第一審裁判所である。審級制のもとにおいて、個々の裁

判所は独立して司法権を行使する。上級裁判所と下級裁判所の間には、行政機関における上級、下級の場合と異なり、職権行使上の指揮監督関係はない。

このように、司法権はすべて通常の司法裁判所が行使するので、「特別裁判所は、これを設置することはできない」（憲法76条2項）。特別裁判所とは、特別の人間または事件について裁判するために、最高裁判所を頂点として構成される通常の司法裁判所の系列から独立して設けられ、それと連携を持たない裁判機関である。従って、明治憲法下に見られた行政裁判所、軍法会議、皇室裁判所などの設置は認められない。もっとも、裁判所の裁判の前審として、行政機関が行政処分についての審査請求や異議申立てに対して裁決ないし決定を下すことは差し支えない（76条2項後段参照）。

最高裁判所は、最高裁判所長官1名及び最高裁判所判事14名で構成される（憲法76条1項、裁判所法5条）。長官は、内閣の使命に基づいて、天皇が任命し（憲法6条2項）、判事は、内閣が任命し、天皇がこれを認証する（憲法79条1項、裁判所法39条）。最高裁判所の裁判官は、一種のリコール制の性質を持つ国民審査制によって民主的なコントロールを受ける（憲法79条2項）。最高裁判所は大法廷（15名全員の裁判官の合議体）または小法廷（5名の裁判官の合議体）で、審理、裁判する。

「下級裁判所の裁判官は、最高裁判所の指名した名簿によって、内閣でこれを任命する。その裁判官は、任期を10年とし、再任されることができる」（憲法80条1項）。裁判所法は、下級裁判所の裁判官を、高等裁判所長官、判事、判事補、簡易裁判所判事の4種に分けている（40条）が、憲法の規定に言う内閣による「任命」とは、これらのいずれかの身分に任ずることで、いわゆる補職まで含むものではない。すなわち、勤務にかかわる具体的な人事行政について

は、裁判所法によって、「下級裁判所の裁判官の職は、最高裁判所がこれを補する」(47条)。最高裁判所の裁判官と同様、下級裁判所の裁判官は司法権の独立の趣旨に従い、身分が保証され、弾劾事由に該当する場合、心身の故障に基づく職務不能の場合のほかは罷免されず(憲法78条)、また原則として再任される。

2. 裁判所の権能
(1) 司法権

「裁判所は、日本国憲法に特別の定めのある場合を除いて一切の法律上の争訟を裁判し、その他法律において特に定める権限を有する」(裁判所法3条1項)。裁判所の固有の権限は、「司法」、すなわち、「法律上の争訟」を裁判することであり、具体的事件について、法律上の紛争を処理し(民事)、罪刑の有無や程度を決定する(刑事)点にある。「日本国憲法に特別の定めのある場合」とは、両議院議員の資格争訟の裁判(55条)及び弾劾裁判所による裁判官の弾劾裁判(64条)を指す。「法律において特に定める権限」には、司法行政事務など裁判所法自ら定めるもののほか、公職選挙法による選挙無効訴訟、地方自治法による住民訴訟の裁判などの権限が含まれる。憲法自ら定める権能として、最高裁判所の規則制定権も裁判所の権能として重要である(77条)。

「法律上の争訟」に対する「裁判」は、通常、次の2段階を踏んで行われる。すなわち、①証拠主義による事実の認定、②事実に対する法の適用である。このうち、本来的な「司法」作用は後者で、事実の認定が裁判手続で行われるのは、法の適用の結果に強制力を持たせる前提を固めようとの配慮に基づく。したがって、事実認定を陪審員の評議に委ねる陪審制[1]を採用しても問題はなく(裁判所法3条3項参照)、上告審裁判所の権能を原則として法律審に限定し

ても（民事訴訟法312条参照）、その司法権を制約したことにはならない。

(2) 法令審査権[2]

憲法は「国の最高法規であって、その条規に反する法律、命令、詔勅及び国務に関するその他の行為の全部または一部は、その効力を有しない」（憲法98条1項）。この憲法の最高法規性を担保するために、憲法81条は「一切の法律、命令、規則または処分が憲法に適合するかしないかを決定する権限」を最高裁判所を終審とする裁判所に与えた。この法令審査権または違憲法令審査権に関する規定は、「米国憲法の解釈として樹立せられた違憲審査権を、明文をもって規定した」ものとされ（最大判昭和23・7・8刑集2巻8号801頁）、具体的事件の裁判に当たって、適用されるべき法令の合憲性が当事者によって攻撃されたとき（そのような訴訟を「憲法訴訟」と呼ぶことがある）、裁判所は、当該法令の憲法適合性について判断する権限を有する。

わが国における法令審査権は、司法権の範囲内のものとして裁判所に与えられたものであり、裁判所は具体的事件の存在がなければ法令審査権を行使し得ない。わが国の裁判所は、具体的事件を離れて、一般抽象的に法令が違憲であるか否かを判断するドイツ流の憲法裁判所ではない（警察予備隊違憲訴訟・最大判昭和27・10・8参照）。この法令審査権は最高裁判所だけではなく、下級裁判所も有すると解されている（最大判昭和25・2・1刑集4巻2号73頁参照）。

憲法81条は裁判所による法令審査のあり方や憲法判断の方法について、具体的に述べていない。そこで、憲法判断については、具体的事件の付随的審査という制度目的に照らしたあり方が求められ、ここに具体的事件の解決に必要でない憲法判断は行うべきでないとする「憲法判断回避」の原則が説かれることになる（恵庭事件・札

幌地判昭和42・3・29下刑集9巻3号359頁参照)。また、立法機関の権能の尊重と言う観点から、合憲解釈と言う違憲判断回避の原則が導かれる。違憲判決が下された場合、その判決はどのような効力を持つか。違憲とされた法令は一般的にすべての人に対して無効とされるとする一般的効力説と、その訴訟事件についてのみ無効とされるとする個別的効力説との争いがあるが、個別的効力説が妥当であると解される。なぜならば、違憲法令審査権は具体的な事件を裁決するという司法権行使の一環として行われるものであるから、その効果も当該事件に限ると解するのが自然であり、また、違憲判決が法令の客観的・一般的無効を意味するとすることは、必要以上に立法権に対する司法権の優位を認めることになるからである。さらに、一般に違憲判決と言われる場合には、法令の規定それ自体を違憲とする法令違憲判決と、法令自体は合憲であるが、法令の規定が当該事件に適用される限りにおいて違憲とする適用違憲判決とがある。

注
(1) 陪審制と参審制　いずれも国民が司法に参加する制度である。陪審制では市民から無作為に選ばれた陪審員が裁判官から独立して事件の事実関係について証拠に基づいて審理し事実認定を行い、評決して、裁判官に答申し、裁判官はこれに基づいて法律的判断を行い、また刑を量定して判決を言い渡す。例えば、刑事裁判の場合、陪審員が有罪か無罪かを判断し、量刑は裁判官が決定する。大陪審（起訴陪審）（通常23名で構成）と小陪審（原則12名で構成）とがある。参審制では、市民から選ばれた参審員が職業裁判官と一緒に一つの裁判体を作り、事実認定をするとともに法律問題も判断する。刑事裁判の場合、参審制では市民が事実認定と量刑判断の双方に関与することになる。どちらの制度も、裁判作用への国民の直接参加

第2部　統治機構

を制度化したものであるが、陪審制では陪審が裁判官とは独立して評決を下し、事実判断についてはこれに裁判官が拘束されるが、参審制では終始裁判官と参審員とが共同して裁判に当たる。陪審制は、日本でも戦前に一時行われたことがあり、停止されたまま現在に至っているが、戦後の司法制度改革論議において、陪審制の復活や参審制の導入が検討対象になっている。先進7ヵ国では、独、伊、仏が参審制を採用し、陪審制は米、英、加が採用している。陪審制に対しては、素人に正確な事実認定ができるのか、誤判が生じやすいのではと言う議論が、また、参審制についても、裁判官の独立を定めた憲法との兼ね合いから疑念もあり、どちらにも一長一短があるが、職業裁判官には経験や豊富な法律知識があり、市民には一般民衆的な社会常識がある。双方が協力することにより、より良い結論が得られることも期待される。日本のように市民が裁判にかかわる伝統があまりない社会風土においては先ず参審制を取り入れるべきかもしれない。いずれにせよ、裁判を国民に身近なものにするためにも、何らかの形での国民参加が望まれる。

(2) これまで最高裁判所が違憲判決を下した事件には次のようなものがある。

① 第三者所有物没収事件（最大判昭和37・11・28 刑集16巻11号1593頁）231頁

② 尊属殺重罰規定事件（最大判昭和48・4・4 刑集27巻3号265頁）11頁、165頁

③ 薬局開設距離制限事件（最大判昭和50・4・30 民集29巻4号572頁）219頁

④ 議員定数不均衡事件（最大判昭和51・4・14 民集30巻3号223頁）85頁

⑤ 森林法共有林事件（最大判昭和62・4・22 民集41巻3号408頁）

【事実】　父から山林を譲り受けた兄弟が各自2分の1ずつ共有

登記していたが、弟Xの反対を押し切って兄Yが山林の一部を伐採したことから争いとなり、Xは持ち分に応じた山林の分割を求めて提訴した。第一審・第二審いずれも森林法186条により山林分割の請求を認めなかった。Xは森林法186条が違憲であると主張して上告した。

【判旨】（破棄差戻）「森林法186条が共有森林につき持分価額2分の1以下の共有者に民法256条1項所定の分割請求権を否定しているのは、森林法186条の立法目的との関係において、合理性と必要性のいずれをも肯定することのできないことが明らかであって、この点に関する立法府の判断は、その合理的裁量の範囲を超えるものであるといわなければならない。したがって、同条は、憲法29条2項に違反し、無効というべきであるから、共有森林につき持分価額2分の1以下の共有者についても民法256条1項本文の適用があるものというべきである。」

⑥ 愛媛玉串料事件（最大判平成9・4・2民集51巻4号1673頁）216頁

第5章　財　政

▷ 幼児教室に対する公金補助と「公の支配」
東京高裁平成2年1月29日判決・高民集43巻1号1頁

【事実】　X町内の幼児の保護者と教員を以って構成される権利能力なき社団・X町幼児教室（無認可保育園）に対して町長は公の財産である町の所有地の無償使用を認め、また補助金として毎年数100万円の公金を支出してきた。これらを違法として同町の住民らが使用差止め、補助金相当額の損害賠償などを求める住民訴訟を提起した。私人開設の幼児教室に対する町の補助金交付は、憲法89条の禁じる公金支出に当たらないかが問われた。第一審では原告の請求は棄却された。

【判旨】　（控訴棄却）「憲法89条後段の規制の趣旨は、公の支配に属しない教育事業に公の財産が支出または利用された場合には、教育の事業はそれを営む者の教育についての信念、主義、思想の実現であるから、教育の名の下に、公教育の趣旨、目的に合致しない教育活動に公の財産が支出されたり、利用されたりする虞れがあり、ひいては公の財産が濫費される可能性があることに基づくものである。このような法の趣旨を考慮すると、教育の事業に対して公の財産を支出し、または利用させるためには、その教育事業が公の支配に服することを要するが、その程度は、国又は地方公共団体等の公の権力が当該教育事業の運営、存立に影響を及ぼすことにより、右事業が公の利益に沿わない場合にはこれを是正しうる道が確保され、公の財産が濫費されることを防止しうることを持って足りるものというべきである。右の支配の具体的な方法は、当該事業の目的、事業内容、運営形態等諸般の事情によって異なり、必ずしも、当該事業の人事、予算等に公権力が直接的に関与することを要するものではない。」「本件教室の運営が町の助成の趣旨に沿って行われるべきことは、町の本件教室との個別的な協議、指導によって確保されてい

117

るということができ、本件教室についての町の関与が、予算、人事等に直接及ばないものの、本件教室は、町の公立施設に準じた施設として、町の関与を受けているものということができ、……憲法89条にいう『公の支配』に服するものということができる。」

第1節　財政の基本原則

1. 財政立憲主義の原則

　財政とは、広く国・地方公共団体がその存立を維持し、その目的を達成するために必要な財貨を入手し、使用し、又は管理する活動をさすが、憲法が規律対象とするのは、主として国家財政である。国家の財政の問題は国民の利害と極めて密接に関係し、国民の生活に重大な影響を及ぼす。したがって、国の財政処理を国民の代表機関たる議会のコントロールの下に置くという財政立憲主義の原則は近代民主主義憲法の等しく要請するところである。日本国憲法は、行政権の主体は内閣であると定める一方で、財政について特に一章を設け、国会のコントロールを強く認めている。「国の財政を処理する権限は、国会の議決に基づいて、これを行使しなければならない」（83条）と規定する所以である。

2. 租税法律主義の原則

　憲法は、「あらたに租税を課し、又は現行の租税を変更するには、法律又は法律の定める条件によることを必要とする」（84条）と規定し、租税法律主義の原則を定めている。租税は国民に対して、直接負担を求めるものであるから、必ず国民の同意を得なければならないという原則であり、課税及びその変更は、法律の形式で国民代表機関である国会の議決を要するとするものであって、第83条で

規定した財政立憲主義の原則を財政の収入面について具体化したものである。この主義については別に納税の義務を定める30条においても規定されている。

ここに租税とは、国又は地方公共団体が、その課税権に基づいて、その使用する経費に充当するために、強制的に徴収する金銭給付を言う。もっとも、形式的に租税と呼ばれなくても、公権力によって一方的に定められ、国民に対して強制的に付加される金銭、例えば、専売品の価格、営業許可に対する手数料や各種の検定手数料、郵便などの料金等についても、租税法律主義の原則の趣旨から、国会の議決が必要であると解されている（財政法3条参照）。判例によれば、租税法律主義とは、租税の種類ないし課税の根拠のみならず、納税義務者、課税物件、課税標準、税率等の課税要件並びに租税徴収の方法等も法律によって定めることが要求される（最大判昭和30・3・23民集9巻3号336頁）。なお、法律上は課税できる物品であるにもかかわらず、実際上は非課税として取り扱われてきた物品を、通達によって新たに課税物件として取り扱うことも、「通達の内容が法の正しい解釈に合致するもの」であれば、違憲ではないと解されている（パチンコ球遊器事件・最判昭和33・3・28民集12巻4号624頁参照）。また、わが国における租税法律主義の採用は、1年税主義をとるものではなく、永久税主義の採用を意味していると解されている。

3. 国費の支出及び国庫債務負担行為

財政処理に関する基本原則である財政立憲主義を、国費の支出及び国の債務負担行為の面について規定したのが85条である。すなわち、「国費を支出し、又は国が債務を負担するには、国会の議決に基づくことを必要とする」。国費の支出とは、国の各般の需要を

第2部　統治機構

満たすための現金の支払いを言う。国費の支出の権能と義務は別に法律で定められるが、政府の国費支出は国会の承認がなければ認められないことを意味する。国費支出に対する議決は86条により予算の形式によってなされる。国の債務とは、国が財政上の必要経費を調達するために負う、財政公債であるとされている。この債務負担の議決も債務負担行為をなすことを承認するに過ぎず、それに基づく国家の支払いに関しては、改めて85条前段の国費支出に関する議会の議決が必要である。国の債務負担行為に対する国会の議決の形式については、財政法上は予算又は法律の形式によるものとされている。

第2節　予　算

1. 法的性格

　国の収入及び支出が、毎年、予算と言う形式で、国会に提出され、審議、議決を受けることは近代国家に通ずる大原則である。日本国憲法は予算について、「内閣は、毎会計年度の予算を作成し、国会に提出して、その審議を受け議決を経なければならない」と規定している（86条）。予算は、1会計年度における国の財政行為の準則であって、主として歳入歳出の予定的見積を内容とするものであり、政府の行為を規制する法規範としての性質を有する。財政立憲主義は財政処理について国会の議決に基づくことを要請するが、予算は、その場合の国会の議決を経る形式である。予算を、「予算」と言う独自の法形式であるとみるか、あるいは法律の一種とみるかについては、学説上争いがあるが、予算を法律と異なる特殊の法形式と解するのが妥当であろう。何故ならば、予算は政府を拘束するのみで、一般国民を直接拘束しないこと、予算の効力は1会計年度に限られ

ていること、内容的に計数のみを扱っていること、さらに、提出権が内閣に限られること（73条5号、86条）、衆議院に先議権があり、衆議院の再議決制が認められていないこと（60条1項、2項）などの理由からである。

2. 予算の修正

予算の審議について、国会はどの程度予算に対する修正権を持つかについては問題がある。予算の修正は減額修正と増額修正に分けられるが、減額修正については積極的に考えられており、問題は増額修正である。増額修正は内閣の予算提出権を犯すから許されないという説もあるが、国権の最高機関としての国会の憲法上の地位や財政立憲主義の基本原則から見て、増額修正は理論的に可能と解するべきである。現行法上も増額修正を予想する規定がある（財政法19条、国会法57条の3参照）。予算の修正と関連して、予算と法律が別個の法形式であるとされていることから、両者の不一致を生ずることがあるが、予算作成に関与する内閣、国会などの諸機関は、両者の一致に努める義務があるというべきである。憲法は予算に関する不測の事態に対応する制度として予備費を設けており（87条）、補正予算の制度もある（財政法29条）。

3. 予算の内容

財政法が次のように規定しており、これによれば、「予算」は次の5つの部分からなる。① 予算総則　予算についての総括的規定、予算執行に必要な事項のほか、公債・借入金の限度額など、法22条に定める諸金額（財政法が国会議決事項とするもの）が定められる。② 歳入歳出予算　当該会計年度の歳入・歳出が示される。それは先ず、収入・支出に関係のある部局等の組織別に区分される。さら

に、その部局等の内においては、歳入については、性質にしたがって「部」に大別し、各部の中を「款」「項」に区分する。歳出については、目的にしたがって「項」に区分される（23条）。③継続費　総額及び年割額を定めて数年度（5ヵ年以内）にわたる支出が認可される経費。すなわち、工事・製造その他完成に数年度を要する事業で、特に必要あるものについて認められる（14条の2、25条）。④繰越明許費　歳出予算の内、翌年度に繰り越して使用することが認められる経費である（14条の3）。⑤国庫債務負担行為　翌年度以降に支出が義務付けられるが、当年度はその債務負担のみされれば足りるものが掲げられる（15条、26条）。

第3節　公金・公財産の支出・利用の制限

　憲法89条は、国や地方公共団体の財産（金銭、施設、山林など）をある特定の目的のために支出又は利用することを禁止している。国又は地方公共団体の所有する公金その他の公の財産は、国民の負担と密接にかかわるので、それが適正に管理され、民主的にコントロールされることが要請される。憲法が、「公金その他の公の財産は、宗教上の組織もしくは団体の使用、便益もしくは維持のため、又は公の支配に属しない慈善、教育もしくは博愛の事業に対し、これを支出し、又はその利用に供してはならない」（89条）と規定しているのは、その趣旨を表すものである（地方自治法242条参照）。

　89条前段にいう「宗教上の組織もしくは団体」とは、特定の宗教の信仰、礼拝又は普及等の宗教的活動を行うことを本来の目的とするものを言う（箕面忠魂碑事件・最判平成5・2・16民集47巻3号1687頁参照）。これに対する公金の支出及び財産の供用（貸与、売却、譲与など）の禁止は、特定宗教を優遇しようとする目的で行われる

「使用、便益、維持」などの措置を排除することによって、政教分離の原則を財政面から保障するものである。ただ、文化財を所持する社寺等に対して保存修繕費を補助する立法措置（文化財保護法35条）は、合憲と考えられる。また、いわゆる国有境内地処分法による寺院への国有地の譲与は、沿革上の理由によって国有とされていたものを返還する措置であって、違憲ではないとされる（最大判昭和33・12・24民集12巻16号3352頁参照）。

89条後段の「公の支配に属しない慈善、教育若しくは博愛の事業」に対する公金・公財産の支出・利用供与の禁止は、「慈善、教育若しくは博愛」の事業への便宜供与それ自体を不当として設けられたものではなく、「公の支配に属しない」事業であることに禁止の目的がある。公金の支出や公的財産の使用は、その具体的処分の段階に至るまで公的統制の対象とされるべきだからである。ここで、「公の支配に属しない」という言葉の意味が問題になる。「公の支配に属する」を、「その事業の予算を定め、その執行を監督し、さらにその人事に関与するなど、その事業の根本的方向に重大な影響を及ぼすことのできる権力を有すること」と言うように、厳格かつ狭義に解すると、監督官庁が事業の自主性が失われる程度に達しない権限（例えば、私立学校振興助成法12条、社会福祉事業法56条の定める、報告を徴したり勧告したりする権限）を有するだけでは、「公の支配に属する」とは言えず、その事業に対する助成は違憲の疑いがあることになる。これに対して、「公の支配に属する」を、「国または地方公共団体の一定の監督が及んでいることをもって足りる」と言うように、緩やかにかつ広義に解する場合には、業務や会計の状況に関して報告を徴したり、予算について必要な変更をすべき旨を勧告する程度の監督権を持っていれば足り、助成は合憲とされることになる。もっとも、私学助成の合憲性を基礎づけるに当たっては、

教育の持つ公共性や教育の機会均等の原則（憲法26条）なども考慮に入れることも必要であると言えよう。

第6章　地方自治

▷法律と条例の二重規制──徳島市公安条例事件
最高裁昭和50年9月10日大法廷判決・刑集29巻8号489頁

【事実】　総評の専従職員兼徳島県反戦青年委員会幹事Xは、昭和43年12月10日集団示威行進に参加したが、先頭集団が車道上において蛇行進をした際、自らも蛇行進を行い、かつ先頭列外付近に位置して、蛇行進をするよう先導したため、道路交通法77条3項、119条1項13号違反、及び徳島市公安条例3条3号、5条違反として起訴された。第一審では、道交法については有罪、条例については、3条3号、5条の規定が刑罰法令として明確性を欠き憲法31条に違反するから無効であるとして無罪となったため、検察官が控訴した。しかし、第二審も控訴を棄却した。本件では、道交法と公安条例による二重規制が許されるのかが問われた。

【判旨】　（破棄自判）「道路交通法は道路交通秩序の維持を目的とするのに対し、本条例は道路交通秩序の維持にとどまらず、地方公共の安寧と秩序の維持という、より広はん、かつ、総合的な目的を有するのであるから、両者はその規制の目的を全く同じくするものとはいえないのである。」「条例が国の法令に違反するかどうかは、両者の対象事項と規定文言を対比するのみではなく、それぞれ趣旨、目的、内容および効果を比較し、両者の間に矛盾抵触があるかどうかによってこれを決しなければならない。例えば、ある事項について国の法令中にこれを規律する明文の規定がない場合でも、当該法令全体からみて、右規定の欠如が特に当該事項についていかなる規制をも施すことなく放置すべきものとする趣旨であると解されるときは、これについて規律を設ける条例の規定は国の法令に違反することとなりうるし、逆に、特定事項についてこれを規律する国の法令と条例とが併存する場合でも、後者が前者とは別の目

的に基づく規律を意図するものであり、その適用によって前者の規定の意図する目的と効果を何ら阻害することがないときや、両者が同一の目的に出たものであっても、国の法令が必ずしもその規定によって全国的に一律に同一内容の規制を施す趣旨ではなく、それぞれの普通地方公共団体において、その地方の実情に応じて、別段の規制を施すことを容認する趣旨であると解されるときは、国の法令と条例との間にはなんらの矛盾抵触はなく、条例が国の法令に違反する問題は生じえないのである。」「道路における集団行進等に対する道路交通秩序維持のための具体的規制が、道路交通法77条及びこれに基づく公安委員会規則と条例の双方において重複して施されている場合においても、両者の内容に矛盾抵触するところがなく、条例における重複規制がそれ自体としての特別の意義と効果を有し、かつ、その合理性が肯定される場合には、道路交通法による規制は、このような条例による規制を否定、排除する趣旨ではなく、条例の規制の及ばない範囲においてのみ適用される趣旨のものと解するのが相当であり、右条例をもって道路交通法に違反するものとすることはできない。」

第1節　地方自治の基本原則

　統治機構は民主主義と権力分立原理に基づいて組織されるが、言わば領土的権力分立原理として、地方の政治は地方の住民の自治によるという原理が認められなければならない。あるいは、地方自治は、中央集権政府の統一権力の強大化を押さえて、権力を地方に分散させると言う重要な意義がある。日本国憲法は、地方自治の一般原則として、「地方公共団体の組織及び運営に関する事項は、地方自治の本旨に基づいて、法律でこれを定める」（92条）と規定した。その趣旨は、地方公共団体の組織及び運営のみならず、地方公共団体の区分、権能、及び国その他の地方公共団体との関係等広く地方

公共団体にかんするすべての事項が、地方自治の本旨に基づいて定められることを必要とする趣旨と解されている。ここに言う「地方自治の本旨」には、住民自治と団体自治の2つの要素がある。「住民自治」とは、地方自治が地方住民の意志に基づいて行われると言う民主主義的要素である。「団体自治」とは、地方自治が国から独立した団体に委ねられ、団体自らの意思と責任の下でなされるという自由主義的・地方分権的要素である。さらに、「地方自治の本旨」は、地方公共団体が自主立法権、自主行政権、自主財政権を有することを意味する。このことは住民自治、団体自治の保持、伸張、さらにその基礎にある地方公共団体の国からの法律的、行政的、財政的独立を意味し、地方自治が保障された地方公共団体は、憲法上その存立が保障され、したがって、地方公共団体そのものを法律により廃止したり、また地方議会を諮問機関としたりすることは、「地方自治の本旨」に反する措置として違憲となる。

第2節　地方公共団体の組織、機関及び権能

憲法は、具体的にどのような地方公共団体を設けるべきかについては、直接明示していない。そこで法律の定めるところによることになるが、地方自治法は、地方公共団体を普通地方公共団体と特別地方公共団体とに分け、前者に属するものとして、都道府県、市町村、後者に属するものとして、特別区、地方公共団体の組合、財産区、地方開発事業団を定めている（1条の3）。もっとも、普通地方公共団体である都道府県及び市町村はその歴史的由来からみても、憲法上の地方公共団体であり、都道府県知事及び市町村長の公選制の採用はその趣旨の具体化である。これに反し、特別地方公共団体に属するものは憲法の予想する典型的な地方公共団体とはいえない。

また、東京都の特別区が憲法上の地方公共団体であるかどうかが争われた事件で、最高裁は、特別区は沿革的にも実質的にも「地方公共団体」とは言えないとして、区長の公選制を廃止した昭和27年の地方自治法改正は違憲ではないと判示したが（最大判昭和38・3・27刑集17巻2号121頁参照）、公選制は昭和49年の改正で復活している。

地方公共団体には議事機関としての議会が設置され、また、地方公共団体の長、議会の議員等は住民の直接選挙によらなければならない（憲法93条）。これは、地方自治の民主化を徹底しようとするものである。地方公共団体の「議事機関」とは、その団体意思を決定するための合議機関をいう。団体意思を最終的に決定するためには、議会の議決が不可欠であるが、団体意思の形成手続きを議事機関に独占させることは、必ずしも必要ではない。そこで、地方自治法は地方公共団体の長に、議案提出権（149条）や再議請求権（176条）を認めているほか、住民にも条例の制定・改廃について直接請求権を認めている。「地方公共団体の長」とは、地方公共団体の代表権を有する独任制の執行機関であり、このような長について住民による直接選挙制、すなわち、首長公選制を採用している。これらは、すべての普通地方公共団体及び特別地方公共団体の現在の特別区の組織に画一的に要請される。

憲法は、地方公共団体の自治的運営を保障するために、地方公共団体がその財産を管理し、事務を処理し、行政を執行する権能を有し、法律の範囲内で条例を制定することができる旨を定めている（94条）。ここにいう「事務」処理と「行政」執行との区別は明らかではないが、前者は非権力的な公共事業、後者は権力的な支配作用のことと解されている。地方公共団体の担当する事務の範囲について憲法は特段の定めを置かず、「普通地方公共団体は、地域におけ

る事務及びその他の事務で法律またはこれに基づく政令により処理することとされるものを処理する」として、「自治事務」、「法定受託事務」など、地方自治法に詳細を委ねている（2条）。いずれにせよ、憲法94条は、地方公共団体がその財産を管理し、事業を経営する団体たるにとどまらず、一般に行政を執行すること、さらに広く自治立法権を有することを明らかにした点に特色があると解される。

第3節　条例制定権[1]

　地方公共団体は、さまざまな事務を行うが（地方自治法2条）、この事務を実施するに際して、条例を制定することができる（憲法94条）。条例とは、地方公共団体がその自治権に基づいて制定する自主法である。「自主法」とは、法律・命令等の「国家法」に対する観念で、国家法とは原則として無関係に、地方公共団体がその事務に関して独自に規定を設けることができることを意味する。実質的な意味においては、地方公共団体の長の制定する規則（地方自治法15条）や教育委員会、公安委員会などの各種委員会の制定する規則その他の規程（同138条の4、2項）を含むが、形式的な意味においては、議会が地方自治法2条2項の事務及び法令の特別の委任のある事項について定める法規を言う（同14条）。

　憲法94条は、地方公共団体に「法律の範囲内」で条例制定権を認めており、これに関して、地方自治法14条は「普通地方公共団体は、法令に違反しない限りにおいて第2条第2項の事務に関し、条例を制定することができる」（1項）と規定している。このことから、第1に、条例制定権はその所管が自治事務（地方自治法2条）に関するものでなければならないという限界が出てくる。しかし、

第2部　統治機構

自治事務であれば、住民の基本的人権に制約を課することも許される。したがって、公安条例による表現の自由の制限をそれ自体直ちに違憲と言うことはできない。第2に、条例制定権は法律に反してはならないという限界がある（前出、徳島市公安条例事件参照）。これは、憲法94条が、「法律の範囲内で」条例制定権を認めており、従って、条例の効力は法律に劣るからである。さらに、地方自治法14条1項で「法令に違反しない限りにおいて」と規定されているところから、その効力は政令・省令等の命令にも劣ることになる。なお、条例と国の法令との矛盾・抵触関係については、両者の趣旨、目的、内容および効果を比較して判断すべきとされる（徳島市公安条例事件参照）。しかし、法令に明示もしくは黙示の禁止規定がない限り、すでに法律による規制が定められている場合でも、法律の特別の委任なくして条例を制定できる。この点で問題になったのが、法律の定める規制基準よりも厳しい基準を定める条例、すなわち、公害規制におけるいわゆる「上乗せ条例」の適法性である。「法令に違反しない限り」と言う条件を緩やかに解し、法律の趣旨に照らして、より厳しい規制規準を条例で定めることを特に排除しているのでなければ、地方の実情に応じて別段の規制を定める「上乗せ条例」は適法であると解される（大気汚染防止法4条1項、騒音規制法4条2項等参照）。

　第3に、地方自治法14条3項は、条例で刑罰を定めうると規定している。これは条例の実効性を担保するためのものであるが、罰則の設定について、このような包括的委任が許されるか否かが問題になる。法律によらない科刑を禁止する憲法31条、法律の委任なくして政令に罰則を設けることを禁止する憲法73条6号但し書との関連で、条例にその違反に対する制裁として罰則を設けることができるのかという問題である。これについては、条例が、住民の代

表機関である議会の議決によって制定される民主的立法であり、実質的には法律に準ずるものであるということから、積極に解するのが妥当であろう。判例にも、同様な理由で、法律の授権が相当な程度に具体的であり、限定されておれば足りるとしているものがある（最大判昭和 37・5・30 刑集 16 巻 5 号 577 頁）。

注
(1) 住民投票条例　条例制定は地方公共団体の議会の権限であるが、地方公共団体における直接民主制の一方式として、地方自治法はその条例の制定・改廃を議会に請求する権利を住民に認めている（12 条 1 項）。その請求は、その地方公共団体の有権者の 50 分の 1 の署名をもって行われる（74 条）。近時、原子力発電所の建設、米軍基地の整理縮小、日米地位協定の見なおしや、ごみ処理場建設などの問題について住民の意思を住民投票で問うための条例の制定を求める運動が広がっている。ともすれば民意を反映せず、形骸化しがちな間接民主制・代議制の欠陥を補完するために国民が政治に直接参加する国民主権の具体化として注目される。

第3部　人権保障

第1章　人権総論

第1節　人権の歴史

▷基本的人権の本質——人身保護請求事件
最高裁昭和25年12月28日判決・民集4巻12号683頁

【事実】　請求者は、被拘束者が、昭和25年9月19日京都拘置所構内において京都府知事の発付した外国人退去強制令書により逮捕され、警察署に連行された上引き続き拘束されたが、その拘束が方式および手続上重要な瑕疵を有するとして、その釈放を求めた。第一審は、本件拘束には方式および手続上違法ないし失当の点が全くないわけではないが、法令に著しく違反する点は認められないとし、また不法入国者は国に対し基本的人権の保護を要求する権利を有しないと解し、請求を棄却した。

【判旨】　（棄却）「保釈は単に当該公訴事件について、勾留の継続を停止するに止まり、他の理由による拘束までも禁止する趣旨を含むものではない。故に例えば保釈後他の公訴事実によって更に勾留されることのあり得るは勿論、或いは保護のため、或いは本件のごとく外国人登録令による退去強制のため等、行政権により一時拘束されることもあり得るのであって、この場合その拘束にしていやしくも法律上理由がある限り、これがため保釈の効果が事実上制限を受けることがあっても、これは、やむを得ない結果であって、これを行政権による司法権の侵犯といい得

ないことは当然である。」「なお、原判決は不法入国者は国家的基本的人権の保護を要求する権利を有しないと判示しているが、その謬論たること所論の通りであり、いやしくも人たることにより当然享有する人権は不法入国者と雖もこれを有するものと認むべきであるが、原判決は結局退去強制により何等被拘束者の基本的人権を侵害しないことを判示しているのであるから、原判決の右の違法は本件の結論に影響はなく、この点に関する論旨も採用できない。」

1. 近代人権宣言の確立 ――（人権の思想的背景 ―― 自然権の系譜）

　近代憲法は、その本質的部分として、人間または国民の権利を保障し、国家権力の行使を制限している。この部分に関する一群の規定が、人権宣言または権利章典（Bill of Rights）と呼ばれるものである。近代憲法における人権は、すべての人間が生まれながらにして固有の、奪うことのできない権利をもつという考え方に立っている。この思想を形成するのに大きな役割をになったのは、ヒューマニズムに基づく個人の尊厳の思想と近世自然法の思想である。とくに、ジョン・ロック（John Locke）の思想 ―― 人間は自然の状態において生来の自由をもっていたのであるが、それらの自由を確実に保障するために契約によって国家や政府を作ったという考え方（契約説） ―― は、人権は国家に先立って存在するものであり、逆に国家は人権を守ることに奉仕すべきものであるという主張を基礎づけ、近代革命を推進する基盤となった。このような思想的背景のもとに、ヴァージニア（1776年）その他のアメリカ諸州の人権宣言が生まれ、さらに、世界の人権史上最も大きな影響を与えたフランス人権宣言（「人間および市民の権利宣言」）（1789年）が誕生した。

2. 人権の現代的展開──（人権の拡大、社会化の過程）

アメリカ諸州の人権宣言やフランス人権宣言は、個人主義、自由主義のうえに立ち、「国家権力からの自由」を中心におくものであった。すなわち、18世紀、19世紀の憲法で保障された人権は、人身の自由、表現の自由、財産権の不可侵などの自由権（自由国家的人権）であったが、やがて市民層の勢力の伸張とともに、参政権も国民の権利としての保障を受けるようになった。

19世紀において自由権が人権保障のカタログの中核であったのは、その背景に自由競争を基礎とする資本主義社会の発展があったからである。ところが、資本主義の発展が高度化してくると、自由競争は貧困と失業を生み出す原因となり、人権保障の社会化が要求されるようになる。すなわち、第一次世界大戦を契機として、諸国の憲法にいわゆる社会国家の理念に基づき、新しい形態の人権がとり入れられてくる。社会保障を受ける権利、労働者の権利などの社会権（社会国家的人権）、いわゆる「国家への自由」といわれる人権がそれである。20世紀の憲法は多かれ少なかれ、自由権に加えて社会権をも保障している。すなわち、形式的な自由や平等でなく、実質的な自由や平等の実現を目指すものである。当初は、人権は憲法で宣言されてもそれを具体的に保障する手段が十分でなかったが、次第に、人権を実質的なものにする傾向が強くなってきた。人権を抽象的に宣言するのではなく、法的救済に裏付けられたものにし、人権を質的に強化する努力が重ねられてきたわけである。

だだ、ここで注意しなければならないことは、人権の社会化は自由権の全面的否定を意味するものではないということである。すなわち、人権保障の社会化は、自由権の実質化、具体化あるいは質的強化という意味をもつものであって、自由権の重要性をいささかも軽視するものではないからである。むしろ、自由権、なかんずく、

第3部　人権保障

精神的自由権は真の自由権として（経済的自由権が一種の社会権的権利となっているのに対して）、ますますその存在意義を強めていることを忘れてはならない。

第2節　日本国憲法における人権保障

1. 明治憲法の人権保障との差異

　明治憲法制定に際し、次のようなエピソードがある。憲法草案が枢密院で審議された際、その第2章「臣民権利義務」について、時の文部大臣森有礼が、臣民の権利というのは適当でないから、「臣民の分際（責任）」と修正せよと主張した。これに対し、議長伊藤博文は、「そもそも憲法を創設するの精神は、第1、君権を制限し、第2、臣民の権利を保障することにあり。故にもし憲法に於て臣民の権利を列記せず、だだ責任のみを記載せば、憲法を設くるの必要なし」と反論した。その結果、明治憲法第2章は原案通り、「臣民権利義務」というタイトルになったという。明治憲法の制定者も近代憲法としての人権宣言の必要性を認めていたわけである。

　ところで、明治憲法第2章「臣民権利義務」と日本国憲法第3章「国民の権利及び義務」はいずれも人権宣言にあたる部分であるが、この両者の間には、人権の憲法的保障の発展の傾向に即した差異がみられる。すなわち、まず、(1)人権の性質についてみれば、明治憲法が、人権は憲法により上から（国家から）与えられたという立場に立つのに対し、日本国憲法は、それが永久不可侵のものとして、人間という資格において神から与えられたという思想（天賦人権の思想）に立脚している。憲法11条、12条及び97条に「この憲法が国民に保障する」人権とあるのは、人権が憲法によって与えられるという意味ではなく、自然権として保有する人権を「法的なも

第1章 人権総論

の」とするために憲法に書いて保障するという意味である。次に、(2)保障される人権の範囲が、日本国憲法においては、明治憲法に比してきわめて広く、過去においてなお自由国家的な人権が根をおろしていない経験にかんがみて、日本国憲法は自由権を詳細に保障するほか、明治憲法には見られなかったところの、現代20世紀憲法にふさわしい社会権（社会国家的人権）をも含んでいる。また、(3)保障の仕方についても、明治憲法が主として行政権に対する保障、すなわち、行政権による侵害から国民の権利、自由を守るということを主目的とするものであって、立法権による侵害に対してはきわめて不十分な保障を与えるにすぎなかったのに反し、日本国憲法は、明治憲法におけるいわゆる「法律の留保」（法律に規定しさえすれば人権を制約できるとする考え方）を原則として認めず、人権を法律をもってしても侵しえないものとするとともに、裁判所に違憲法令審査権を与えて、その保障を実効的なものにしている。このようにして、日本国憲法による人権保障は、近代的自由国家の理念に立ちつつ、現代20世紀憲法にふさわしい内容をもつものとなっているのである。

2. 日本国憲法における基本的人権の分類・体系

憲法第3章の保障する各種の人権はそれぞれ憲法上の価値体系において差異があり、それを体系化することは各種の人権の性質を明らかにする上に必要なことである。また、それは、人権制約の合憲性を判断する際の基準にもなりうる。古来、多くの学者によって色々な分類、体系化がなされているが、自由権から社会権へという人権の発展過程に即応して、次のような分類、体系化が考えられよう。

（Ⅰ） 人権の総則的原理

第 3 部　人 権 保 障

1. 基本的人権の永久不可侵性（11 条）
2. 人間尊重の原則・幸福追求権（13 条）
3. 法の下の平等の原則（14 条）
4. 家族生活に関する基本権（24 条）

(II) 自由権的基本権

(a) 精神的自由に関する基本権

1. 思想および良心の自由（19 条）
2. 信教の自由（20 条）
3. 表現の自由（21 条）
4. 学問の自由（23 条）

(b) 人身の自由に関する基本権

1. 奴隷的拘束および苦役からの自由（18 条）
2. 法の正当な手続の保障（31 条）
3. 不法な逮捕、抑留、拘禁、侵入、捜索および押収に対する保障（33 条、34 条、35 条）
4. 拷問および残虐刑の禁止（36 条）
5. 刑事被告人の権利（37 条、38 条、39 条）

(c) 経済的自由に関する基本権

1. 居住、移転および職業選択等の自由（22 条）
2. 財 産 権（29 条）

(III) 社会的基本権（生存権的基本権）

1. 生 存 権（25 条）
2. 教育を受ける権利（26 条）
3. 勤労の権利等（27 条）
4. 勤労者の団結権（28 条）

(IV) 参 政 権

1. 公務員の選定罷免権（15 条）

第 1 章　人 権 総 論

（Ⅴ）　国務請求権（受益権）
1．請願権（16 条）
2．国および公共団体に対する賠償請求権（17 条）
3．裁判を受ける権利（32 条）
4．刑事補償請求権（40 条）

3．国民の義務

　現代の憲法は、権利と自由の保障のほか、いくつかの国民の義務の規定をおくのが普通である。ただ、注意しなければならないことは、近代憲法の中核はあくまでも人権の保障とそのための国家権力の制約にあるから、権利・自由の保障こそ、憲法の本質的部分であって、義務規定を多く設けることは近代憲法の本質をそこなうおそれがある。本来、権利・自由は国家が国民に与えるものではなく、人間が人間である以上生来的に享有すべき性質のものである。であるとすれば、国民は自らの権利・自由を自ら保持する義務と責任を負うのは当然のことである。さらに、価値観が多様化し、個人間の利害対立が激化した現代社会にあっては、絶対無制約な権利行使は許されないのであって、自己の権利を主張する者は同時に他人の権利を尊重する義務を負っている（権利の社会性）。すなわち、国民は、権利には義務が、自由には責任が伴うことを自覚することが必要であり、またそうすることによって、憲法を改正して義務規定を強化すべしとする改憲論者に乗ずるすきを与えないことが肝要である。

　憲法にはこのような自己内在的な義務あるいは一般的倫理的義務を定めるにとどめ、個別的な義務規定を多く書きつらねることはさけるべきである。個人に対する国家権力の比重が増大している今日、義務規定を多く設けることは基本的人権の保障がそれだけないがしろにされるおそれがあるからでるあ。

第3部 人権保障

明治憲法は臣民の義務として、納税の義務と兵役の義務を定めていたが、日本国憲法では、第9条の戦力不保持の建前を反映して、兵役の義務は存すべくもない。その代りに、日本国憲法では、第12条に一般的倫理的義務を定める他、いわゆる社会国家的理念を表わすものとして、納税の義務（30条）のほかに特に教育の義務（26条）と勤労の義務（27条）を規定している。

第3節　私人間における人権保障

▷私人間における人権保障──思想・信条に基づく差別──三菱樹脂事件

最高裁昭和48年12月12日大法廷判決・民集27巻11号1536頁（労働契約関係存在確認請求事件）

【事実】　原告は、入社試験の際、学生運動歴を秘して、被告会社に入社した。ところが3ヵ月の試験期間の満了時に本採用拒否の告知を受けたので、原告はその告知を無効として雇傭契約上の地位の確認と賃金の支払いを求める訴を提起した。第一審判決は、学生運動等秘匿の点について悪意が認められないこと等を理由に、会社側の本採用拒否（＝解雇）は解雇権の濫用とした。被告はこれを不服として控訴を提起したが、控訴棄却。第二審判決に対し被告会社は上告した。

【判旨】　（破棄差戻）「労働者を雇い入れようとする企業者が、労働者に対し、その者の在学中における右のような団体加入や学生運動参加の事実の有無について申告を求めることは、被告も主張するように、その者の従業員としての適格性の判断資料となるべく過去の行動に関する事実を知るためのものであって、直接その思想、信条そのものの開示を求めるものではないが、さればといって、その事実がその者の思想、信条と全く関係のないものであるとすることは相当でない。」憲法19条、14条の「各規定は、同法第3章のその他の自由権的基本権の保障規定と同

じく、国または公共団体の統治行動に対して個人の基本的な自由と平等を保障する目的に出たもので、もっぱら国または公共団体と個人との関係を規律するものであり、私人相互の関係を直接規律することを予定するものではない。このことは、基本的人権なる観念の成立および発展の歴史的沿革に徴し、かつ、憲法における基本権規定の形式、内容にかんがみても明らかである。のみならず、これらの規定の定める個人の自由や平等は、国や公共団体の統治行動に対する関係においてこそ、侵されることのない権利として保障されるべき性質のものであるけれども、私人間の関係においては、各人の有する自由と平等の権利自体が具体的場合に相互に矛盾、対立する可能性があり、このような場合におけるその対立の調整は、近代自由社会においては、原則として私的自治に委ねられ、ただ、一方の他方に対する侵害の態様、程度が社会的に許容しうる一定の限界を超える場合にのみ、法がこれに介入しその間の調整をはかるという建前がとられているのであって、この点において国または公共団体と個人との関係の場合とはおのずから別個の観点からの考慮を必要とし、後者についての憲法上の基本権保障規定をそのまま私人相互間の関係についても適用ないし類推適用すべきものとすることは、決して当をえた解釈ということはできないのである。」「もっとも、私人間の関係においても、相互の社会的力関係の相違から、一方が他方に優越し、事実上後者が前者の意思に服従せざるをえない場合があり、このような場合に私的自治の名の下に優位者の支配力を無制限に認めるときは、劣位者の自由や平等を著しく侵害または制限することとなるおそれがあることは否み難いが、そのためにこのような場合に限り憲法の基本権保障規定の適用ないし類権適用を認めるべきであるとする見解もまた、採用することはできない。何となれば、右のような事実上の支配関係なるものは、その支配力の態様、程度、規模等においてさまざまであり、どのような場合にこれを国または公共団体の支配と同視すべきかの判定が困難であるばかりでなく、一方が権力の法的独占の上に立って行なわれるものであるのに対し、他方はこのような裏付けないしは基礎を欠く単なる

第 3 部　人 権 保 障

社会的事実としての力の優劣の関係にすぎず、その間に画然たる性質上の区別が存するからである。すなわち、私的支配関係においては、個人の基本的自由や平等に対する具体的な侵害またはそのおそれがあり、その態様、程度が社会的に許容しうる限度を超えるときは、これに対する立法措置によってその是正を図ることが可能であるし、また、場合によっては、私的自治に対する一般的制限規定である民法 1 条、90 条や不法行為に関する諸規定等の適切な運用によって、一面で私的自治の原則を尊重しながら、他面で社会的許容性の限度を超える侵害に対し基本的な自由や平等の利益を保護し、その間の適切な調整を図る方途も存するのである。そしてこの場合、個人の基本的な自由や平等を極めて重要な法益として尊重すべきことは当然であるが、これを絶対視することも許されず、統治行動の場合と同一の基準や概念によってこれを律することができないことは、論をまたないところである。」「ところで、憲法は、思想、信条の自由や法の下の平等を保障すると同時に、他方、22 条、29 条等において、財産権の行使、営業その他広く経済活動の自由をも基本的人権として保障している。それゆえ、企業者は、かような経済活動の一環としてする契約締結の自由を有し、自己の営業のために労働者を雇傭するにあたり、いかなる者を雇い入れるか、いかなる条件でこれを雇うかについて、法律その他による特別の制限がない限り、原則として自由にこれを決定することができるのであって、企業者が特定の思想、信条を有する者をそのゆえをもって雇い入れることを拒んでも、それを当然に違法とすることはできないのである。憲法 14 条の規定が私人のこのような行為を直接禁止するものでないことは前記のとおりであり、また、労働基準法 3 条は労働者の信条によって賃金その他の労働条件につき差別することを禁じているが、これは、雇入れ後における労働条件についての制限であって、雇入れそのものを制約する規定でない。また、思想、信条を理由とする雇入れの拒否を直ちに民法上の不法行為とすることができないことは明らかであり、その他これを公序良俗違反と解すべき根拠も見出すことはできない。」しかし、「本件本採用の拒否は、留保解約

権の行使、すなわち雇入れ後における解雇にあたり、これを通常の雇入れの拒否の場合と同視することはできない」。「留保解約権の行使は、…解約権保留の趣旨、目的に照らして、客観的に合理的な理由が存し社会通念上相当として是認されうる場合にのみ許されるものと解するのが相当である。換言すれば、企業者が、採用決定後における調査の結果により、または試用中の勤務状態等により、当初知ることができず、また知ることが期待できないような事実を知るに至った場合において、そのような事実に照らしその者を引き続き当該企業に雇傭しておくのが適当でないと判断することが、…解約権留保の趣旨、目的に徴して、客観的に相当であると認められる場合には、さきに留保した解約権を行使することができるが、その程度に至らない場合には、これを行使することはできないと解すべきである。」

1. 問題の意義

私人間の法律関係にも基本的人権についての憲法上の保障が及ぶか。これが、本節で考察する問題である。

憲法における基本的人権の保障は国家及び地方公共団体の公権力によって個人の基本的人権が侵害されてはならないとするものである。人権宣言は何よりも国家権力、公権力に対する人権の防塁として成立したものである。その限りでは、人権保障は、日本人のみならず、外国人にも原則として及ぶ（例外——参政権、社会権）し、また自然人のみならず、例外的にではあるが法人にも及び場合がある（例——財産権）。

しかしながら、現代社会においては、個人の人権の侵害は必ずしも対国家、対公権力の関係においてのみあらわれるものではない。国家権力と関係のない私人の行為によって、人権が侵害されるとみるべき場合もある。部落的差別問題や村八分的事件などはそのよい例である。本来、私人相互の関係においては、私的自治や契約の自

由を基礎とする私法の体系が形成されており、私人間の法律関係はそれによって解決されるべきものであって、原則として人権宣言の関知するところではないと考えられる。しかしながら、今日では、企業や労働団体や地域団体などの社会組織が強固になり、それは、「私的政府」といわれるほどに、国家権力に準ずるような大きな勢力を現実の社会において持つようになっている。その中で、人権の制限・圧迫が行なわれることが多く、それを対公権力の関係ではないという理由で放置したのでは、憲法で保障されている基本権は、実質的には諸団体の中における国民生活の中ではきわめてむなしいものになってしまう。かりに、大企業がこぞって特定の宗教の信者、例えば、キリスト教徒をやとわないことを協定したような場合を想定すれば、キリスト教徒がそれによってその信仰の自由を制限される程度は、国家権力による場合とあまり違わないであろう。判例に現れた事例をあげれば、校内で政治活動をしないことを条件として私立学校が教師を解雇した場合には、思想・良心の自由や表現の自由の侵害の問題が生ずる（十勝女子商業事件——最判昭和27・2・22民集6巻2号258頁、合憲判決）。経営合理化を理由に女子従業員の定年を男子よりも早めたり（東急機関工業女子若年定年制事件——東京地判昭和44・7・1、民法90条により無効）、あるいは、結婚した女子従業員を退職させる（住友セメント結婚退職制事件——東京地判昭和41・12・20労集17巻6号1407頁、民法90条違反）ことは、性別による差別であって、憲法14条、24条違反が問題になる。最近の事例では、三菱樹脂事件（前掲最判昭和48・12・12）で、思想を理由とする解雇の効力が問題になった。

　これらの事件は、私人間の法律関係にも基本的人権についての憲法上の保障が及ぶかという困難な問題を提起するものである。人権の保障を実質的に完全にしようとすれば、どうしても、人権を国家

権力による侵害からだけでなく、以上の事件に見られる如き私人の行動による侵害からも守る必要があるわけである。

2. 学説・判例の概観と検討

この問題については次のように学説が大きく分かれている。

① 無関係節——公的生活関係を規律する公法と私的生活関係を規律する私法とを峻別し、憲法の基本権保障は私人間の法律関係と無関係であるとする。

この説は、事柄の問題性に思いを至さず、問題解決に役立たないものであるとの批判を免れないであろう。

② 直接適用（効力）説——㈠無制限的直接適用（効力）説——公法と私法とを区別せず、憲法の基本権規定は私人間にも直接効力が及ぶとする。この説は現に、公法と私法の区別があることを無視し、私的自治、契約自由の原則が適用される私法秩序の独自性を否定するものであって、公権力の私的分野への介入を容易にするという欠陥がある。㈡制限的直接適用（効力）説——憲法の特定の条文、例えば、第18条の奴隷的拘束・苦役からの自由、第28条の労働3権のようなものに限って、私人間にも直接効力が及ぶとする。

③ 間接適用（効力）説——民法90条等私法の一般条項の解釈に人権尊重の趣旨を導入し、民事法規を通じて、間接的に憲法の基本権規定の効力を私人間の法律関係に反映させようとする考え方である。この説は多数説であり、判例にもこの立場をとるものが多いので、以下に少しく詳述する。

女子若年定年制事件（東京地判昭和44・7・1判時560号23頁）判決は次のように判示している。「憲法上の権利は、国家に対する人民の権利としての性質をもつから、私人間においては当然には妥当しない。……しかし、憲法が諸々の権利を基本的人権として承認し

たことは、それらの権利が不当に侵されないことを以て国家の公の秩序を構成することを意味すると考えられるから、何らの合理的な理由なしに不当に権利や自由を侵害することは、いわゆる公序良俗（民法90条）違反の問題を生ずることがありうる。」

　私人間の法律関係には私的自治の原則とか契約自由の原則が基礎となっているが、私人間の契約は自由だといっても、「公の秩序または善良の風俗に反する事項を目的とする法律行為は無効」（民法90条）とされる（例えば、芸娼妓をすることを強制する契約、犯罪行為をすることを条件として金銭を与える契約、不当に高利で金を貸す契約——「天下一家の会のネズミ講」について判例あり——等は公序良俗すなわち国家・社会の一般的利益に反するものとして無効とされる）。そこで、憲法で保障するところは、私人間においても尊重されるべき公序良俗の内容をなすものであるという前提の下に、憲法の定める基本的人権を侵害するようなことを内容とする私人間の契約は「公序」（民法90条）に反するから無効となると考えるのである。すなわち、間接適用説は、憲法を直接的に私人間に適用せず、中間に民法90条のような私法の一般条項を介在させ、それに反する契約は、すなわち憲法の人権保障の精神に反するから無効であるという形で、結果として憲法を個人間に適用したのと同じ効果をねらう考え方である。つまり、間接適用説によれば、一定の私法関係が、その法律関係の性質及び目的に合理的な関連性のない不当な人権の制約や差別を内容とする場合には、民法90条が適用され、憲法は「公の秩序」という私法の一般条項の意味を充塡するはたらきをいとなむ。したがって、憲法は私的な人権侵害行為を私法の一般条項を通じて間接的に規制する効力をもっていることになる。この説を適用するにあたっては、問題となる具体的な法律関係の性質や、人権に対する制約の内容ないし程度を綜合的にみて、そこでの人権侵

害行為に合理的な理由があるかどうかを判断した上で当該行為の有効・無効を決することが必要である。一般的に言えば、そもそも人権宣言が狙っている「人間性の尊重」の原理と矛盾するような人権の制約は、私人によるものといえども、合理的な理由を欠くものとみるべきである。契約関係の本来の目的からみて著しく不合理であり、憲法が人権を保障する精神そのものを否定するような場合には、「公序良俗」に反するものとして私法上も無効とされるのである。

したがって、この説によれば、例えば、結婚退職制は、女子従業員のみに関する解雇理由であり、合理的な理由を欠く性別による差別であって、法の下の平等を保障する憲法14条に違反するということを理由に、その違憲制を裁判所で争うことはできない。しかし、個人の尊厳と両性の本質的平等は民法解釈の根本基準であり（民法1条の2)、両性の本質的平等を実現するため、国家と国民との関係だけでなく、国民相互の関係においても、性別を理由にする合理制のない差別待遇を禁止することは法の根本原理であって、労働法においても、この禁止は公の秩序を構成するものである。したがって、女子のみに結婚か職業かの選択をせまり、ひいては結婚の自由を著しく制約する結果になる結婚退職制を内容とする労働協約や就業規則は、性別による合理理由を欠く差別を禁止し、法の下の平等を徹底しようとする憲法の趣旨をふみにじるものであるから、民法90条に違反し無効であるという理由で、裁判所の救済を求めることはできることになる。その結果、女子従業員は、結婚しても、男子従業員と同様、職にとどまることができ、このようにして、私人間の契約である労働契約においても、憲法14条の法の下の平等の保障規定が（間接的に）適用されたと同様な結果になるわけである。

以上のように、間接適用説は、一方で、私法の独自性・私的自治

の原則を尊重しつつ、しかも憲法の人権保障規定の趣旨を生かすものとして、最も妥当な考え方と言えよう。

　最高裁判所は、三菱樹脂事件（前掲参照）において、「憲法上の基本権保障規定をそのまま私人相互の関係についても適用ないし類推適用すべきものとすることは、決して当をえた解釈ということはできないのである」として、直接適用説の立場を採らないことを明らかにしている。しかし、多くの論者が、この三菱樹脂判決によって、最高裁判所が間接適用説を採用し、最高裁判例として確定したものとみることができるとしていることにはにわかに賛成できない。判旨はまた、「私的支配関係においては、個人の基本的な自由や平等に対する具体的な侵害またはそのおそれがあり、その態様、程度が社会的に許容しうる限度を超えるときは、……私的自治に対する一般的制限規定である民法1条、90条や不法行為に関する諸規定等の適切な運用によって、一面で私的自治の原則を尊重しながら、他面で社会的許容性の限度を超える侵害に対し基本的な自由や平等の利益を保護し、その間の適切な調整を図る方途も存するのである。そしてこの場合、個人の基本的自由や平等を極めて重要な法益として尊重すべきとは当然であるが、これを絶対視することも許されず、統治行動の場合と同一の基準や観念によってこれを律することができないことは論をまたないところである」としている。これは、憲法19条、14条の「各規定は、同法第3章のその他の自由権的基本権の保障規定と同じく、国または公共団体の統治行動に対して個人の基本的自由と平等を保障する目的に出たもので、もっぱら国または公共団体と個人との関係を規律するものであり、私人相互の関係を直接規律することを予定するものではない」としていることとあいまって、判旨の全体的論調はむしろ無関係説の立場を採り、憲法上の人権保障規定を私人間の法律関係に適用することを否定したも

のとみることもできよう。そうであるとすれば、これは、現代社会における人権保障の要請に十分応えうるものとはいえないと評せざるをえない。

第4節　外国人の人権

▷**国籍条項の合憲性——台湾住民元日本兵戦死傷者の損失補償請求事件**

最高裁平成4年4月28日第3小法廷判決・判時1422号91頁

【事実】　本件は、第2次世界大戦中、旧日本軍の軍人軍属として南方戦線に動員され戦死傷した台湾住民13名の本人とその遺族ら計24名が、日本政府に対し、1人当たり500万円の補償などを求めた訴訟の上告審判決である。1952年4月30日に施行された戦傷病者戦没者遺族等援護法（以下「援護法」という）により、軍人軍属であった者又はこれらの者の遺族に対しては障害年金・遺族年金等が支給され、また1953年8月1日施行の恩給法の一部を改正する法律により、旧軍人等又はこれらの遺族に対する恩給の支給が復活した。ところが、援護法附則2項は、戸籍法の適用を受けない者については、当分の間、この法律を適用しない旨を定め、又、恩給法9条1項3号は、日本国籍を失ったときは年金たる恩給を受ける権利は消滅するものと定めており（以下、これらを「本件国籍条項」という）、台湾住民である軍人軍属に対しては本件国籍条項の適用を除外していない。そこで、日本人である軍人軍属の戦死傷者及びその遺族に対しては、援護法及び恩給法により補償がなされているにもかかわらず、両方とも対象者を日本国籍を有する者に限定しているため、元は日本国籍を有していたが、現在それを有していない原告ら台湾住民である軍人軍属に対しては何らの補償もなされないのは、不当な差別であり、日本国憲法第14条に違反すると主張して、日本政府に対して個人補償を請求した事案である。

第3部　人権保障

【判旨】（上告棄却）「憲法14条1項は法の下の平等を定めているが、右規定は合理的理由のない差別を禁止する趣旨のものであって、各人に存する経済的、社会的その他種々の事実関係上の差異を理由としてその法的取扱いに区別を設けることは、その区別が合理的理由を有する限り、何ら右規定に違反するものではないことは、当裁判所の判例の趣旨とするところである。」「台湾住民である軍人軍属が援護法及び恩給法の適用から除外されたのは、台湾住民の請求権の処理は日本国との平和条約及び日華平和条約により日本国政府と中華民国政府との特別取極の主題とされたことから、台湾住民である軍人軍属に対する補償問題もまた両国政府の外交交渉によって解決されることが予定されたことに基づくものと解されるのであり、そのことには十分な合理的根拠があるものというべきである。したがって、本件国籍条項により、日本の国籍を有する軍人軍属と台湾住民である軍人軍属との間に差別が生じているとしても、それは右のような根拠に基づくものである以上、本件国籍条項は、憲法14条に関する前記大法廷判例の趣旨に徴して同条に違反するものとはいえない。」「我が国が台湾住民である軍人軍属に対していかなる措置を講ずべきかは、立法政策に属する問題というべきである。」

　独立主権国家が並存し、その構成単位となっているのが、現代国際社会の基本的構造であり、人々はいずれかの国家に帰属し、その法的紐帯が国籍である。したがって、人権保障に当たっても、国民と外国人との区別を前提とせざるをえず、その上で国籍による差別ないし内外人差別を認めるのか、またはどの程度許容すべきかが問題となる。国政レベルでの参政権や社会権等は別としても、前国家的な自然権は人間が人間である以上当然に享有できる権利であるから、国籍の有無によって区別することは人権保障の趣旨に反する。憲法の人権保障規定は原則として、外国人についても、適用があるものと見るべきである。もとより、現代国際社会の基本構造から言

って、国籍の相違を超えた完全なる内外人平等を求めることはできないとしても、外国人の人権保障については、前掲判例のように単に立法政策の問題に委ねるを以って足りるとするのではなく、人権の国際化の現象を直視し、国際社会の視座に立って、憲法の解釈、運用を図ることが必要であろう。国際人権規約（A規約2条2項、B規約26条等）を始めとする国際条約、アメリカの最近の判例（例えば、Graham v. Richardson, 403 U. S. 365（1971）等）などから見て、またボーダーレスが言われる国際化時代、異人種の異国籍人が数多く同じ国内に生活する現代社会にあっては、国籍はもはや決定的意味を失っている。さらに言えば、外国人を一義的に捉えるべきではあるまい。例えば、多くの在日朝鮮・中国人の如く、日本に生活の本拠を有し永住資格を認められたいわゆる定住外国人は、その生活実体において日本人と同視されるべき存在であり（実質的日本人）、単に日本の国籍を有しないが故に外国人とされているにすぎない（形式的外国人）。

　人権保障の国際化、国家主権の制限・国際組織への移譲の指向現象等、多方面で憲法の国際化が求められている今日、日本国憲法14条の解釈においても、「国籍」による差別は、その不合理性において「人種」による差別と規範的に同一視されるべきである。それが、国際協調主義に立脚し、「国際社会において名誉ある地位を占めたい」とする日本国憲法にふさわしい憲法解釈と言えよう。最高裁判所はかつて、「憲法14条の趣旨は、特段の事情の認められない限り、外国人に対しても類推さるべきものと解するのが相当である」（最大判昭和39・11・18刑集18巻9号579頁）と判示しておきながら、本件国籍条項に合理性を認めるのであるが、前掲判決における最高裁判所の考え方にはこの国際的視座が欠けていると言わざるをえない。

第2章　人権と公共の福祉

▷**公務員の労働基本権と公共の福祉**——**政令 201 号事件（国鉄弘前機関区事件）**

最高裁昭和 28 年 4 月 8 日大法廷判決・刑集 7 巻 4 号 775 頁（昭和 23 年政令 201 号違反被告事件）

【事実】　被告人らは、国鉄労組員であるが、公務員（全官公労）の争議行為を禁止する政令 201 号の撤回などを要求し、争議手段として無届で職場を欠勤したため、同政令 2 条 1 項および 3 条違反で起訴された。第 1 審の有罪判決に対し、被告人らは、政令 201 号が憲法第 28 条に違反すること等を理由に上告した。

【判旨】　（棄却）「国民の権利はすべて公共の福祉に反しない限りにおいて立法その他の国政の上で最大の尊重をすることを必要とするものであるから、憲法 28 条が保障する勤労者の団結する権利及び団体交渉その他の団体行動をする権利も公共の福祉のために制限を受けるのは己を得ないところである。殊に国家公務員は、国民全体の奉仕者として（憲法 15 条）公共の利益のために勤務し、且つ職務の遂行に当っては全力を挙げてこれに専念しなければならない（国家公務員法 96 条 1 項）性質のものであるから、団結権団体交渉権等についても、一般の勤労者とは違って特別の取扱を受けることがあるのは当然である。従来の労働組合法又は労働関係調整法において非現業官吏が争議行為を禁止され、又警察官等が労働組合結成権を認められなかったのはこの故である。同じ理由により、本件政令第 201 号が公務員の争議を禁止したからとて、これを以て憲法 28 条に違反するものということはできない。」

第3部　人権保障

▷ **公務員の労働基本権と公共の福祉 —— 全逓東京中郵事件**

最高裁昭和41年10月26日大法廷判決・刑集20巻8号901頁（郵便法違反教唆被告事件）

【事実】　全逓労組の役員である被告人らは、昭和33年の春闘に際し、東京中央郵便局の従業員に対し、勤務時間内くいこみ職場大会に参加するよう説得し、従業員38名をして数時間職場を離脱させ、郵便物の取扱いをなさしめなかった。この行為が郵便法第79条1項の郵便物不取扱の罪にあたるとして起訴された。第一審は、正当な争議行為は労組法第1条2項の適用があるとし、本件の郵便物不取扱は争議行為にあたり刑事免責を受けるので、被告人らについて教唆の罪も成立しないと判示した。第2審は、公労法（現在の国営企業労働関係法）第17条で争議行為が禁止されている以上、その争議行為については正当性の限界如何を論ずる余地はなく労組法第1条2項の適用はないとして、破棄差戻の判決をした。そこで被告人らは、公労法第17条1項が憲法第28条に違反すること、公労法第17条1項違反の争議行為に労組法第1条2項の適用があることを主張して上告した。

【判旨】　（破棄差戻）「労働基本権は、たんに私企業の労働者だけについて保障されるのではなく、公共企業体の職員はもとよりのこと、国家公務員や地方公務員も、憲法28条にいう勤労者にほかならない以上、原則的には、その保障を受けるべきものと解される。『公務員は、全体の奉仕者であって、一部の奉仕者ではない』とする憲法15条を根拠として、公務員に対して右の労働基本権をすべて否定するようなことは許されない。ただ、公務員またはこれに準ずる者については、後に述べるように、その担当する職務の内容に応じて、私企業における労働者と異なる制約を内包しているにとどまると解すべきである。」「勤労者の団結権・団体交渉権・争議権等の労働基本権は、すべての勤労者に通じ、その生存権保障の理念に基づいて、憲法28条の保障するところであるが、これらの権利であっても、もとより、何らの制約も許されない絶対的なものではないのであって、国民生活全体の利益の保障という見地からの制約を当

然の内在的制約として内包しているものと解釈しなければならない。」
「具体的にどのような制約が合憲とされるかについては、諸般の条件、ことに次の諸点を考慮に入れ、慎重に決定する必要がある。(1)労働基本権の制限は、労働基本権を尊重確保する必要と国民生活全体の利益を維持増進する必要とを比較衡量して、両者が適正な均衡を保つことを目途として決定すべきであるが、労働基本権が勤労者の生存権に直結し、それを保障するための重要な手段である点を考慮すれば、その制限は、合理性の認められる必要最小限度のものにとどめなければならない。(2)労働基本権の制限は、勤労者の提供する職務または業務の性質が公共性の強いものであり、したがってその職務または業務の停廃が国民生活全体の利益を害し、国民生活に重大な障害をもたらすおそれのあるものについて、これを避けるために必要やむを得ない場合について考慮されるべきである。(3)労働基本権の制限違反に伴う法律効果、すなわち、違反者に対して課せられる不利益については、必要な限度をこえないように、十分に配慮がなされなければならない。とくに、勤労者の争議行為等に対して刑事制裁を科することは、必要やむを得ない場合に限られるべきであり、同盟罷業、怠業のような単純な不作為を刑罰の対象とするについては、特別に慎重でなければならない。(4)職務または業務の性質上からして、労働基本権を制限することがやむを得ない場合には、これに見合う代償措置が講ぜられなければならない。」(最高裁判所は、公労法17条1項それ自体は違憲とはいえないが、「公労法そのものとしては、争議行為禁止の違反について、刑事制裁はこれを科さない趣旨」だと解している。)

▷公務員の労働基本権と公共の福祉 ── 全農林警職法事件

最高裁昭和48年4月25日大法廷判決・刑集27巻4号547頁(国家公務員法違反被告事件)

【事実】　全農林労働組合の役員である被告人らは昭和33年10月警職法改正に反対する目的で職場集会の開催を決定し、各県本部に指示した。

第3部　人権保障

同11月5日農林省玄関前にピケがはられ、組合員約2500人が参加して、勤務時間内集会が開かれた。被告人には違法な争議のあおり行為をしたとして、国家公務員法110条1項17号により起訴された。第1審は無罪。第2審は有罪。被告人らが上告した。

【判旨】　（棄却）「憲法28条の労働基本権の保障は公務員に対しても及ぶ」が、この労働基本県は「労働者を含めた国民全体の共同利益の見地からする制約を免れない」。「公務員は、私企業の労働者と異なり、国民の信託に基づいて国政を担当する政府により任命されるものであるが、憲法15条の示すとおり、実質的には、その使用者は、国民全体であり、公務員の労務提供義務は国民全体に対して負うものである。」このような「公務員の地位の特殊性と職務の公共性にかんがみるときは、これを根拠として公務員の労働基本権に対し必要やむをえない限度の制限を加えることは、十分合理的な理由があるというべきである。けだし、公務員は、公共の利益のために勤務するものであり、公務の円滑な運営のためには、その相当する職務内用の別なく、それぞれの職場においてその職責を果すことが必要不可欠であって、公務員が争議行為に及ぶことは、その地位の特殊性および職務の公共性と相容れないばかりでなく、多かれ少なかれ公務の停廃をもたらし、その停廃は勤労者を含めた国民全体の共同利益に重大な影響を及ぼすか、またはその虞れがあるからである。」「公務員の給与をはじめ、その他の勤務条件は、私企業の場合のごとく労使間の自由な交渉に基づく合意によって定められるものではなく、原則として、国民の代表者により構成される国会の制定した法律、予算によって定められることとなっている。」したがって、「公務員が政府に対し争議行為を行なうことは、的はずれであって……、ひいては民主的に行なわれるべき公務員の勤務条件決定の手続過程を歪曲することともなって、憲法の基本原則である議会制民主主義（憲法41条、83条等参照）に背馳し、国会の議決権を侵す虞れすらなしとしないのである。」「その争議行為等が、勤労者をも含めた国民全体の共同利益の保障という見地から制約を受ける公務員に対しても、その生存権保障の趣旨から、法は、こ

れらの制約に見合う代償措置として身分、任免、服務、給与その他に関する勤務条件についての周到詳密な規定を設け、さらに中央人事行政機関として準司法機関的性格をもつ人事院を設けている。」「公務員の争議行為の禁止は、憲法に違反することはないのであるから、何人であっても、この禁止を侵す違法な争議行為をあおる等の行為をする者は、違法な争議行為に対する原動力を与える者として、単なる争議参加者にくらべて社会的責任が重いのであり、また争議行為の開始ないしはその遂行の原因を作るものであるから、かかるあおり等の行為者の責任を問い、かつ、違法な争議行為の防遏を図るため、その者に対しとくに処罰の必要性を認めて罰則を設けることは、十分に合理性があるものということができる。」

第1節　人権の一般原則とその問題性──人権の限界

　憲法第3章の人権規定については、きわめて多くの問題があるが、憲法解釈論として最も重要な問題の1つは、基本的人権と公共の福祉との関係である。すなわち、11条は、国民がすべての基本的人権を享有すること、この基本的人権は永久不可侵の権利であることを定めている（97条参照）。ここには、人権というものが、すべての人間に生まれながらの権利として神から与えられたものであり、法律をもってしても奪うことのできないものであるという本質が明らかにされている。その反面、12条は、この憲法が国民に保障する自由および権利について、まず、権利であるからといって漫然とその上に眠っているのではなく、不断の努力によってそれを保持しなければならないこと、ついで、これを濫用してはならないこと、さらにすすんで、「公共の福祉のため」に利用する責任のあることを定めている。さらに、13条においては、すべての国民が個人と

して尊重されると定め、個人の尊厳という近代社会の原理を確認するとともに、つづいて、「生命、自由及び幸福追求」の権利が、「公共の福祉に反しない限り」尊重されると定めている。

このことから、一体、基本的人権というものは絶対に制約（制限）できないものなのか、それとも基本的人権も法的権利であるから、12条および13条によって、公共の福祉のために制限を受け、法律による制約に服するのか、また制約できるとすれば、どの程度までできるのかという問題がでてくるわけである。さらに、12条、13条で、基本的人権に対する一般的制約という形で「公共の福祉」を規定していながら、他方、特に22条、29条で経済的自由権および財産権について、特別に個別的な制約の根拠として「公共の福祉」を明記しているが、この両者はどういう関係をもっているのかということも問題になる。

第2節　公共の福祉の意味——諸学説の概観と検討

これについては、3つの考え方に大別することができよう。

第1説（無条件的制限不可能説）——11条が、基本的人権は「侵すことのできない永久の権利」としている以上、① 基本的人権は、公共の福祉によって制約されない、② したがって、公共の福祉に反する場合でも、基本的人権を制約することは許されない。この説は、12条、13条を単にプログラム的規定（訓示的、道徳的規定——具体的に個人なり、国家機関なりを義務づけることなく、単に抽象的に立法の指針を指示するにとどまる規定）にすぎないとみるとともに、22条、29条で、特に「公共の福祉」を規定する場合に限り、例外的に、基本的人権は公共の福祉の枠内で保障されると考えるものである。

第2章　人権と公共の福祉

　第2説（無条件的制限可能説）——① 基本的人権は、公共の福祉の枠内で、すなわち、公共の福祉に反しないかぎりで、保障される、③ したがって、基本的人権の行使が公共の福祉に反する場合は、それは保障されない。この説は、13条の文言を根拠にして、第3章に規定する権利や自由を一般的に「公共の福祉」を理由に制限しうると解するものである。そして、この説によれば、22条と29条が特に「公共の福祉」という言葉を明記していることは特別の意味をもたず、それは重複にすぎないということになる。

　第1説、第2説とも、理論としては十分成立ちうるけれども、極端すぎて、具体的事件の解決に適用するにはあまり妥当な説とはいえない。そこで、現在の多数説は、両説の折衷として、多かれ少なかれ、一定の限度で、基本的人権の制約の可能性を認めている。第3説として、次に紹介するものがそれである。

　第3説（条件的制限可能説——内在的制約説）——この説は、第1説、第2説を次のように批判する。まず、第2説のように、一般的に公共の福祉によって人権の制約ができるということになると、一般に法令はなんらかの意味で公共の福祉のために制定され、また公共の福祉を目的とする要素を含むものであるから、憲法が「法律の留保」を認めずに人権を保障した意義が失われることになる（公共の福祉による制限＝法律の留保という方程式が成立することになる）。そして、政策上の便宜のために、公共の福祉の名の下に人権を制約することになるおそれが大きい。さらに、人権は私益であり、全体の利益（公益）は常にそれに優先するという思考方式（滅私奉公という考え方）に結びつく可能性が強い。これは、個人の尊厳を中核とする日本国憲法の趣旨にもとることになる。しかし、だからといって、第1説のいうように、基本的人権を絶対に制限できないとすれば、たとえば、わいせつ文書の販売を禁止することも一切できなく

第3部　人権保障

なるおそれがある。

　人権もまた社会に存在する以上、絶対無制限なものではありえない。基本的人権の大部分は社会的な性格をもち、その本質上、他人に関連する。たとえば、言論の自由は、もっぱら他人の存在を前提としてのみ意味がある（はなれ島で、ロビンソン・クルーソーがひとり言を言ったからとて、言論の自由の問題は生じない）。他人に関連する以上は、必然的に他人の基本的人権との衝突の可能性が生ずる（言論の自由→名誉毀損）。その場合、各人間の平等が認められ、各人の基本的人権が平等に尊重されなくてはならないとすれば、そこには、各人の基本的人権相互の衝突の可能性を調整するための原理が必要になる。この原理がまさに「公共の福祉」である（比喩的に言えば、交通調整の原理であると言ってよい）。基本的人権は、この調整原理としての「公共の福祉」によって初めて制約されるのであって、それはそもそも人権に本質的に内在する制約なのである。公共の福祉による制約は、このように、人権内在的制約として把握されるべきであって、第2説のように、「公共の福祉」を基本的人権一般に対して優先的価値を認められる外在的制約原理として把握するのは正当ではない。これが第3説の考え方である。なお、第3説の立場では、22条、29条が特に「公共の福祉」という言葉を用いているのは、これらの自由が特に他の自由や権利と衝突する可能性が強く、「公共の福祉」と最も大きなかかわりを有し、その見地から規制する必要が特に大きいからだということになる（例えば、伝染病予防法は居住移転の自由を制限するものであるが、それは公衆の健康を守るという「公共の福祉」によって正当化される）。

　第3説は、「公共の福祉」の意味を、人権と対立する全体的利益としてではなく、個人主義の理念と両立しうるものとして把握するものである。結局それは、現代社会の要請に基づきながら、個人の

第 2 章　人権と公共の福祉

人権の矛盾や衝突を調整し、全体として各人に平等で豊かな人権を享受させる原理であるとするのである。現代のように社会が複雑多様化すると、人権の内容もそれにつれて拡大し多様になってゆく（例えば、13 条の幸福追求権には、プライバシー（privacy）の権利や環境権などが含まれると解されるようになっている）。これは、すなわち、各人の人権の衝突の可能性がますます増大することを意味するから、国家の調整的役割が強く要求されてくる。したがって、人権はこの意味での「公共の福祉」によって制約ないし調整される必然性を現代社会で持っているといえるのである。

　もっとも、このように、個人の尊厳に立脚して「公共の福祉」を調整原理と解しても、なお、それは多義的な内容を含み、あいまいな観念であることを免れない。したがって、「公共の福祉」という制約概念がなお濫用されるおそれを残す余地がある。そこで、具体的事件の処理にあたって、それぞれの人権の具体的な制約が憲法に違反するか否かを判断する際には、つまり、どのような場合に、どういう条件下で「公共の福祉」による制限が可能なのか、あるいは当該具体的な人権の制限が憲法違反になるのかならないのか、を判断する際には、次のような論理操作ないしは作業が必要になる。すなわち、一方で、① 制約を受ける権利や自由が現代社会において持っている価値を評価判定し、他方で、② 制約の目的やその手段からみて、その権利や自由を制約することによってどのような社会的利益が実現されるかを測定し、③ この両者を比較衡量（利益衡量、価値衡量）して結論をだすのである。つまり、特定の権利や自由を制限することによって得られる利益または価値と制限しない場合に維持される利益または価値とを比較して、前者の価値が高いと判断される場合に、前者の利益を「公共の福祉」を名目に、それによる基本的人権の制限が可能であるとするのである。そして、それぞれ

の人権について、この比較衡量を行なう場合の基準は、違憲審査制の下で裁判所の判例の累積を通して明確にしてゆくことが期待される。このような考え方をする学説が比較衡量説と呼ばれるものである。

以上に論述したことを簡潔にまとめると、次のようになる。すなわち、基本的人権は絶対無制限なものではなく、公共の福祉によって制限される可能性を内在的にもっているが、だからといって、例えば、労働基本権は公共の福祉によって制限できる、というように、公共の福祉を理由に一般的にあるいは一律に人権が制約できると解することは正しくない。具体的に、ケース・バイ・ケースに、相対立する各人の権利や利益を慎重に比較衡量することによって、調整原理としての公共の福祉による制約が可能かどうかを判断すべきである。

第3節　公務員の労働基本権の制限と公共の福祉

ところで、この問題について、判例はどのような立場を採るものであろうか、公務員の労働基本権に関する判例についてみてみよう。

憲法28条は勤労者の労働基本権を保障するが、実定法上、公務員については、団結権、団体交渉権、団体行動権（争議権）という「労働3権」の制約がきびしく、警察、消防などの職員は3権すべてが、非現業公務員は団体交渉権と争議権が、現業公務員は争議権が否定されている（国家公務員法98条等）。これらの制限について、判例は戦後ほぼ一貫して、公務員が全体の奉仕者（15条参照）であることを理由に、公共の福祉による制限であって合憲であるとしてきた（最大判昭和28・4・8参照）。しかし、公務員も憲法28条にいう勤労者にほかならない以上、労働基本権は公務員にも原則とし

て保障されるべきであって、全体の奉仕者性を根拠にそれをすべて否定することは許されないというべきである。はたして、昭和41年に至り、この問題について、比較衡量説に立って内在的制約説を採る判例が出現した。全逓中郵事件（前掲最判昭和41・10・26参照）がそれである。

公労法（現在の国営企業等労働関係法）17条（スト禁止規定）の合憲性が問題になったこの事件で、最高裁判所は次のように判示した。①「労働基本権は、……公務員も、憲法28条にいう勤労者にほかならない以上、原則的には、その保障を受けるべきものと解される。公務員は全体の奉仕者であって、一部の奉仕者ではない、とする憲法15条を根拠として、公務員に対して……労働基本権をすべて否定するようなことは許されない。」ただ、②労働基本権といえども「絶対的なものではなく、国民生活全体の利益の保障という見地からの制約を当然の内在的制約として内包する」。しかしながら、③「労働基本権の制限は、労働基本権を尊重確保する必要と国民生活全体の利益を維持増進する必要とを比較衡量として、両者が適正な均衡を保つことを目途として決定すべきであるが、……④その制限は、合理性の認められる必要最少限度のものにとどめなければならない。」

ところが、その後に出た、全農林警職法事件（前掲最判昭和48・4・25参照）における判決で最高裁判所は、「公務員の地位の特殊性と職務の公共性」を根拠に、公務員の労働基本権は、「国民全体の共同利益の見地からする制約を免れない」と判示した。この判決においては、「国民全体の共同利益」という公共の福祉を、労働基本権に対する内在的制約原理ないしは調整原理としてではなく、基本権一般に対して優先的価値を認める外在的制約原理として用いている。この判決は全体の奉仕者論に逆戻りしたものと評せざるをえ

ない。その後も、昭和52年の全逓名古屋中郵事件（最大判昭和52・5・4刑集31巻3号182頁）で、最高裁判所は全農林事件でとった立場を再確認し、これによって、少なくとも、労働公安事件については、「公共の福祉」のため人権を制約してもやむをえないとする最高裁判決の基本線が定着したといわざるをえず、人権保障の意義が骨ぬきにされるおそれがある。

　公務員が全体の奉仕者であることはいうまでもない（憲法15条2項）。しかし、そのことから直ちに、「公共の福祉」を理由に公務員の労働基本権を制限してよいというような短絡的な思考方式はでてこない。公務員もまた、国民としての生存権を保障される。そして、労働力を提供し、その対価として賃金を受取る者である以上、憲法28条にいう勤労者に違いないのであるから、勤労者として労働基本権を保障されるべきであるのは当然である。公務員が全体の奉仕者たる性格から課せられる義務や権利の制約は、その職務の性質、種類によって、個別的、具体的に決せられるべきであって、「公共の福祉」を理由に、一般的、抽象的に制約することは違憲というべきである。具体的に、勤労者としての公務員の権利と一般国民の人権とをどのように調和させるかを判断して、制約の合憲性をきめるべきである。少なくとも、全逓中郵事件判決で示されるように、公務員の労働基本権を真正面から認めた上で、「公共の福祉」を調整原理、内在的制約原理として把握し、比較衡量説の立場から、必要最少限度の制約の可能性を考えるのが正しい態度であろう。

第3章　法の下の平等原則

▷ **尊属殺重罰規定と平等原則 —— 尊属殺人被告事件**

最高裁昭和48年4月4日大法廷判決・刑集27巻3号265頁（尊属殺人被告事件）

　【事実】　被告人は、14歳（中学2年）のときに実父に姦淫され、以後、脅迫されて10余年間、父親と夫婦同様な生活を続けて、その間に5人の子までなした。29歳の時、勤め先の同僚である青年と正常な婚姻をする機会にめぐりあったが、これを知った父親から虐待されたので、懊悩煩悶の末、不倫の生活から脱して健全な婚姻ができるようになるためには、父親を殺害するより仕方がないと思い、いわれない父親の暴言に触発されて、心神耗弱状態で、とっさに父親を絞殺した上、自首した。第一審判決は刑法200条を違憲として、199条の殺人罪について判断し、過剰防衛を理由に刑を免除した。控訴審判決は第一審を破棄して200条を合憲とし、過剰防衛も否認して、心神耗弱による減軽および酌量減軽により最低限の懲役3年6月を宣告した。これに対し被告人は、刑法200条の平等原則違反を理由に上告した。

　【判旨】　（破棄自判）「憲法14条1項は、国民に対し法の下の平等を保障した規定であって、同項後段列挙の事項は例示的なものであること、およびこの平等の要請は、事柄の性質に即応した合理的な根拠に基づくものでないかぎり、差別的な取扱いをすることを禁止する趣旨と解すべきことは、当裁判所大法廷判決（昭和39年5月27日）の示すとおりである。」「刑法200条は、自己または配偶者の直系尊属を殺した者は死刑または無期懲役に処する旨を規定しており、……刑法199条のほかに同法200条をおくことは、憲法14条1項の意味における差別的取扱いにあたる。」「そこで、刑法200条が憲法の右条項に違反するかどうかが問題となるのであるが、それは……差別的取扱いが合理的な根拠に基づくも

のであるかどうかによって決せられる。」「当裁判所は、昭和25年10月以来、刑法200条が憲法13条、14条1項、24条2項等に違反するという主張に対し、その然らざる旨の判断を示している。もっとも、最初に刑法200条が憲法14条に違反しないと判示した大法廷判決（昭和25年10月25日・刑集4巻10号2126頁）も、法定刑が厳に過ぎる憾みがないではない旨を括弧書において判示していたほか、情状時に憫諒すべきものがあったと推測される事案において、合憲性に触れることなく別の理由で同条の適用を排除した事例も存しないわけではない。」ところで、「刑法200条の立法目的は、尊属を卑属またはその配偶者が殺害することをもって一般に高度の社会的道義的非難に値するものとし、かかる所為を通常の殺人の場合より厳重に処罰し、もって特に強くこれを禁圧しようとするにある。」「尊属に対する尊重報恩は、社会生活上の基本的道義というべく、このような自然的情愛ないし普遍的倫理の維持は刑法上の保護に値するものといわなければならない。しかるに、自己または配偶者の直系尊属を殺害するがごとき行為はかかる結合の破壊であって、それ自体人倫の大本に反し、かかる行為をあえてした者の背倫理性は特に重い非難に値するということができる。」「尊属の殺害は通常の殺人に比して一般に高度の社会的道義的非難を受けて然るべきであるとして、このことをその処罰に反映させても、あながち不合理であるとはいえない。」「被害者が尊属であることを……量刑上重視することは許される……、さらに進んでこのことを類型化し、法律上、刑の加重要件とする規定を設けて、……合理的な根拠を欠くものと断ずることはできず、憲法14条1項に違反するということもできない。」「しかしながら、刑罰加重の程度いかんによっては、かかる差別の合理性を否定すべき場合がないとはいえない。すなわち、加重の程度が極端であって、前示のごとき立法目的達成の手段として甚だしく均衡を失し、これを正当化しうべき根拠を見出しえないときは、その差別は著しく不合理なものといわなければならず、かかる規定は憲法14条1項に違反して無効であるとしなければならない。」「刑法200条をみるに、……刑種選択の範囲が極めて重

い刑に限られている……。現行法上許される 2 回の減軽を加えても、……処断刑の下限は懲役 3 年 6 月を下ることがなく、その結果として、いかに酌量すべき情状があろうとも法律上刑の執行を猶予することはできない。」「量刑の実状をみても、尊属殺の罪のみにより法定刑を科せられる事例はほとんどなく、……2 回の減軽を加えられる例が少なくないのみか、その処断刑の下限である懲役 3 年 6 月の刑の宣告される場合も決して稀ではない。このことは、卑属の背倫理性が必ずしも常に大であるとはいえないことを示すとともに、尊属殺の法定刑が極端に重きに失していることをも窺わせるものである。」「尊属殺の法定刑は、それが死刑または無期懲役刑に限られている点（現行刑法上、これは外患誘致罪を除いて最も重いものである。）においてあまりにも厳しいものというべく、……合理的根拠に基づく差別的取扱いとして正当化することはとうていできない。」「刑法 200 条は、……その立法目的達成のため必要な限度を遥かに超え、普通殺に関する刑法 199 条の法定刑に比し著しく不合理な差別的取扱いをするものと認められ、憲法 14 条 1 項に違反して無効であるとしなければならず、したがって、尊属殺にも刑法 199 条を適用するのほかはない。この見解に反する当審従来の判例はこれを変更する。」

【意見】 田中(二郎)、小川、坂本裁判官：「尊属殺人に関する規定を設け、……差別的取扱いを認めること自体が、……憲法 14 条 1 項に違反する。」「特別の規定を設けることは、一種の身分性道徳の見地に立つものというべきであり、旧家族制度的倫理観に立脚するものであって、個人の尊厳と人格の平等を基本的な立脚点とする民主主義の理念と抵触する。」下村裁判官：「尊属殺人に対する処罰規定を存置し、その刑を加重することは、合理的根拠を失なう。」色川裁判官：「古い家族制度と結びついたままの道徳を……温存しようとする法律は、憲法によって否定されなければならない。」大隅裁判官：「夫婦相互間ならびに親子等の直系親族相互間の殺害行為……につき近親殺というべき特別の罪を設け、……刑を加重することは、……合理的な範囲を超えない限り、……憲法

の条項に反するものではない……それは法律政策の問題である。」

【反対意見】 下田裁判官：「法定刑をいかに定めるかは……立法政策の当否の問題で……憲法上の問題……ではない。尊属に対する敬愛……を重視すべきものとし、……刑法200条程度の法定刑を規定することは……不合理……とは考えられない。」「実定法規を尊重することこそ、……三権分立の趣旨にそうものというべく、裁判所がたやすくかかる事項に立ち入ることは、司法の謙抑の原則にもとる。」

第1節　総説——平等原則の意味

1. 序　説

フランス革命のスローガンは、「自由・平等・博愛」であった。人権宣言（1789年）1条は「人は出生および生存において、自由であり、且つ権利において　平等である」といい、6条は「すべての市民は法律の前に平等である」と規定している。また、アメリカ独立宣言（1776年）は、「われらは次の如き原理を自明のことと信ずる。すなわち、すべて人は平等に造られ、各々造物主によって、一定不可譲の権利を賦与せられ、これらの権利の中には、生命、自由および幸福追求の含まれることを信ずる」と宣言している。

人間平等の理念は、個人の尊厳の原理（日本国憲法13条）の当然のあらわれであるが、近代的な諸要因、特に人間生来の平等を主張する近代的自然法思想、神の前における全ての人間の平等を説く近代的宗教思想、平等価値の実現を目標とする近代民主主義などを背景にして、法の下の平等は近代憲法にうけ入れられている。それは、近代憲法の不可欠の部分といってよい。

明治憲法も平等権を無視しておらず、公務に就任する資格の平等を明示していた（19条）。しかし、そこでは平等原則は必ずしも十

分に実現されず、華族の特権、男女の不平等がめだった。

　日本国憲法は、第14条において、法の下の平等の一般原則として、「すべて国民は、法の下に平等であって、人種、信条、性別、社会的身分又は門地により、政治的、経済的又は社会的関係において、差別されない。」と規定して、一切の差別的取扱いを禁じ、また華族その他の貴族制度を廃止し、さらに栄誉・勲章等の栄典の授与に特権が伴わないことと、栄典が一代限りであることを定め（同条2項、3項）、徹底した平等を求めている。平等の原則は第14条の一般原則の他に、平等の普通選挙権（15条3項）、婚姻および家族生活における両性の平等（24条）、教育の機会均等（26条1項）、議員及び選挙資格の平等（44条）等の具体的規定に発現されている。

　ただ、近代憲法における平等権の保障は、法的取扱において差別しないという、いわば形式的な面におけるものであり、現代社会における貧富の差にもとづく実質上の不平等の是正という社会国家の理念を含むものでないことを注意すべきである。現実の平等の実現は、生存権その他の社会権を国が積極的に確保する措置をとることによって行なわれる。

2. 「法の下に平等」の意味

　ここにいう「法」とは国会の議決によって成立する形式的意味の法律に限られず、すべての実質的意味の法を意味する。すなわち、政令、条例などの成文法のみならず、判例法、習慣法も含まれる。

　次に、「法の下に平等」とは、法の「適用上の平等」、すなわち、行政権、司法権が法律を執行、適用する際に拘束される原則にすぎない、と狭く解する説がある。「法の下に」という文字から推して、すでに定立されている法を前提として、それらの法を適用するにあたってその対象たる人を差別してはならいという意味に解するので

ある。しかしながら、そもそも、内容の不平等な法の存在を前提とし、その適用、執行の平等だけを問題とするのでは、平等原則条項の存在はほとんど無意味になってしまう。けだし、初めから不平等な内容の法をいかに平等に適用、執行しても、結果において不平等な取扱いをすることになるからである。例えば、女子に選挙権を拒否する法律についていえば、そういう法律が制定されること自体がまさしく平等に反するのであって、その不平等な法律の平等な適用を要請するだけでは、参政権における男女平等は実現されない。したがって、「法の下に平等」とは、法を不平等に適用することを禁ずるだけではなく、さらに不平等な取扱いを内容とする法の定立を禁ずる趣旨と解すべきである。すなわち、平等原則は、「法の定立における平等」、法の定立にあたっての、その法の「内容そのものの平等」を要求するものであって、立法権をも拘束する意味に解すべきなのである。

第2節　不合理な差別の類型

　憲法第14条は、法の下の平等の内容として、人種、信条、性別、社会的身分、門地により差別してはならないとして、5つの差別の類型をあげている。
　①　「人種」とは、人間の人類学的な種類をいう。アメリカでは黒人に対する人種差別が問題にされるが、現在、日本の統治に服する異人種の国民は少なく、問題は他国に比べて少ない。それでも、例えば、アイヌ人その他の異人種であって帰化などによりわが国籍を取得した者については問題は生じよう。これらの者に対して、その人種が異なるという理由に基づいて、例えば、旧国籍法で定められていたように、国務大臣、国会議員などになることができないと

第3章　法の下の平等原則

いうような差別を設けてはならない。なお、国籍による差別とは違うから、外国人であることを理由とする差別は含まれないが、原則として外国人を差別しないことが憲法の趣旨に合致する。判例では、密入国者に対する旧外国人登録令が憲法第14条に違反するか否かが争われた事案につき、最高裁判所は、「人種の如何を問わず、わが国に入国する外国人のすべてに対し、取扱上必要な手続を定めた」同令は「何等人種的に差別待遇をする趣旨に出てたものでない」としている（最大判昭和30・12・14刑集9巻13号2756頁）。

② 「信条」とは本来宗教上の信仰を意味するが、第14条においては、さらにこれより広く、人生観、世界観、政治観その他思想上、政治上の信念もしくは主義を含む。したがって、特定の信条、思想を有することを理由に公務員に採用しないことは憲法違反となる（国家公務員法27条参照）。ただし、信条による差別が、私人間の法律関係においてなされても、直接憲法違反となるわけではない。したがって、私企業が特定の思想、信条を有する者を、そのゆえをもって、やとい入れることを拒んでも、それを当然に第14条に違反するとすることはできない（三菱樹脂事件——前掲最判昭48・12・12参照）。

③ 「性別」とは男女の別をいう。旧憲法下におけるように、男子にのみ選挙権・被選挙権を与え、妻を無能力者として私法上の能力を制限し、妻についてのみ姦通を罰することは、性別による差別として許されない。したがって、憲法44条では選挙権・被選挙権につき、さらに第24条では家庭生活において、両性の差別を禁じている。しかし、現代においても、女子結婚退職制や女子若年定年協定にもとづいて女子従業員を解雇するのは男女を不当に差別するものであって、憲法14条、民法90条に違反するとする判例が少なくない。さらに国立女子大学（お茶の水女子大、奈良女子大等）の存

171

在が問題になる。また逆に、男子だけのための国立大学（商船大学等）も問題になる。私立学校があるいは男子だけを拒否し、あるいは女子だけを拒否することは、教育の自由の範囲に属することであるが、国立学校が入学に際して性別によって差別することは憲法の精神に反するものではないかということが一応問題になりうる。しかし、学校の教育内容と男女の肉体的条件の相違との関係に着目すれば（商船大学の場合）、また、その差別の範囲がきわめて小さく、しかもそれによって、男女の一方が他方にくらべて不当に教育の機会を拒否されるという結果にならないかぎり（お茶の水女子大の場合──東大その他殆んどの国立大学は男女共学）、そうした差別はあえて憲法違反と見るべきではあるまい。また、現代、実定法上の差別として、女子の再婚禁止期間の定め（民法733条）、産前産後休業、生理休暇、育児時間等の特別扱い（労働基準法第6章の2）等があるが、これらは男女の肉体的条件の相違に基づくもので平等原則に反するものではない。男女の肉体的条件による差別について、判例は一貫してこの差別を合理的な根拠にもとづくものであって憲法違反ではないとしている。

④　「社会的身分」の意味は必ずしも明瞭ではない。広義の解釈としては、一般に人が社会生活において占める地位あるいは身分を指す。これに反し、狭義の解釈としては、人の意思にかかわりなく決定される、すなわち自ら選択の余地がない、出生（うまれ）にもとづいて先天的に決定される社会的地位あるいは身分を指す。帰化人、部落出身者、従来の華族、士族、平民の身分などが狭義の社会的身分の例であり、広義においては、それよりも広く、破産者、前科者、賭博常習者などの他、使用者・労働者、農民、公務員などの職業に基づく地位、ある地域の住民なども含まれると解される。なお、夫婦・親子・兄弟などは、社会的身分というよりは親族的、す

第3章　法の下の平等原則

なわち、性的および血縁的つながりから生ずる自然の関係であるから、ここにいう社会的身分ではない（尊属殺に関する判例――最大判昭和25・10・11前掲最大判昭和48・4・4参照。）

⑤　「門地」とは、狭義の社会的身分のうち、さらに家族的起源に着眼した家柄を意味し、華族、士族、平民などがその例である。特に従来の華族制度が問題となる。これは「うまれ」にもとづく特権階級であり、きわめて反民主的な制度であるから、華族その他の貴族の制度を認めることは、明らかに14条の平等原則に違反する。14条2項が「華族その他の貴族の制度は、これを認めない」と明言したゆえんである。

第3節　平等原則に関する判例分析

平等原則はすべての人権に関係してくるから、第14条に違反するとして争われた事件は数多くある。最近では、議員定数の不均衡を平等原則に違反すると判断した最高裁判決（前掲最大判昭和51・4・14）がとりわけ重要であるが、ここでは、従来から平等原則をめぐる最大の問題の1つであり、刑法の実定法規を、違憲法令審査権を行使して初めて明白に違憲と断じた点でも注目すべき画期的な判決である尊属殺重罰規定（刑法旧200条）違憲判決[1]を紹介しておこう。

刑法旧200条および旧205条2項では、直系尊属に対する殺人・傷害致死などが一般の場合に比して重く罰せられていたが、これらの規定の合憲制について、当初、最高裁は、父親から盗みの疑いをかけられた息子が、父親と争い、父親から投げつけられた鉄びんを投げ返したところ、それが父親にあたって頭蓋骨を骨折し、内出血のために死亡するに致らしめ、刑法旧205条2項により起訴された尊

属傷害致死事件において、次のように判示して、違憲の主張をしりぞけた（最大判昭和25・10・11刑集4巻10号2037頁）。憲法14条1項は、「人格の価値がすべての人間について平等であるという大原則を示したものである」が、「このことは、法が国民の基本的平等の原則の範囲内において」「道徳、正義、合目的制等の要請より適当な具体的規定をすることを妨げるものではない。」刑法の尊属傷害致死刑罰加重規定は、「法が子の親に対する道徳的義務をとくに重要視したものであり、これ道徳の要請にもとづく」ものであって、「夫婦、親子、兄弟等の関係を支配する道徳は、人倫の大本、古今東西を問わず承認せられているところの人類普遍の道徳原理、すなわち学説上所謂自然法に属する。」すなわち、この判決は、尊属親に対する傷害致死等を重く罰する規定の合憲性を、子の親に対する道徳義務という人類普遍の倫理によって根拠づけ、それは合理的な差別であって平等原則に反しないとしたものであり、それ以来、この問題に関するリーディング・ケースとなっていたのである。

　しかるに、それから20余年を経た昭和48年に至り、昭和25年判決を覆して、刑法旧200条を違憲であるとした判決がだされたわけである。前掲最大判例昭和48・4・4がそれである。判旨は次のようにいう。

　「憲法14条1項は、国民に対し法の下の平等を保障した規定であって、同項後段列挙の事項は例示的なものであること、およびこの平等の要請は、事柄の性質に即応した合理的な根拠に基づくものでないかぎり、差別的な取扱いをすることを禁止する趣旨と解すべきことは、当裁判所大法廷判決（裁大判昭和39・5・27民集18巻4号676頁）の示すとおりである。」「刑法200条は、自己または配偶者の直系尊属を殺した者は死刑または無期懲役に処する旨規定しており、……刑法199条のほかに同法200条をおくことは、憲法14条

1項の意味における差別的取扱いにあたる。」「そこで刑法200条が憲法の右条項に違反するかどうかが問題となる……が、それは……差別的取扱いが合理的な根拠に基づくものであるかどうかによって決せられる」。ところで、「刑法200条の立法目的は、尊属を卑属をまたはその配偶者が殺害することをもって一般に高度の社会的道義的非難に値するものとし、かかる所為を通常の殺人の場合より厳重に処罰し、もって特にこれを禁圧しようとするにある。」「尊属に対する尊重報恩は、社会生活上の基本的道義というべく、このような自然的情愛ないし普遍的倫理の維持は、刑法上の保護に値するものといわなければならない。しかるに、自己または配偶者の直系尊属を殺害するがごとき行為はかかる結合の破壊であって、それ自体人倫の大本に反し、かかる行為をあえてした者の背倫理性は特に重い非難に値するということができる。」したがって、「尊属の殺害は通常の殺人に比して一般に高度の社会的道義的非難を受けて然るべきであるとして、このことをその処罰に反映させても、あながち不合理であるとはいえない」。そして、被害者が尊属であることを量刑上重視することは許されるのみならず、「さらに進んでこのことを類型化し、法律上、刑の加重要件とする規定を設けても、……合理的な根拠を欠くものと断ずることはできず」、そのかぎりでは、……憲法14条1項に違反するということもできない。「しかしながら、刑罰加重の程度いかんによっては、かかる差別の合理性を否定すべき場合がないとは言えない。……加重の程度が極端であって、……立法目的達成の手段として甚だしく均衡を失し、これを正当化しうべき根拠を見出しえないときは、その差別は著しく不合理なものといわなければならず、かかる規定は憲法14条1項に違反して無効であるとしなければならない。」刑法200条をみるに、「尊属殺の法定刑は、それが死刑または無期懲役刑に限られている点（現行

刑法上、これは外患誘致罪を除いて最も重いものである。）においてあまりにも厳しいものというべく、……合理的根拠に基づく差別的取扱いとして正当化することはとうていできない。」すなわち、「刑法200条は、……その立法目的達成のため必要な限度を遥かに超え、普通殺に関する刑法199条の法定刑に比し著しく不合理な差別取扱いをするものと認められ、憲法14条1項に違反して無効であるとしなければならず、したがって、尊属殺にも刑法199条を適用するのほかはない」。このように述べて、この判決は昭和25年判決を変更したのである。

　この最高裁判決について注意すべき点は、刑法旧200条の法定刑が死刑と無期懲役に限られていることが極端に重きに失し、その合理的根拠がないから、違憲であるとしているのであって、尊属殺を初めとして、一般に尊属に対する罪について刑を加重すること自体は憲法14条の法の下の平等原則に反するものではないとしていることである。すなわち、尊属殺刑罰加重そのものは、尊属に対する尊重報恩が社会生活上の基本的道義であり普遍的倫理であるから、合理的根拠をもつという理由付けについては、基本的に前の昭和25年判決と異なるところはない。しかし、尊属に対する罪一般につき重く罰すること自体、すなわち尊属なるが故に普通人と刑法上差別すること自体が、個人の尊厳と平等を規定する憲法の理念に反しないかどうかが本質的な問題とされるべきなのである（前掲尊属殺事件における「意見」参照。）

第4節　不合理な差別の禁止

　以上に紹介したような各種の事例や判例について、その合憲性を考えるにあたっては、次の点に注意すべきである。

第 3 章　法の下の平等原則

　法の下の平等の原則とは、文字とおりの意味において、あらゆる差別を禁ずる絶対的平等を意味するものではなく、人間の個人的特性にもとづく差異が現実に存在することを考慮した上での相対的平等を意味する。最高裁判所も、憲法の要請する平等を相対的平等と解し、憲法 14 条 1 項は、「国民に対し絶対的な平等を保障したものではなく、差別すべき合理的理由なくして差別することを禁止している趣旨と解すべきであるから、事柄の性質に即応して合理的と認められる差別的取扱をすることは」、なんら否定するところではないと判示している（前出最大判昭和 39・5・27）。

　このように、第 14 条の法の下の平等が相対的平等を意味し、それは、不合理な理由による差別は許されないとするものであって、合理的理由による差別は禁ずるものではない。そこで、差別の合理性の有無が重要な意味をもつが、その判断基準としては、人間性を尊重するという個人主義的・民主主義的理念があげられる。それに照らしてみて、不合理と考えられる理由による差別が許されないということになる。判例は、ある種の差別を法の下の平等に反しないと判断するとき、しばしばその差別は、「合理的」だとか、「一般社会観念上合理的根拠にもとづく」とかいって、それを理由づけている。しかし、ただ漫然と、不合理な差別はいけないが、合理的差別は許されるといってみても、その基準があいまいであるし、また憲法の狙いに反する差別が合理的とされる可能性がでてくる。そこで、合理的な差別と不合理な差別とを判別する前述したような基準が必要になるわけである。すなわち、ここでいう合理的差別とは、民主主義の理念からみて合理的な差別という意味に解すべきである。つまり、ここでいう合理性とは民主主義的合理性、すなわち、民主主義の本質からいって、人間性の尊重ないし個人の尊厳に適合することを意味するのである。したがって、民主主義の理念に照らして合

177

理的な差別は許されるが、不合理な差別は許されないということになる。

　民主主義的合理性に照らしてみると、不合理な理由による差別の最たるものは、先天的な条件つまり「うまれ」にもとづく差別である。先天的にきまっている条件を理由として差別すれば、人は自分がその努力によってどうすることもできない理由によって特に不利益を受けることになる。これほど個人の尊厳原理を中核とする民主主義の理念に反するものはない。憲法が、人種、性別、社会的身分、門地による差別を禁じ、華族その他の貴族の制度を否認するゆえんである。また、民主主義は宗教や思想につき相対主義世界観を基礎としている。したがって、信条すなわち宗教的信仰または世界観・人生観を理由にして差別することも、民主主義の理念に照らして不合理な差別とみるべきことになる。しかし、第14条が列挙している差別の事由は、民主主義の理念に照らして不合理と考えられる差別の事由の代表的なものを例示的に列挙したものにすぎず、それだけに限定する意図をもつものではない。それ以外でも、民主主義的合理性に反する理由にもとづく差別は許されないのである。

　その際、重要なことは、単に自由国家的立場からだけでなく、社会国家的立場にたって、民主主義的合理性の内容を決める必要があるということである。社会国家の狙いが人間を実質的に尊重することである以上、そこで要請される平等も、単なる形式的平等ではなくて、社会国家の理念に即した実質的平等でなくてはならない。そこで援用される民主主義的合理性も、そういう角度から理解されねばならない。たとえば、両性の肉体的な能力の相違に基づいて労働条件について女子を特に優遇すること（労働基準法第6章の2）は、実質的平等の見地からみて、民主主義的合理性にもとづく正当な差別といえるのである。

以上のように、合理的差別の基準を民主主義的合理性に求めてみても、それはやはりどうしても抽象性は免れない。それは、判例の集積の中から帰納的に形成される具体的基準によって補完されなければならない。

以上のような観点から、刑法旧200条尊属殺重罰規定の合憲性をみた場合、子の親に対する道徳的義務を刑罰によって強制することは、民主主義的合理性に反するおそれが強い。したがって、単に刑の不均衡の問題にとどまらず、尊属殺を加重処罰する規定をおくこと自体、すなわち、尊属なるが故に普通人と刑法上差別すること自体が、個人の尊厳と平等を規定する憲法の理念に反すると解するのが正しい態度であろう。また、議員定数不均衡問題についてみれば、選挙制度が民主政治の基盤であり、選挙権は民主国家の国民にとって不可欠の権利である以上、投票価値の不平等は、まさに、民主主義の理念に照らして不合理な差別と解すべきである。

注
(1) この違憲判決が出て以来、刑法200条、同205条2項等、尊属に対する罪を重く罰する一連の規定は全て廃止され、刑法典より削除された。

第4章　精神的自由に関する基本権

第1節　総　　説

　自由権すなわち「国家からの自由」は、人権宣言の中核を占める古典的人権であり、自然法に基礎をおく重要な人権である。もっとも、自由権の中でも経済的自由権（22条、29条）はそのまま放置すれば社会的不公正・不平等を生む弊害があるので、それは社会権として「国家への自由」、すなわち国家の積極的行為を要求する人権に変質しつつあるが、精神的自由権は、現代でもなお、原則として国家権力からの干渉を受けない典型的・根源的な自由権としての性質を失っていない（公共の福祉による制約は経済的自由権については可能だが、精神的自由権については及ばないという議論も、このかぎりでは一応正しい議論といえる）。人間の精神活動の自由は、人間たるの本質にもとづくものであり、人間としての存在の基礎条件をなすものであって、民主主義の前提であるとともに、民主主義の支柱である。それゆえ、日本国憲法は、精神の自由に関し、思想・良心の自由（19条）、信教の自由（20条）、学問の自由（23条）をそれぞれ別個に保障し、さらに、これらの精神活動を外に発表する自由、すなわち、表現の自由（21条）をも強く保障している。精神の自由は表現の自由を伴わなければ、その意味が失われてしまうからである。

第3部　人権保障

第2節　思想・良心の自由

▷ 良心の自由 —— 謝罪広告事件

最高裁昭和31年7月4日大法廷判決・民集10巻7号785頁（謝罪広告請求事件）

【事実】　衆議院総選挙において某党公認候補として立候補したYは、その選挙運動中にラジオ・新聞を通じて、別の候補者であるXが県副知事在職中にある発電所の機械購入に絡んで汚職を為した旨公表した。そこでXは、虚偽の事実の公表により名誉を毀損されたとして、名誉回復のための謝罪文の放送及び掲載を求める訴えを提起した。第一審の判決は、Xの請求を正当と認め、「……放送および記事は真実に相違して居り、貴下の名誉を傷け御迷惑をおかけいたしました。ここに陳謝の意を表します」という文面の「謝罪広告」をYの名で新聞紙上に掲載することを命じた。Yは、第二審で控訴を棄却されたのでさらに最高裁に上告し、かかる謝罪広告の強制は良心の自由を侵害するものであると主張した。

【判旨】　（棄却）「謝罪広告を命ずる判決にもその内容上、これを新聞紙に掲載することが謝罪者の意思決定に委ねるを相当とし、これを命ずる場合の執行も債務者の意思のみに係る不代替作為として民訴734条に基き間接強制によるを相当とするものもあるべく、時にはこれを強制することが債務者の人格を無視し著しくその名誉を毀損し意思決定の自由乃至良心の自由を不当に制限することとなり、いわゆる強制執行に適さない場合に該当することもありうるであろうけれど、単に事態の真相を告白し陳謝の意を表明するにとどまる程度のものにあっては、これが強制執行も代替作為として民訴733条（昭54改正前の規定）の手続によることを得るものと言わなければならない。そして原判決の是認したXの本訴請求は……Yをして右公表事実が虚偽且つ不当であったことを広報機関を通じて発表すべきことを求めるに帰する。されば少なくともこの種の謝罪広告を新聞紙に掲載すべきことを命ずる原判決は、Yに屈辱的

若しくは苦役的労苦を科し、又はYの有する倫理的な意思、良心の自由を侵害することを要求するものとは解せられない。」

　思想・良心の自由は精神的自由権の中でも、最も根本的な自由権である。明治憲法下においては、治安維持法の運用に見られるように、特定の思想を反国家的なものとして弾圧するという、内心の自由そのものが侵害される事例が少なくなかった。日本国憲法が、精神的自由権に関する諸規定の冒頭において、思想・良心の自由を特に保障した意義は、そこにある。

　憲法19条は「思想及び良心の自由は、これを侵してはならない。」と規定する。思想の自由も良心の自由も、いずれも内心の自由であって、良心の自由は内心の自由のうちで倫理的な色合いを持ち、思想の自由は其の色合いをもたないものを言うと一応の区別はできるが、両者を特に区別する必要がないとするのが通説・判例である。したがって、「思想及び良心」とは、世界観、人生観、主義、主張などの個人の人格的な内面的精神作用を広く含むものと解される。このように思想・良心の自由は、人間精神の自由に関する包括的な原則を定めたものであって、その具体的な発現が、学問の自由、信教の自由及び表現の自由である。すなわち、体系的な知識としての発現が学問の自由であり、宗教的な発現が信教の自由であり、内面的精神作用が外部に対する表現の域に達している場合には表現の自由の問題になる。

　このような思想・良心の自由を「侵してはならない」とは、国民がいかなる国家間、世界観、人生観を持とうとも、それが内心の領域にとどまる限りは絶対的に自由であり、国家権力は、内心の思想に基づいて不利益を課したり、あるいは、特定の思想を抱くことを禁止することができない、ということである。たとえは、民主主義

を否定する思想であっても、少なくとも内心の思想にとどまる限り処罰されない。

　思想・良心の自由が不可侵であることは、個人がいかなる思想を抱いているかについて、国家権力がその告白を強制することが許されないことを意味する。すなわち、思想についての沈黙の自由が保障される。したがって、例えば、江戸時代にキリスト教弾圧の手段として行われた踏絵のように無理やりに思想または良心を引き出すようなことは許されない。あるいは、天皇制の支持・不支持について強制的にアンケートを行うなど、個人の内心を推知しようとするようなことも認められない。

　思想・良心の自由は、行動を伴わない内心の自由であるから、この保障は絶対的なものであり、公共の福祉によって制限することも性質上許されない。しかし、他の人権と衝突する場合には、其の限度において、この人権間の調整を図ることは許される。例えば、前掲三菱樹脂事件において、憲法は思想・良心の自由を保障するとともに、財産権の行使、営業その他広く経済活動の自由などの人権を保障しているので、企業者が特定の思想、信条を有する者の雇い入れを拒否することは許されるとしている。

　思想・良心の自由の侵害が争われた事件に、本節冒頭に掲載した謝罪広告事件がある。最高裁判所は、謝罪広告を命ずる旨の判決が良心に反する行為を強制すると主張されたこの事件において、その合憲性を判示したが、学説には争いが見られる。すなわち、謝罪・陳謝と言う行為には、一定の倫理的な意味があることを重視して、謝罪広告の強制は違憲であると説く見解と、思想・良心とは世界観、人生観など個人の人格形成に必要な、もしくはそれに関連のある内面的な精神作用であり、謝罪の意思表示の基礎にある道徳的な反省とか誠実さというような事物の是非、善悪の判断などは含まないと

解し、謝罪の強制は思想・良心の自由を必ずしも侵害するものではないとする見解が対立している。日本では古来、謝罪広告を判決で強制することが許される場合もあるとされ、それは人格形成とは直接かかわりはないと一般に考えられてきているのも事実である。もっとも、違憲と解されない場合があるとしても、「陳謝します」ということまで要求するのが妥当であるか否かには問題が残ろう。

第3節　信教の自由

▷信教の自由 ── 津地鎮祭事件控訴審
名古屋高裁昭和46年5月14日判決・行裁例集22巻5号680頁（行政処分取消等請求事件）

【事実】　三重県津市は、昭和40年1月、市体育館の起工にあたり、宗教法人大市神社宮司を斎主として神社神道固有の儀式にのっとった起工式（地鎮祭）を挙行し、それに要する費用として市の公金を支出した。当時市議会議員としてこの式に招かれた原告は、市のこのような行為は憲法20条、89条に違反するとして、地方自治法24条の2（住民訴訟）に基づき、市長は費用として支出した金額を市に対して賠償するよう請求した。第一審は、本件起工式の実態をみれば、宗教的活動ではなく、また「宗教的色彩は非常に稀薄であり、宗教的行事というより習俗的行事」と思われるとして、本件起工式の挙行および本件支出の違憲性を否定。原告はこれを不服とし控訴。

【判旨】　（一部認容、一部棄却）　(1)憲法でいう「宗教」とは「『超自然的、超人間的本質（すなわち絶対者、造物主、至高の存在等、なかんずく神、仏、霊等）の存在を確信し、畏敬崇拝する心情と行為』をいい、個人的宗教たると、集団的宗教たると、はたまた発生的に自然的宗教たると、創唱的宗教たるとを問わず、すべてこれを包含するものと解するを相当とする。」「たとえ神社神道が祭祀中心の宗教であって、自然宗教

的、民族宗教的特色があっても、神社の祭神（神霊）が個人の宗教的信仰の対象となる以上、宗教学上はもとよりわが国法上も宗教であることは明白である。」(2)「習俗」とは、「縦に世代的伝承性をもち、強い規範性ないし拘束性を帯びた協同体の伝統的意思表現すなわち生活様式ないしそれを支えている思想様式をいい、一般に普遍性を有する民間の日常生活一般をいう。」(3)「本件地鎮祭が宗教的行為か、習俗的行為であるかを区別する客観的な基準として、次の3点を挙げることができる。(イ)当該行為の主宰者が宗教家であるかどうか、(ロ)当該行為の順序作法（式次第）が宗教界で定められたものかどうか、(ハ)当該行為が一般に違和感なく受け容れられる程度に普遍性を有するものかどうか」である。「これを本件についてみるに、(イ)主宰者は……専門宗教家である神職……であって……(ロ)式次第は、明治40年（1907年）内務省告示により制定された神社神道固有の祭式に大体準拠し……(ハ)わずか数十年の伝統をもつに過ぎず、すべての国民が各人のもつ宗教的信仰にかかわらず、抵抗なく受け容れられるほど普遍性をもつものとはいえない……以上の諸点から考えれば、……本件地鎮祭は、宗教的行為というべきであって、未だ習俗的行事とはいえないものといわなければならない。」(4)「本件地鎮祭が違憲であるか合憲であるかを判断するにあたって」は、「政教分離原則の原点に立ち返って……考察しなければならない。政教分離原則の侵害の有無は、憲法20条2項の宗教の自由侵害の有無と異なり、個人に対する『強制』の要素の存在を必要としない。すなわち、国又は地方公共団体が行為主体になって特定の宗教的活動を行えば、一般市民に参加を強制しなくても、それだけで政教分離原則の侵害となるのである。」「さらに国又は地方公共団体のする特定の宗教活動が大部分の人の宗教的意識に合致し、これに伴う公金の支出が小額であっても、それは許容される筋合のものではない」「憲法20条3項……にいう『宗教的活動』の範囲は極めて広く、特定の宗教の布教、教化、宣伝を目的とする行為のほか、祈禱、礼拝、儀式、祝典、行事等およそ宗教的信仰の表現である一切の行為を包括する概念と解すべきである。……本件地鎮祭が特定宗教による

宗教上の儀式であると同時に、憲法 20 条 3 項で禁止する『宗教的活動』に該当することはいうまでもない。」

▷信教の自由──津地鎮祭事件上告審
最高裁昭和 52 年 7 月 13 日大法廷判決・民集 31 巻 4 号 533 頁（行政処分取消等請求事件）
【判旨】（破棄自判）

(1)「憲法は、政教分離規定を設けるに当たり、国家と宗教との完全な分離を理想とし、国家の非宗教性ないし宗教的中立性を確保しようとしたもの、と解すべきである。」しかしながら「現実の国家制度として、国家と宗教との完全な分離を実現することは、不可能に近く、また、政教分離原則を完全に貫こうとすれば、……かえって社会生活の各方面に不合理な事態を生ずる」。それゆえ「国家が宗教とのかかわり合いをもつことを全く許さないとするものではなく、宗教とのかかわり合いをもたらす行為の目的及び効果にかんがみ、そのかかわり合いがわが国の社会的・文化的諸条件に照らし信教の自由の保障の確保という制度の根本目的との関係で、相当とされる限度を超えるものと認められる場合にこれを許さないものとするものであると解すべきである。」

(2)「憲法 20 条 3 項にいう宗教的活動とは、前述の政教分離原則の意義に照らしてみれば、そのかかわり合いが右にいう相当とされる限度を超えるものに限られるというべきであって、当該行為の目的が宗教的意義をもち、その効果が宗教に対する援助、助長、促進又は圧迫、干渉等になるような行為をいうものと解すべきである。」

そして、「ある行為が右にいう宗教的活動に該当するか」否かは、当該行為の主宰者、順序作法（式次第）など「外形的側面のみにとらわれず、当該行為の行われる場所、当該行為に対する一般人の宗教的評価、当該行為を行うについての意図、目的及び宗教的意識の有無、程度、当該行為の一般人に与える効果、影響等、諸般の事情を考慮し、社会通念に従って、客観的に判断すべきである」。また、憲法 20 条 2 項・3 項の規定

は、ともに信教の自由を保障するものではあるが、「2項の宗教上の行為等は、必ずしもすべて3項の宗教的活動に含まれるという関係にあるものではなく、たとえ3項の宗教的活動に含まれないとされる宗教上の祝典、儀式、行事等であっても、宗教的信条に反するとしてこれに参加を拒否する者に対し国家が参加を強制すれば、右の者の信教の自由を侵害し、2項に違反する」ことになる。

(3)「古来地鎮祭などの名のもとに行なわれてきた起工式は、宗教的な起源を持つ儀式であったが、時代の推移とともに、その宗教的な意義が次第に希薄化し、今日においては、一般に、起工式はもはや宗教的意義が殆んど認められなくなった建築上の儀礼と化し」ている。本件起工式も宗教と全く無関係とは言い得ないが、「一般人及びこれを主催した津市の市長以下の関係者の意識においては、これを世俗的行事と評価し、これにさしたる宗教的意識を認めなかったものと考えられる」し、「その目的は建築着工に際し土地の平安堅固、工事の無事安全を願い、社会の一般的慣習に従った儀礼を行うという専ら世俗的なものと認められ、その効果は神道を援助、助長、促進し又は他の宗教に圧迫、干渉を加えるものとは認められないのであるから、憲法20条3項により禁止される宗教的活動にはあたらないと解するのが相当である。」

【反対意見】「憲法の政教分離原則は、国家と宗教との徹底的な分離、すなわち国家と宗教とはそれぞれ独立して相互に結びつくべきではなく、国家は宗教の介入を受けずまた宗教に介入すべきでないという国家の非宗教性を意味する」と解すべきである。「この意義に照せば、憲法20条3項にいう宗教的活動には、宗教の教義の宣布、信者の教化育成等の活動はもちろんのこと、宗教上の祝典、儀式、行事等を行うこともそれ自体で当然に含まれる」と解される。「多数意見のいう国家と宗教とのかかわり合いとはどのような趣旨であるのか」、また「そのかかわり合いが相当とされる限度を超えるものと認められる場合とはどのような場合であるのか」、その基準は不明確であり、多数意見のように解すると、政教分離原則を無にするおそれがあり、「信教の自由の保障そのもの」を危くす

る。「本件起工式は神職が主宰し神社神道固有の祭式にのっとって行われた儀式であって、宗教上の儀式であることは明らかで」あり、したがって、「明らかに憲法20条3項にいう宗教的活動にあたる」。

〔藤林裁判官の追加反対意見〕「本件起工式が地方公共団体の主催で行われたことは」、宗教的少数者の人権侵害となる。「国や地方公共団体の権限・威信及び財政上の支持が特定宗教の背後に存する場合には、宗教的少数者に対し、公的承認を受けた宗教に服従するよう間接的に強制する圧力を生じるから」である。

1. 信教の自由の内容

自由権の沿革において信教の自由は自由権の中心を占め欧米の近代国家ではその他の自由権の先駆的役割を果たした。近代自由主義は、中世的な宗教弾圧に対する反抗から生まれたものといわれるだけに、信教の自由は、自由権のカタログにおいて花形的地位を占めるものであり、いやしくも権利宣言で信教の自由を保障しないものはない。明治憲法も信教の自由を保障する規定をおいていた（28条）けれども、「神社は宗教にあらず」との説明の下に、神道が国教的地位をもって特別の優遇をうけ、その限りで信教の自由が侵害され、わが国の軍国主義化・超国家主義化を推進する一因になったという反省から、日本国憲法は第20条に詳細な規定をおいたのである。

信教の自由は次の3つの内容を包含する。

(1) 信仰の自由——特定の宗教を信ずる自由、変更する自由、信じない自由である。これは人間の精神の活動の内面における問題であり、思想・良心の自由と密接に関係し、内心の自由の重要部分である。したがって、「踏絵」などによって、信仰の告白を強制することは許されない。

(2) 宗教的行為の自由——宗教上の信仰に基づく礼拝、祈禱その他の宗教上の儀式、行事、祝典を行なう自由および行なわない自由、それに参加し、参加しない自由である。このことは反面、その意思に反して、公権力により、これらの行為を強制されないこを意味する（20条2項）。明治憲法時代には、多くの国家的儀式が、原則として神社方式によって行なわれ、関係公務員は、職務として、それに参加することになっていたし、後には、一般人に対しても、いろいろな形で、たとえば、学校の生徒に対しては教師の指示という形で、神社的な儀式や行事に参加することが強制されるに至った。現行憲法はこれを禁じるものである。したがって、内閣総理大臣が閣議で閣僚に対し靖国神社参拝を指示するならば、明らかに憲法20条2項に違反する。それのみならず、指示しないまでも、総理大臣が閣僚をともなって靖国神社に参拝し、私人の資格でと称しながら、国務大臣の肩書をつけて記帳すること自体違憲の疑をぬぐいきれない[1]。また、宗教活動の自由は、憲法上重要な価値をもつが、加持祈禱という宗教的行為に名をかりて、個人の生命・身体に危害を及ぼすことはできず、それを処罰することは違憲ではない（最大判昭和38・5・15刑集17巻4号302頁）。

(3) 布教の自由——信仰を外部に表現し、宣伝し、教育する自由、ならびに宗教上の集会、結社の自由である。宗教団体を設立し、教義をたて、その布教宣伝活動をすることは自由である。これは第21条の表現の自由の一部でもある。

2. 政教分離の原則

信教の自由を憲法で保障するのは、公権力によって信仰の自由が制限されたり、信仰を理由に不利益を受けることがないようにするためである。このような信教の自由の保障を確実にするためには、

第4章　精神的自由に関する基本権

国家と宗教を絶縁させる必要がある。すなわち、国家がすべての宗教に対して中立的な立場に立ち、宗教をまったくの「わたくしごと」にする必要がある。これが、国家の非宗教性または政教分離と呼ばれる原則である。国家と特定の宗教が結びつくと、国家がその宗教を特に優遇しがちになり、その宗教団体やその宗教を信ずる人は特権をもつことになって、それだけ、それ以外の宗教団体やそれ以外の宗教を信ずる人は不利な差別や迫害を受けることになる。また、国家がすべての宗教をひとしく優遇することも、国家がそれだけ無宗教の自由をおさえる結果になる。そこで、国家（政治）と宗教を分離することが必要になるのである。信教の自由を完全に実現するためには、このような政教分離の原則を確立しなくてはならない。したがって、国教を定めることの許されないのはもちろん、いかなる宗教団体も、国から特権を受けたり、政治的権力を行使できず（20条1項後段）、国やその機関が、宗教教育その他の宗教的活動をしてはならない義務を負う（同条3項）。それ故に、国家の行う儀式が特定の宗教上のものであってはならない。たとえば、死亡した総理大臣の国葬が宗教的儀式として行なわれ、公務員及び国民一般がこれに参加することが義務づけられるとしたら、政教分離の原則に反することになる。これらの規定は明治憲法下における神道と国家との結合すなわち神道の国教的性格を排除し、国家と宗教との分離すなわち「政教分離」を確立するという特別の意味をもつことを注意すべきである。しかし、国が宗教教育その他の宗教活動をしてはならない義務を負うといっても、宗教を宣伝するのではなく、これを学問的に研究し、教授することは、学問の自由（23条）に含まれるから、国立大学に宗教学科を設けることは何ら差支えないし、一般に宗教的情操をたかめるために非宗派的教育を行なうことはむしろ望ましいことである（教育基本法9条1項参照）。また、宗教的

第3部　人権保障

起源をもつものでも、社会生活の習俗となっていることを行なうことまでも、国に対して禁止したものではない。これに関して、国鉄の駅が、クリスマスのかざり物をしたことが、憲法にいう「宗教的活動」かどうかが問題になったことがあるが、日本で行なわれるクリスマスのかざり物は、現在の社会生活においては、正月のシメ縄のように、なんらの宗教的意味をもたない単なる習俗的行事のかざり物にすぎないから、憲法が禁ずる「宗教的活動」（20条3項）にはあたらないとみるべきである。

　さらに、日本国憲法は、政教分離を徹底させるために、財政面から公金や公の財産を宗教上の組織や団体の用に供してはならないという厳しい制限をおいている（89条前段）。国または公共団体の公金や財産を宗教のために使うことは、とりもなおさず、公権力が宗教を特に利益的に扱うことにほかならず、それはすでに20条1項の趣旨からも当然に生ずる結論であるが、政教分離の原則を確立するために、特にここで公の財産の使用方法の制限という形で同じ趣旨を定めたものである。これに関していえば、たとえば、奈良の法隆寺の金堂の修繕のために国が補助金を支出することは憲法違反にならないであろうか。法隆寺は法相宗という仏教の一派の寺であるから、それが憲法にいう「宗教上の組織若しくは団体」の一施設であることは疑いない。しかし、それに国からの補助金という公金を支出するとしても、それはその「使用、便益若しくは維持のため」ではなく、その文化財保存の観点からの支出であるから、違憲ではないと考えるべきである。また、国家の非宗教性という観点から、神社への補助が問題になる。国が、宗教的色彩のない無名戦士の墓というようなものを建て、これに補助を与えることは許されるし、現にそういう建造物が国費で作られているが、宗教的施設としての靖国神社に国が補助を与えることが憲法上許されないことは明らか

である（内閣法制局長官の参議院内閣委員会における靖国神社国家護持法制化問題についての答弁、昭和55年8月13日参照）。また、宗教団体に国が財政的援助をしてはならないといっても、それは、宗教団体が宗教活動をする目的で公の財産を利用することができないという意味であって、たとえば、宗教団体が他の非宗教団体と同様に単に旅行のため国鉄を団体割引料金で利用することが何ら憲法問題にならないことはいうまでもない。

3. 判例(2) —— 津地鎮祭事件

【事実】 （前掲参照）

【論点】 地鎮祭が宗教的行為（憲20条2項）又は宗教的活動（同3項）にあたるか、それとも単なる習俗的行事にすぎないかということが主論点であり、後者にあたるなら、国鉄がクリスマスツリーをかざることが許されると同様、憲法に違反するものではないということになる。

〔第一審：津地裁合憲判決、律地判昭和42・3・16行集18・3・246〕 本件起工式の実態をみれば、「神道の布教宣伝を目的とする宗教活動ではなく、また宗教的色彩は非常に稀薄であり、宗教的行事というより習俗的行事」と表現した方が適切であろうとして、本件地鎮祭の挙行および本件支出の違憲性を否定した。

〔第二審：名古屋高裁違憲判決、前掲名古屋高判昭和46・5・14〕憲法でいう宗教とは、「超自然的・超人間的本質（神、仏、霊等）の存在を確認し、畏敬崇拝する心情と行為」を指すと定義し、神社神道は祭祀中心の宗教であって、自然宗教的、民族宗教的な特色を有するが、神社の祭神（神霊）が個人の宗教的信仰の対象となる以上、宗教学上はもとよりわが国法上も宗教であることは明白であるときめつける。そして、本件地鎮祭が宗教的行為か、習俗的行為である

かを区別する客観的な基準として、次の3点を挙げる。すなわち、①当該行為の主宰者が宗教家であるかどうか、②当該行為の順序作法（式次第）が宗教界で定められたものかどうか、③当該行為が一般人に違和感なく受け容けられる程度に普遍性を有するものかどうか、である。これを本件にあてはめてみると、①主宰者は専門の宗教家である神職であること、②式次第は、明治40年（1907年）内務省告示により制定された神社神道固有の祭式に大体準拠していること、③わずか数十年の伝統をもつにすぎず、すべての国民が各人のもつ宗教的信仰にかかわらず、抵抗なく受け容れられるほど普遍性をもつものとはいえないこと、を認定して、以上の基準に照らして判断すれば、本件地鎮祭は、神社神道固有の宗教儀式であり、「宗教的行為というべきであって、未だ習俗的行事とはいえない」。それは、「特定宗教による宗教上の儀式であると同時に、憲法20条3項で禁止する『宗教的活動』に該当」し、地方公共団体が行なうのは、政教分離の原則に反し、許されないとした。この高裁判決に対し、本件地鎮祭は単なる習俗的行事であって宗教的活動にあたらない、日本の政教分権は厳格主義と解すべきでない、などの理由で、被告は上告した。

〔最高裁合憲判決、前掲最大判昭和52・7・13〕　政教分離の原則とは、「国家の非宗教性ないし宗教的中立性」を意味する、としながらも、宗教的私立学校や宗教的文化財への公的助成にみるごとく、国家と宗教との完全な分離の実現は実際上不可能に近く、したがって、政教分離原則は、「相当とされる限度を超えるものと認められる場合にこれを許さぬ」とする程度問題であるとする。その上で、本件地鎮祭につき次のように合憲の判断をする。憲法20条3項により禁止される「宗教的活動」とは、「当該行為の目的が宗教的意義をもち、その効果が宗教に対する援助、助長、促進又は圧迫、干

渉等になるような行為をいう」。本件起工式は、神職の主宰のもとに神式に則り挙行されたもので、「宗教とかかわり合いをもつものであることを否定しえないが、その目的は建築着工に際し土地の平安堅固、工事の無事安全を願い、社会の一般的慣習に従った儀礼を行うという専ら世俗的なもの」とみとめられ、その効果の点からも、憲法20条3項により禁止される宗教的活動にはあたらず、その挙式費用の支出も、違憲違法ではない。したがって、国家（地方公共団体）が主催して、私人と同様の立場で、本件のような地鎮祭を行なっても、政教分離原則に反しない。

　以上のように判示して、最高裁は津市の行なった地鎮祭を合憲とするものであるが、名古屋高裁の判示するように、「本件地鎮祭が違憲であるか合憲であるか」を判断するにあたっては、「政教分離原則の原点に立ち返って」考察しなければならない。政教分離の原則は、「戦前・戦中の国家神道による思想的支配を完全にぬぐい去り、信教の自由を確立し、保障するために設けられたものであり、その完全分離主義からすれば、公機関は一切の宗教的活動が禁じられている」（原告住民側の主張参照）と解するのが正しい態度である。政教分離の原則は、「国によって定められた宗教と宗教的迫害が手をたずさえるものであるという歴史的事実の自覚の上に基礎をおいているのである」（名古屋高裁判旨）ことを忘れてはならない。宗教的性格を完全に払拭できないと最高裁も自認する地鎮祭を、公機関が主催して行なうことには問題が残ると言わざるをえない。控訴審判決及び上告審の反対意見こそ高く評価されるべきである。

第3部　人権保障

第4節　学問の自由

▷学問の自由と大学の自治——東大ポポロ事件上告審[3]

最高裁昭和38年5月22日大法廷判決・刑集17巻4号370頁(暴力行為等処罰に関する法律違反被告事件)

【事実】　昭和27年2月20日、東京大学の学生Yが、東京大学の教室内で一般公開で上演されていた「ぽぽろ劇団」の演劇の観客中に私服警察官を発見し、数名の学生とともにつるし上げ、その際暴行を加えたり、警察手帳を取り上げたりしたという理由で、暴力行為等処罰に関する法律1条違反として起訴された。証拠として提出された警察手帳その他の証拠によると、当日の3名の警察官の潜入は、かねてから続けられていた警備情報収集活動の1環であることが判明した。第一審は無罪とし、第二審もほぼ同様の理由でこれを支持したが、検察側から上告がなされた。

【判旨】　（破棄差戻）　憲法23条の「学問の自由は、学問的研究の自由とその研究結果の発表の自由とを含むものであって、同条が学問の自由はこれを保障すると規定したのは、一面において、広くすべての国民に対してそれらの自由を保障するとともに、多面において、大学が学術の中心として深く眞理を探究することを本質とすることにかんがみて、特に大学におけるそれらの自由を保障することを趣旨としたものである。教育ないし教授の自由は、学問の自由と密接な関係を有するけれども、必ずしもこれに含まれるものではない。しかし、大学については、憲法の右の趣旨と、これに沿って学校教育法52条が『大学は、学術の中心として、広く知識を授けるとともに、深く専門の学芸を教授研究』することを目的とするものとしていることに基づいて、大学において教授その他の研究者がその専門の研究の結果を享受する自由は、これを保障されると解するのを相当とする。」「大学における学問の自由を保障するために、伝統的に大学の自治が認められている。この自治は、とくに大学の

教授その他の研究者の人事に関して認められ、大学の学長、教授その他の研究者が大学の自主的判断に基づいて選任される。また、大学の施設と学生の管理についてもある程度で認められ、これらについてある程度で大学に自主的な秩序維持の権能が認められている。」「大学の施設と学生は、これらの自由と自治の効果として、施設が大学当局によって自治的に管理され、学生も学問の自由と施設の利用を認められるのである。もとより、憲法23条の学問の自由は、学生も一般の国民と同じように享有する。しかし、大学の学生としてそれ以上に学問の自由を享有し、また大学当局の自治的管理による施設を利用できるのは、大学の本質に基づき、大学の教授その他の研究者の有する特別な学問の自由と自治の効果としてである。」「学生の集会が真に学問的な研究またはその結果の発表のためのものでなく、実社会の政治的活動に当たる行為をする場合には、大学の有する特別の学問の自由と自治は享有しないといわなければならない。また、その集会が学生のみのものでなく、とくに一般の公衆の入場を許す場合には、むしろ公開の集会と見なされるべきであり、少なくともこれに準じるものというべきである。」「本件集会は、真に学問的な研究と発表のためのものでなく、実社会の政治的社会的活動であり、かつ公開の集会またはこれに準じるものであって、大学の学問の自由と自治は、これを享有しないといわなければならない。したがって、本件の集会に警察官が立ち入ったことは、大学の学問の自由と自治を侵すものではない。」

1. 学問の自由の意義

憲法23条は「学問の自由は、これを保障する。」と規定する。学問の自由とは、真理を探究し、其の成果を発表する自由である。したがって、内容的には、思想・良心の自由、表現の自由に含まれる。それにもかかわらず、日本国憲法が23条で、あらためて学問の自由を保障したのは、特にわが国では、明治憲法には学問の自由を保

障する規定は存在せず、学問は「政治の侍女」とされ、滝川事件(1993年)⁽⁴⁾や天皇機関説事件（1935年)⁽⁵⁾に見られるように、学問の自由ないし学説の内容が、直接に国家権力により侵害された歴史を踏まえてのことである。

　学問の自由は、沿革的には大学の自由と同義語であり、主として大学その他の高等学術研究機関における教師または研究者の研究の自由、学説等の発表の自由、教授の自由を意味していた。しかし、今日においては、学問の自由は大学の自由に限定されることなく、初等中等教育機関においても教育の自由が認められるべきであるという見解が支配的になっている。もっとも、通説・判例は、下級教育機関においては、その教育の性質上、教育課程、教科内容、教育方法などについて、ある程度の画一的な規制が行われることはやむをえないと考えており、したがって、合理的な必要に応じて、下級教育機関における教授の自由を制約することは憲法23条の学問の自由に違反しないとされている（前掲ポポロ事件上告審判決参照）。また、最高裁判所は、普通教育においても、「一定の範囲における教授の自由が保障される」としながら、教育の機械均等と全国的な教育水準を確保する要請などがあるから、「完全な教授の自由を認めることは、とうてい許されない」と判示している（旭川学テ事件・最大判昭和51・5・21刑集30巻5号615頁参照）。

　学問の自由の保障は、先ず第1に、国家権力が、学問研究、研究発表、学説内容などの学問的活動とその成果について、それを弾圧し、あるいは禁止することは許されないことを意味する。特に学問研究は、性質上、戦前の天皇機関説事件の場合のように、外部からの権力・権威によって干渉されるべきものではなく、自由な立場での研究が要請される。第2に、憲法23条は、学問の自由の実質的裏づけとして、教育機関において学問に従事する研究者の職務上の

独立を認め、その身分を保障することを意味する。すなわち、教育内容のみならず、教育行政もまた政治的干渉から保護されなければならない。この点において、教育の自主、独立について定める教育基本法（10条参照）は特に重要な意味を持つ。

2. 大学の自治

学問研究の自主性は、特に大学について、「大学の自治」を認めることになる。大学の自治の観念は、大学における研究教育の自由を充分に保障するために、大学の内部行政に関しては大学の自主的な決定に任せ、大学内の問題に外部勢力、なかんずく国家権力が干渉することを排除しようとするものであって、大学の自治は学問の自由の保障の当然のコロラリーであると言える。学問の自由と密接不可分の関係にある大学の自治の内容としては、(1) 大学の管理運営に関する自主決定権、(2) 大学の教授や研究者の学問研究上の独立性が保障され、外部勢力の干渉や指揮監督を受けないこと、(3) 大学の学長・教授その他の研究者の選任は大学の自主的判断に基づくこと、すなわち、人事の自治、(4) 大学の施設及び学生の管理は原則として大学の自主的判断に基づくこと、すなわち、施設・学生の管理の自治、(5) 予算管理の自治（財政自治権）などが挙げられよう。特に中心となるのは人事の自治と、施設・学生の管理の自治である。人事の自治に関して、1993年滝川事件（または京大事件）のように、教授会・学長の同意なしに国が教員の進退を決定するといったことは、大学の自治の精神に反する。

3. 大学の自治と警察権

施設・学生の管理の自治に関して特に問題となるのが、大学の自治と警察権との関係である。大学内の教室、研究室、事務室等の施

設、及教員や学生等の集会などについて、大学は、大学の自治の一環として、自主的な管理運営権を有する。したがって、大学内において警察権が行使される場合、大学の自治との関連で警察権の行使の限界が問題となる。警察権が大学内部の問題に関与する場合はさまざまである。先ず、犯罪捜査のために大学構内に立ち入る場合がある。大学といえども治外法権の場ではないので、正規の令状に基づく捜査を大学が拒否できないことは言うまでもない。しかし、捜査に名をかりて警備公安活動が行われるおそれなしとしないので、捜査は大学関係者の立会いの下で行われるべきである。次に、大学構内で予想外の不法行為が発生し、そのためにやむを得ず大学が警察力の援助を求める場合がある。この場合には、原則として、警察力を学内に出動させるか否かの判断は大学当局の責任ある決断によるべきである。最も問題になるのは、警備公安活動のために警察官が大学構内に立ち入る場合である。警備公安活動は、将来発生するかもしれない犯罪の危険を見越して行われる情報収集・調査の警察活動であるから、治安維持の名目で自由な学問研究が阻害されるおそれは極めて大きい。したがって、大学の了解なしに、警備活動のために、警察官が学内に立ち入ることは、原則として許されない。

　大学の自治と警察権に関する妥当な原則として、ポポロ事件の第一審判決（東地判昭和29・5・11判時26号3頁）が参考になる。すなわち、「警察権力の警備活動の絶えざる監視の下にある学問活動及び教育活動は、到底、その十全の機能を発揮することができない。……学内の秩序が乱される恐れのある場合でも、それが学生、教員の学問活動及び教育活動の核心に関連を有するものである限り、大学内の秩序の維持は、緊急やむをえない場合を除いて、第一次的には大学学長の責任において、その管理の下に処理され、その自律的措置に任せられなければならない。そして、もしも大学当局の能力

において処理し、措置することが困難乃至不可能な場合には、大学当局の要請により警察当局が出動しなければならないと認むべきである」。しかし、同事件の上告審で、最高裁判所は、大学の学問の自由と自治を、「直接には教授その他の研究者の研究、その結果の発表、研究結果の教授の自由とこれらを保障するための自治」であるとし、「これらの自由と自治の効果として、施設が大学当局によって自治的に管理され、学生も学問の自由と施設の利用を認められる」とした。これは、大学の自治の範囲を、主に研究・教授の自由を意味するものとし、大学における学生が「実社会の政治的社会的活動に当たる行為をする場合には、大学の有する特別の学問の自由と自治は享有しない」とするものである。最高裁判所のこの見解は、大学の自治に関して、きわめて制限的に解釈したものであり、特に警察官による大学構内の調査活動が大学の自治にとっていかに危険であるかを不問に付している点などには、批判が強い。

第5節　表現の自由

▷ **報道および取材の自由と「知る権利」**──**博多駅テレビフィルム提出命令事件**

最高裁昭和44年11月26日大法廷決定・刑集23巻11号1490頁（取材フイルム提出命令に対する抗告棄却決定に対する特別抗告事件）

　【事実】　福岡地裁は、昭和43年、米原子力空母エンタープライズ佐世保寄港阻止闘争に端を発する付審判請求の審理に際し、ＮＨＫ他放送局3社にニュース・フィルムの提出命令を発した。放送局側は福岡高裁に抗告。棄却されたので最高裁に特別抗告し、命令に応ずべき義務があるとすれば、取材活動に支障をきたし、国民の「知る権利」と表裏の関係にある報道の自由を保障する憲法21条に反すると主張。

第3部　人権保障

　【判旨】（特別抗告棄却）「報道機関の報道は、民主主義社会において国民が国政に関与するにつき、重要な判断の資料を提供し、国民の『知る権利』に奉仕するものである。したがって、思想の表明の自由とならんで、事実の報道の自由は、表現の自由を規定した憲法21条の保障のもとにあることはいうまでもない。また、このような報道機関の報道が正しい内容をもつためには、報道の自由とともに、報道のための取材の自由も、憲法21条の精神に照らし、十分尊重に値いするものといわなければならない。」「しかし、取材の自由といっても、もとより何らの制約を受けないものではなく、たとえば、公正な裁判の実現というような憲法上の要請があるときは、ある程度の制約を受けることのあることも否定することができない。」「公正な刑事裁判の実現を保障するために、報道機関の取材活動によって得られたものが、証拠として必要と認められるような場合には、取材の自由がある程度の制約を蒙ることになってもやむを得ないというべきである。しかしながら、このような場合においても、一面において、審判の対象とされている犯罪の性質、態様、軽重および取材したものの証拠としての価値、ひいては、公正な刑事裁判を実現するにあたっての必要性の有無を考慮するとともに、他面において取材したものを証拠として提出させられることによって報道機関の取材の自由が妨げられる程度およびこれが報道の自由に及ぼす影響の度合その他諸般の事情を比較衡量して決せられるべきであり、これを刑事裁判の証拠として使用することがやむを得ないと認められる場合においても、それによって受ける報道機関の不利益が必要な限度をこえないように配慮されなければならない。」「本件の付審判請求事件の……審理は、現在において、被疑者および被害者の特定すら困難な状態であって、事件発生後2年ちかくを経過した現在、第三者の新たな証言はもはや期待することができず、したがって、当時、右の現場を中立的な立場から撮影した報道機関の本件フイルムが証拠上きわめて重要な価値を有し、被疑者らの罪責の有無を判定するうえに、ほとんど必須のものと認められる状態にある。他方、本件フイルムは、すでに放映されたものを含む放映の

ために準備されたものであり、それが証拠として使用れることによって報道関係が蒙る不利益は、報道の自由そのものではなく、将来の取材の自由が妨げられるおそれがあるというにとどまるものと解されるのであって、付審判請求事件とはいえ、本件の刑事裁判が公正に行なわれることを期するためには、この程度の不利益は、報道機関の立場を十分尊重すべきものとの見地に立っても、なお受忍されなければならない程度のものというべきである。」

▷ プライバシーと表現の自由 ── 「宴のあと」事件(6)
東京地裁昭和39年9月28日判決・下級民集15巻9号2317頁（損害賠償請求事件）

【事実】 原告は元外務大臣、元衆議院議員、昭和34年の東京都知事選挙には社会党より推薦されて立候補したが惜敗した。原告の妻は有名な料亭の女将で、夫の選挙に尽力したが、選挙後離婚した。被告はこの事件にヒントを得て「宴のあと」と題する小説を月刊誌に連載し、後に出版社を通じて単行本として出版せしめた。原告は、著者と出版社を相手どり、このモデル小説は原告の私生活をほしいままにのぞき見し、公表したものであって、プライバシーの侵害にあたると主張して、謝罪広告と損害賠償を請求して訴えを提起した。

【判旨】 （一部認容、一部棄却）「近代法の根本理念の一つであり、また、日本国憲法のよって立つところでもある個人の尊厳という思想は、相互の人格が尊重され、不当な干渉から自我が保護されることによってはじめて確実なものとなるのであって、そのためには、正当な理由がなく他人の私事を公開することが許されてはならないことは言うまでもないところである。このことの片鱗はすでに成文法上にも明示されている。」「いわゆるプライバシー権は私生活をみだりに公開されないという法的保障ないし権利として理解される。」「プライバシーの侵害に対し法的な救済が与えられるためには、公開された内容が、(イ)私生活上の事実らしく受け取られるおそれのあることがらであること、(ロ)一般人の感受

性を基準にして当該私人の立場に立った場合公開を欲しないであろうと認められることがらであること、換言すれば一般人の感覚を基準として公開されることによって心理的な負担、不安を覚えるであろうと認められることがらであること、㈣一般の人々に未だ知られていないことがらであることを必要とし、このような公開によって当該私人が実際に不快、不安の念を覚えたことを必要とするが、公開されたところが当該私人の名誉、信用というような他の法益を侵害するものであることを要しないのは言うまでもない。」「元来、言論、表現等の自由の保障とプライバシーの保障とは一般的にはいずれが優先するという性質のものではなく、言論、表現等は他の法益すなわち名誉、信用などを侵害しないかぎりその自由が保障されているものである。このことはプライバシーとの関係でも同様であるが、ただ公共の秩序、利害に直接関係のある事柄の場合とか社会的に著名な存在である場合には、ことがらの公的性格から一定の合理的な限界内で私生活の側面でも報道、論評等が許されるにとどまり、たとえ報道の対象が公人、公職の候補者であっても、無差別、無制限に私生活を公開することが許されるわけではない。このことは文芸という形での表現等の場合でも同様であり、文芸の前にはプライバシーの保障は存在し得ないかのような、また存在し得るとしても、言論、表現等の自由の保障が優先さるべきであるという被告等の見解はプライバシーの保障が個人の尊厳性の認識を介して、民主主義社会の根幹を培うものであることを軽視している点でとうてい賛成できないものである。」

1. 表現の自由の意義

表現の自由とは、自己の意思や思想をあらゆる手段を通じて外部に発表する自由である。日本国憲法は思想そのものの自由（19条）や学問の自由（23条）を保障しているが、内面の思想の自由がいかに確保されても、あるいは自主的な考えがいかに頭の中で形成されても、それを外部に表現する自由がなければ、精神的自由権も社会

第 4 章　精神的自由に関する基本権

的意味を失ってしまう。とくに、民主制社会は、各人の自由な政治的意思の表現を基礎として成立し、発展するものであるから表現の自由は最も基礎的な自由であり、しかも、それは政治を批判する自由でなければならない。日本国憲法は、21 条において、「集会、結社及び言論、出版その他一切の表現の自由は、これを保障する」（1 項）と規定している。

　外部に内面の精神活動を表現する手段はさまざまである。伝統的な言葉、文字、印刷で表現し、あるいは集会や結社の形で表示するだけではなく、最近のマス・メディアの発達に伴い、テレビやラジオにより、あるいは映画、演劇、音楽などの形でも表現される。さらに絵画、彫刻、写真等による思想の表現も可能である。集会は、言論・出版のような表現手段を利用しにくい民衆にとって最も有効な方法であり、「動く集会」として、デモのような形の行動で表示することも、その中に含まれるけれども、他面において、道路や公共の場所を利用する集会が他人の利用を制限し排除する効果をもつから、規制を受けざるをえない。いわゆる公安条例はその規制の代表的なものである（新潟県公安条例事件—最判昭和 29・11・24 刑集 8 巻 11 号 1866 頁；東京都公安条例事件—最判昭和 35・7・20 刑集 14 巻 9 号 1243 頁；徳島市公安条例事件—最判昭和 50・9・10 刑集 29 巻 8 号 489 頁参照）。

　このような表現の自由を確保するために、憲法は第 21 条 2 項前段において、「検閲は、これをしてはならない。」と定めている。ここにいう検閲とは、公権力（行政権）が外部に発表されるべき思想内容（事実の公表も含まれる）を表現行為に先立ち、事前に審査し、不適当と認める場合にその表現行為を禁止すること、すなわち事前審査を意味する。しかし、事後審査であっても、実質的に事前審査と同視できるほどに表現の自由に重大な影響、すなわち抑制的、萎

縮的効果を与える場合には検閲と同視すべきであろう。検閲の禁止に関し、関税定率法（21条1項3号）によりなされる税関検査、青少年保護育成条例に基づくある種の図書の販売禁止、学校教育法による教科書検定などは違憲ではないかとの疑が提起されている。特に、教科書検定については、「教科書執筆、出版に対する事前許可たる法的性格を有するが、憲法21条2項が検閲を禁止している趣旨にかんがみ、執筆者の思想（学問研究の成果である学説を含む）の内容の審査にわたらない限り、検閲に該当するものとはいえない」とする判例（家永教科書裁判——東京地判昭和45・7・17行裁例集21巻7号別冊）があるが、同判例も認めているように、現行の教科書検定制度は、その目的、検定基準、運用の実態からみて表現の自由を侵す恐れが多分にあり、憲法21条2項、教育基本法10条に抵触する疑いが濃いものと思われる。

　さらに憲法21条2項後段は「通信の秘密は、これを侵してはならない。」と定めている。通信とは、特定の相手方に向けられた表示行為であるが、手紙、葉書のような信書にかぎられず、電話・通信なども含む。憲法は、これらあらゆる手段による通信の秘密が公権力によって侵されてはならないとしているのである。したがって、犯罪捜査のためであっても、司法官憲の発する正当な令状がなければ、信書を押収することはできない（35条参照）。通信の秘密は、検閲の禁止の原則、表現の自由、プライバシーの権利などからいっても、当然のことといわなければならない。郵便法は、通信の秘密を保障するために、郵便物の検閲を禁止し（8条）、郵便業務に従事する者が職務上知りえた他人の秘密を守る義務を定めている（9条）（公衆電気通信法4条、5条参照）。したがって、郵便物の内容はもとより、差出人または受信人の居所・氏名および発信数等を警察官・公安調査官等捜査当局の求めに応じて報告することは郵便法等

第4章　精神的自由に関する基本権

に反する。

2. 表現の自由の制約

　表現の自由は民主制社会において必要不可欠のものであるが、思想・良心の自由と異なり、それが外部に表明されて初めて意味をもつものであるだけに本質的に社会的性格をもち、したがって、場合によっては他人の人権との関連でなんらかの制約を受ける可能性がある。しかし、表現の自由は、民主制の基礎であるだけに、その制約が許されるためには厳格な基準に合致することが必要である。もちろん、プライバシーの侵害（「宴のあと」事件——前掲東京地判昭和39・9・28下級民集15巻9号2317頁等参照）、名誉毀損（月刊ペン事件——最判昭和56・4・16刑集35巻3号84頁等参照）、わいせつ（チャタレー事件——最判昭和32・3・13刑集11巻3号997頁；「四畳半襖の下張」事件——最判昭和55・11・28刑集34巻6号433頁参照）などにあたる表現は、一般的にいって価値が低いものであるけれども、それを制限するにあたっては、「公共の福祉」のような抽象的基準によるものではなく、それらの表現が何らかの価値を含むものであるならば、法の適用において価値衡量を行なった上で、事後的に法的制裁を加えるにとどめるべきである。

　一般的に表現の自由の制約の合憲性を判断する基準として次のものがあげられる。従来、最高裁判所を初めとする判例の多くが基準としてきた「公共の福祉」による限界づけは、抽象的・漠然的であって自由を不当に侵害するおそれが強かった。そこで、思想・表現の自由を中核とする精神的自由権が民主制の基盤を構成するが故に基本的人権の体系のうちで中枢的な地位を占めるという、その重要性にかんがみて、精神的自由権を他の人権・特に職業選択の自由・財産権等の経済的自由権に比して優越的地位にあると考え、精神的

自由権の制約は原則として許されず、例外的に許されるとしても、経済的自由権を制約する立法の合憲性を判定する基準とされている「合理性」だけでは不十分であって、それとは異なったより厳格な基準によらなければならないという理論がアメリカの憲法判例として発達し、日本の判例にも採用れれることが多くなった。これを、「二重の基準（double standard）または優越的自由（preferred freedom）の理論」という（博多駅テレビフィルム提出命令事件——前掲最決昭和44・11・26刑集23巻11号1490頁；小売市場許可制合憲判決——最判昭和47・11・22刑集26巻9号586頁参照）。この理論の下に、「より厳格な基準」として次のような理論ないし原則が主張されている。

(1) **違憲性推定の原則**

経済的自由権の規制立法等通常の場合は、違憲を主張する側で立法に合理的な事実の基礎が欠けていることを立証しなければならないのに対し、精神的自由権の規制立法については、法律を支持する側が極めて強い正当化の理由の存在を、現実的な事実上の基礎を示して証明しなければならない。その立証ができないかぎり、当該法律は違憲の扱いを受ける。

(2) **事前抑制（prior restraint）禁止の原則**

公害規制や経済活動の規制の場合は、事前規制が有効で望ましいとされるのに対し、表現の自由の事前抑制は許されない。憲法21条2項前段が検閲の禁止を明示しているのはこの趣旨である。たとえば、国政に対する批判が公表される以前に公権力がこれを抑止できるとすれば、表現の自由はまったく効果を失うことになるから、この禁止は絶対的なものといってよい。新潟県公安条例事件（最判昭和29・11・24刑集8巻11号1866頁）で最高裁判所は、「単なる届出制を定めることは格別、そうでなく一般的な許可制を定めてこれを

第 4 章　精神的自由に関する基本権

事前に抑制することは」違憲であるとしている。

(3)　「漠然性のゆえに無効（void for vagueness）」の理論

「過度の広範性のゆえに無効」の理論、「文面上無効」の理論、あるいは明確性の原則とも呼ばれる。罪刑法定主義によっても、法律はその執行者たる行政官憲の無制限な裁量を阻止するとともに、受容者たる国民に法の内容を明らかにし、違法行為を公平に処罰するのに必要な事前の十分な警告を与えることが要求される。ところが、表現の自由を規制する立法の文言が漠然、広範、不明確であって、通常の判断能力を有する一般人が自己の危険においてその意味を推測しなければならず、その結果、許される行為と許されない行為との限界が明らかでない場合には、人々は当局とのトラブルを恐れ、表現活動を自己抑制してしまい、結果として表現の自由が抑圧されることになる。したがって、このような萎縮的効果を与えるような漠然不明確な法規はそれ自体が無効とされなければならない（徳島市公安条例事件──前掲最大判昭和 50・9・10 刑集 29 巻 8 号 489 頁参照）。

(4)　「明白かつ現在の危険（clear and present danger）」の理論

1919 年にアメリカ合衆国連邦最高裁判所のホームズ判事が、合衆国憲法修正第 1 条（宗教・言論・集会の自由）の解釈が問題になった事件で、言論を規制できるのは、ある「言葉が使われた状況とその言葉の性質が、連邦議会が阻止する権利を有する実質的害悪を発生させるであろうという、明白かつ現在の危険を生むようなものである」場合にかぎられる、と述べたことに始まり、さらにブランダイス判事によって唱導されて以来、表現の自由をめぐる利益衡量の重要な基準として、わが国でもかなり広範な承認を得てきた原則である（新潟県公安条例事件、その他破壊活動防止法関係判例──名古屋高判昭和 37・12・24 等参照）。ホームズ判事が、「言論の自由を最大

限に保護するとしても、劇場内で"火事"だと偽って叫び大混乱を惹き起こすようなことは保護されない」と言っているように、表現の自由の行使によって、重大な害悪が生ずるという緊急の切迫した危険があり、表現行為を阻止する以外の手段では、害悪の発生を防止できず、表現行為と害悪の発生との間に一触即発の関係がある場合に初めて、「明白かつ現在の危険」ありとして、表現の自由を制約することができるとするのである。

(5) **「表現と行動の分離 (expression-action distinction)」論**

表現が表現にとどまるかぎり、その自由は原則的に保障されるべきであって、規制は表現が行動に転化した場合に限るべきであるとする理論である。

(6) **必要最小限規制の理論**

「より制限的でない他の選び得る手段 (less restrictive alternatives, LRA)」の原則とも呼ばれる。表現の自由についてはとくに、その優越的地位からみて、規制は必要最小限にとどめなければならない。このことから、LRAの原則がでてくる。すなわち、人権規制立法について、その法の定めている制裁方法よりもより限定された範囲の、より厳しくない制裁方法が他に存在し、それによっても同じ立法目的を達成することができる場合には、当該立法の定める方法は、立法目的達成のために必要最小限度を超えるものとして違憲となるとする原則である（薬事法距離制限違憲判決──最判昭和50・4・30民集29巻4号572頁、前掲東京中郵事件等参照）。

(7) **比較衡量 (balancing of interests) 論**

表現によって得られる利益と表現の制限によって確保される利益とを比較衡量し、後者が大であるときに初めて規制が認められるとする理論で、「公共の福祉論」に代わって最高裁がしばしば採用している理論である（前掲博多駅事件、東京中郵事件等参照）。

第 4 章　精神的自由に関する基本権

　以上のように、表現の自由の保障と制約に関する基準として多くの原則や理論が主張されているが、いずれも唯一絶対の基準とはいえない。表現の自由の優越的地位を前提にそれを最大限保障する方向で、これらいくつかの基準を併用する必要がある。また、多くの場合に、その前提として、具体的な個々のケースについて、相対立する社会的諸利益や諸価値の比較衡量を行なうことも忘れてはならない。

3.　報道の自由及び「知る権利」とその限界

　表現の自由には報道の自由が含まれる。報道とは、新聞、雑誌、ラジオ、テレビ等のマスメディアを通じて、事実を国民一般に知らせることである。表現の自由には、「あらゆる手段により、情報及び思想を求め、受け、かつ伝える自由を含む」（世界人権宣言第19条）。したがって、報道の自由は、国民の見る自由や聞く自由という「知る自由ないしは知る権利」に奉仕するために憲法21条によって保障されるのである。最高裁判所も、博多駅テレビフィルム提出命令事件（前掲参照）において、「報道機関の報道は、民主主義社会において、国民が国政に関与するにつき、重要な判断の資料を提供し、国民の『知る権利』に奉仕するものである。したがって、思想の表明の自由とならんで、事実の報道の自由は、表現の自由を規定した憲法21条の保障のもとにあることはいうまでもない」としている。そして、報道の自由を実効あらしめるためには、取材の自由が確保せられなければならない。報道は、取材、編集、発表という経過を経てなされるものであって、これらは密接に関連している。したがって、いくら報道の自由があるといっても、そのための材料の取材が十分できなければ、報道の自由は画餅に帰するからである。この点、前記博多駅事件最高裁決定は、「このような報道機

関が正しい内容をもつためには、報道の自由とともに、報道のための取材の自由も、憲法21条の精神に照らし、十分尊重に値するものといわなければならない」として、取材の自由の尊重を認めるにとどまっているが、一歩進んで、取材の自由もまた第21条の表現の自由に含まれると解すべきではあるまいか。

　このように、報道の自由、取材の自由は、国民の知る権利に奉仕するものとして、その存在価値を認められているものであるが、反面からいえば、国民の「知る権利」という観念は、報道及び取材の自由が憲法21条の保障範囲に含まれることの基礎づけになっているわけである。ところで、「知る権利」というのは、いわゆる「新しい人権」、すなわち、従来の基本的人権のカタログの中には明定されていない、いわば生成過程の権利の1つである。知る権利は、一方において、個人の「幸福追求のための精神的素材」として個人の人格の発展と自己実現を可能にするという点で個人権的な法的性格を持ち、それは単に表現の自由を基礎づけるにとどまらず、憲法13条の幸福追求権に実定法上の根拠を有するものといえる。しかし、他方において、「知る権利」は、憲法前文及び第1条に示される国民主権原理によって基礎づけられる参政権的な性格をも持つ。それは、「広く公共的事項についての情報を受け、かつ求めることによって、政治的意思を形成し、選挙権の行使をはじめ権力の監視・批判を通じて民主的な政治過程への参加を確保」するという意味を持つ。この観点から、「知る権利」を実効化するものとして、国家、地方公共団体に積極的な情報公開を義務づけるいわゆる情報公開法の制定が意味を持ってくるのである。

　しかしながら、報道及び取材の自由、それを基礎づけるものとしての「知る権利」も、いうまでもなく絶対無制約のものではなく、他の社会的諸利益との調整が必要になる。まず、これらの自由、権

第4章　精神的自由に関する基本権

利も公正な裁判の実現という憲法上の要請があるときには、ある程度の制約も止むをえない。公正な裁判を実現することは国家の基本的要請であり、刑事裁判における実体的真実の発見のために、さらに、被告人の裁判を受ける権利を保障するために重要な利益である。したがって、公正な裁判の実現のために、報道機関の取材活動によって得られたニュース・フィルム等が証拠として必要不可欠な場合には、提出命令等の行使によって、取材の自由ひいては報道の自由がある程度制約を受けることは止むをえないことである。しかし、そのために、取材活動が阻害され、実質的に国民の「知る権利」が制約されるという結果を不可避的に生むという損失を考えるとき、提出命令の可否は、一方で取材活動阻害への影響、情報提供者との信頼関係破壊への影響、公開ずみか否か等、他方では公正な裁判によって保護さるべき権利の種類、情報の証拠としての価値などを、個別具体的に厳格に利益衡量することによって決すべきである（前掲博多駅テレビ・フィルム提出命令事件参照。）

　報道機関の国政に関する取材行為は、国家機密の探知という点で、公務員の守秘義務と対立拮抗するものであり、ここでも、「知る権利」と国家機密との調整が問題になる。たしかに、いずれの国家も多かれ少なかれ、その国益を守るため、あるいは行政上已むをえない理由等にもとづいて諸種の秘密をもち、一定の事項が漏洩されるならば、公務の民主的かつ能率的運営が国民に保障され得なくなる危険性があることは否定できない。しかし、民主制国家の憲法秩序の下では、情報公開が原則であり、国家機密は例外でなければならない。なぜならば、民主制国家にあっては、公務は原則として国民による不断の監視と公共的討論の場での批判又は支持を受けながら遂行されなければならないものであるからである。したがって、国家機密は例外として厳しく限定し、国民のコントロールに適しない

実質秘密として類型化されなければならず、それは、「知る権利」に優越する価値と必要性があり、刑罰をもって保護するに値するものでなければならない。たとえば、対外関係を考慮すべき条約に関する機密であっても直ちに実質秘密になるわけではなく、「知る権利」との調整を経た上でなお実質秘密として保護されるべき理由について、政府は立証責任を負わされているものと解すべきである（外務省秘密電文漏洩事件——最決昭和 53・5・31 刑集 32 巻 3 号 457 頁参照）。

　最後にプライバシー（privacy）の権利との調整が問題になる。プライバシーの権利とは、「私生活をみだりに公開されないという法的保障ないし権利」（「宴のあと」事件——前掲東京地判昭和 39・9・28 下級民集 15 巻 9 号 2317 頁参照）、あるいは、データ・バンク、「国民総背番号制」などの国家の情報処理に対する関係でいえば、「自己に関する情報をコントロールする権利」と定義されうる。プライバシーの権利も「新しい人権」の 1 つであって、情報化社会といわれる現代社会において特に保護の必要性が強い権利である。この権利の内実は人格的利益であるから、その法的根拠はやはり憲法 13 条に求めるのが妥当である。「宴のあと」事件判決では、この権利を「個人の尊厳を保ち幸福の追求を保障するうえにおいて必要不可欠な」権利としている。プライバシーの権利と報道の自由・取材の自由を含む表現の自由との調整についても具体的な利益衡量が必要になる。これについて「宴のあと」事件判決は、「元来、言論、表現等の自由の保障とプライバシーの保障とは一般的にはいずれが優先するという性質のものではなく、言論、表現等は他の法益すなわち名誉、信用などを侵害しないかぎりでその自由が保障されている」と判示する。すなわち、両者の等価的利益衡量に基づく判断によるべきことを示しているが、この利益衡量においては、表現の自

由のもつ価値と機能にかんがみて次のことが考慮されるべきであろう。まず、プライバシーの権利の侵害に対しては、不法行為に基づく損害賠償の訴え（場合によっては差止命令を含む）による救済が与えられるべきであるが、プライバシーの権利は、公の利益または一般の利益となる公開や報道を一般的に妨げるものではない。特に当該個人が政治家などの公的な存在、映画スター、タレント、いわゆる文化人など、社会的に著名な存在である場合には、その私事は高い公表価値をもつ故に、最も強い表現の自由の保障が及び、プライバシー侵害の違法性は減少する。また、当人自身またはその同意による公開がなされた場合には、この権利は主張されえない。政治家や高級官僚など公の政治活動を通じて国の政策決定に従事する人々については、いわゆる公人としての立場と職務の性質上、相当程度に「プライバシーの公化」がなされ、その地位につくことによって、権利主張を自発的に放棄したものとみなされるべきである。彼等は、民主制の行なわれるところ、純然たる私生活を除いては、国民による絶えざる監視と批判にさらされるべき存在だからである。さらに、たとえ私生活に関する事実であっても、公共の秩序・利害に直接関係する場合には、そのたずさわる社会的活動の性質及びこれを通じて社会に及ぼす影響力の程度などのいかんによっては、その社会的活動に対する批判ないし評価の一資料として、一定の合理的範囲内で、公表することが許されると解すべきである（月刊ペン事件——最決昭和56・4・16刑集35巻3号84頁参照）。次に私生活上の情報であっても、訴訟関係書類等、不特定多数の者に閲覧が許されている書類にもとづいて公表した行為は、プライバシーの権利侵害行為とはならないとされている。最後に、芸術作品にとりあげられた私生活上の事実は、その表現行為の芸術的価値が特に高いと認められる場合には、その事実の公表は社会通念上受忍すべき範囲に属すると

第 3 部　人権保障

いえよう。以上の例外的場合を除いては、「知る権利」といえども、プライバシーの権利に対して優越的地位を主張しうるものではない。

　　注
(1)　内閣総理大臣公式参拝違憲訴訟　1985 年 8 月 15 日、総理大臣中曽根康弘が従来の内閣の解釈を変更し、靖国神社に公式に参拝し、供花代金として 3 万円の公費を支出した。仏教、キリスト教信者の遺族が中心となって、信教の自由、宗教的人格権ないし宗教的プライバシー権等の侵害を理由に損害賠償・慰謝料を求めて提訴。第一審判決は権利侵害がないとして棄却したが、第二審判決（福岡高判平成 4・2・28 判時 1426 号 85 頁）は、本件参拝は靖国信仰を公認し押し付けたものとは言えず、信教の自由の侵害はない（宗教的人格権等は具体的権利、法的権利ではない）としつつも、傍論で、公式参拝が制度的に継続して行われれば、神道式によらない参拝でも、靖国神社に「援助、助長、促進」の効果をもたらすとし、違憲の疑いを表明した。また、大阪高等裁判所（大阪高判平成 4・7・30 判時 1434 号 38 頁）も、具体的な権利の侵害はないとしつつも、靖国神社は宗教団体であること、公式参拝は外形的・客観的には「宗教的活動」の性格を持つこと、それを是認する国民的合意は得られていないこと、宗教団体その他からの反対やアジア諸国から反発と疑念が表明されていること、儀礼的・習俗的なものとは言えないこと、などの諸事実を総合判断すれば、違憲の疑いが強い、と述べた。
(2)　愛媛玉串料訴訟　愛媛県知事の靖国神社・県護国神社に対する玉串料等の支出を争った住民訴訟。第一審判決（松山地判平成 1・3・17 行裁例集 40 巻 3 号 188 頁）は、「その目的が宗教的意義をもつのみならず、本件支出は県と靖国神社との結びつきに関する象徴としての役割を果たしており、同神社の宗教活動を援助、助長、促進する効果を有するので、違憲である」旨判示した。第二審判決（高松高判平成 4・5・12 行裁例集 43 巻 5 号 717 頁）は、玉串料等の支

第4章 精神的自由に関する基本権

出は「神道の深い宗教心に基づくものではなく」、その額も「社会的な儀礼の程度」の零細なもので、目的・効果基準に照らし、合憲であるとした。しかし、最高裁判所の多数意見（最大判平成9・4・2民集51巻4号1673頁）は、津地鎮祭判決の目的・効果基準によりつつ、玉串料の奉納は、社会的儀礼とは言えず、奉納者も宗教的意義を有するとの意識を持たざるを得ないもので、県が特定宗教団体とだけ意識的に特別のかかわり合いを持ったことになり、その結果、一般人に対して靖国神社は特別なものとの印象を与え、特定宗教への関心を呼び起こす効果を及ぼしたとし、「宗教的活動」に当たり、本件支出は憲法20条3項並びに89条に違反すると判示した。本判決は、政教分離関係事件において、最高裁判所が始めて違憲の判断を下したものとして、注目すべき事件である。

(3) 差戻後第一審の東京地判昭和40・6・26下級刑集7巻6号1275頁は、警察官の立ち入りを「集会の自由」の違法な侵害であるとしたが、学生Yの暴行は、他に侵害を排除する適当な方法がなかったとはいえないから違法性が阻却されないとして有罪の判決を言い渡した。第二審の東京高判昭和41・9・14高裁刑集19巻6号656頁は、控訴を棄却し、最判昭和48・3・22刑集27巻2号167頁は最上告を棄却した。

(4) 1933年、文部大臣が京都帝国大学教授滝川幸辰の刑法学説があまりにも自由主義的であると言う理由で、学部教授会の反対にもかかわらず、一方的に休職に付し、それに教授団が職を辞して抗議し抵抗した事件。京大事件とも言う。

(5) 天皇を国家の最高機関であるとする美濃部達吉博士の学説を国体に反するとして、政府は1935年同学説を内容とする著書を発売禁止処分に付し、すべての公職から追放した。さらには、「国体の本義」を示すことによって、学説の公定を行った。

(6) 原告は本件が控訴審に係属中に死亡し、遺族と被告との間に和解が成立した（なお、被告は著名な小説家三島由紀夫である）。

第5章　経済的自由に関する基本権

▷ 薬局開設の距離制限と営業の自由

最高裁昭和50年4月30日大法廷判決・民集29巻4号572頁（行政処分取消請求事件）

　【事実】　原告Xは、医薬品の一般販売業を営むため、昭和38年6月に営業許可の申請をしたところ、被告広島県知事は、薬事法6条2項及び薬局等の配置基準を定める条例3条に適合しないとの理由で不許可処分をした。Xは薬局開設の距離制限を定めた薬事法6条2項及び県条例は憲法第22条に違反すると主張して、その不許可処分の取り消しを求めて出訴した。第一審判決は、不許可処分を取り消したが、憲法判断は避けた。第二審判決は、薬局開設を業者の自由に任せるなら、その偏在により調剤の確保と医薬品の適正な供給は困難となり、またその濫立により濫売などの過当競争を生じて、経営の不安定、施設の不備、ひいては粗悪な医薬品の調剤供給等の好ましからざる影響をきたすから、当該薬事法規定及びこれに基づく条例は憲法に違反しないとの憲法判断を示した。

　【判旨】　（破棄自判、不許可処分取消）職業は「本質的に社会的な、しかも主として経済的な活動であって、その性質上社会的相互関連性が大きいものであるから、職業の自由は、それ以外の憲法の保障する自由、殊にいわゆる精神的自由に比較して、公権力による規制の要請がつよく、憲法22条1項が『公共の福祉に反しない限り』という留保のもとに職業選択の自由を認めたのも、特にこの点を強調する趣旨に出たものと考えられる。このように、職業は、それ自身のうちに何らかの制約の必要性が内在する社会的活動であるが、その種類、性質、内容、社会的意義及び影響がきわめて多種多様であるため、その規制を要求する社会的理由ないし目的も、国民経済の円満な発展や社会公共の便宜の促進、経済的弱者の保護等の社会政策及び経済政策上の積極的なものから、社会生活

における安全の保障や秩序の維持等の消極的なものに至るまで千差万別で、その重要性も区々にわたるのである。」「それ故、これらの規制措置が憲法22条1項にいう公共の福祉のために要求されるものとして是認されるかどうかは、これを一律に論ずることができず、具体的な規制措置について、規制の目的、必要性、内容、これによって制限される職業の自由の性質、内容及び制限の程度を検討し、これを比較考量した上で慎重に決定されなければならない。」「一般に許可制は、単なる職業活動の内容及び態様に対する規制を超えて、狭義における職業の選択の自由そのものに制約を課すもので、職業の自由に対する強力な制限であるから、その合憲性を肯定しうるためには、原則として、重要な公共の利益のために必要かつ合理的な措置であることを要し、また、それが社会政策ないしは経済政策上の積極的な目的のための措置ではなく、自由な職業活動が社会公共に対してもたらす弊害を防止するための消極的、警察的措置である場合には、許可制に比べて職業の自由に対するより緩やかな制限である職業活動の内容及び態様に対する規制によっては右の目的を十分に達成することができないと認められることを要する。」薬局の「適性配置規制は、主として国民の生命及び、健康に対する危険の防止という消極的、警察的目的のための規制措置」であると認められるが、「競争の激化―経営の不安定―法規違反という因果関係に立つ不良医薬品の供給の危険が、薬局の段階において、相当程度の規模で発生する可能性があるとすることは、単なる観念上の想定に過ぎず、確実な根拠に基づく合理的な判断とは認めがたいと言わなければならない。」「本件適性配置規制は、右の目的と……国民の健康上の危険防止の目的との、二つの目的のための手段としての措置であることを考慮に入れるとしても、全体としてその必要性と合理性を肯定しうるにはなお遠いものであり、この点に関する立法府の判断は、その合理的裁量の範囲を超えるものであるといわなければならない。」「以上のとおり、薬局の開設等の許可基準の一つとして地域的制限を定めた薬事法6条2項、4項（これらを準用する同法26条2項）は、不良医薬品の供給の防止等の目的のために必要かつ

合理的な規制を定めたものと言うことができないから、憲法22条1項に違反し、無効である。」

第1節　居住・移転の自由

1. 居住・移転の自由

　憲法22条は、「何人も公共の福祉に反しない限り、居住、移転及び職業選択の自由を有する」（1項）と規定して、居住・移転の自由を保障している。この自由は、自己の住所または居所を自由に決定し、移動する自由である。封建時代の「領民」思想は、生産者としての人民を自領内に確保することを目的として、人民の職業及び住居を身分的階層制度に固定した。このような身分制度的拘束から解放するのが、居住、移転及び職業選択の自由の保障であり、居住、移転の自由と職業選択の自由とが経済的自由として同一条項に規定されているのは、そのような歴史的背景に基づくものである。居住・移転の自由は、このように身体の拘束をも解く意味をも持っているので、自由権の基礎とも言うべき人身の自由とも密接に関連し、また、広く知的な接触の機会をうるための移動にもこの自由が不可欠であるところから、この自由は精神的自由の要素も持っていると考えられる。居住・移転の自由は、「公共の福祉に反しない限り」と言う制限がついている（22条1項）。例えば、伝染病患者を隔離し、移動を制限するのは、伝染病の蔓延を防ぐという「公共の福祉」による制限と考えられよう。

2. 外国移住の自由

　「何人も、外国に移住……する自由を侵されない」（憲法22条2項）。居住・移転の自由は、封建制国家から、近代国家への移行を

背景として実現したが、外国移住の自由は、国境を越えての居住・移転の自由である。外国移住の自由には、それに類似するものとして、一時的な海外渡航或いは外国旅行も含まれると解されている（最大判昭和33・9・10民集12巻13号1969頁）。居住・移転が永久的か一時的かの相違に過ぎないから、第1項の居住・移転の自由に含まれるとする説、または13条の幸福追求権の一つと解する説もある。第1項の保障には、「公共の福祉に反しない限り」と言う制限があり、第2項にはそれがないが、外国への移住を「公共の福祉」のために制約することが許されないわけではない。旅券法が、「著しく且つ直接に日本国の利益または公安を害する行為を行う虞があると認めるに足りる相当の理由がある者」に対して、外務大臣は旅券の発給を拒否しうることを規定している（13条1項5号）ことが違憲ではないかが問題になった事件がある。最高裁判所は、旅券法の当該規定は、「外国旅行の自由に対し、公共の福祉のために合理的な制限を定めたもの」で憲法22条2項に違反しないとした（同上、最大判）。しかし、旅券法が規定する旅券の発給を拒否できる基準は、極めて漠然かつ不明確であり、殆ど政府の自由裁量に近いことから、違憲の疑いもある。なお、この規定にいう、「相当の理由がある」かどうかは、その者の地位・経歴・人柄・旅行目的などの主観的条件のほか、国際情勢その他客観的事実をも考慮して判断すべきものとされる（最判昭和44・7・11民集23巻5号1470頁）が、旅券の発給を拒否するときは、その理由を具体的に付記しなくてはならないとされる（最判昭和60・1・22民集39巻1号1頁）。

3. 国籍離脱の自由

「何人も……国籍を離脱する自由を侵されない」（憲法22条2項）。国籍は特定の国家に所属することを示す資格であり、これも、もと

もと「領民」思想に由来する者である。これを離脱する自由は、日本国民がその自由な意思で、日本国籍を離れる自由を言う。しかし、それは、無国籍になる自由を意味するものではない。国籍法が、「外国の国籍を取得したときは、日本の国籍を失う」と規定しているのは（11条1項）、その趣旨である。これは、国際協調の立場からの制約であり、国籍法は、外国国籍の取得及び国籍選択の方法のみを規定し、全く無国籍になるような国籍離脱の道を閉ざしている。また、「国籍唯一の原則」に基づき、多重国籍防止の考え方もあるが、最近の国際化の動向から言って、多重国籍の発生する場合も増えているし、さらに、自己の意思によっていずれの国の国籍も持たない国際市民の誕生も否定すべきではあるまい。もっとも、国際法の現段階では、無国籍の国際市民の誕生は歓迎されていない。

第2節　職業選択の自由

「何人も、公共の福祉に反しない限り、……職業選択の自由を有する」（憲法22条1項）。職業とは生計を立てる目的で継続的に行う経済的活動をいい、そのうち専ら営利を目的とする自主的な事業が営業である。職業選択の自由は、自己の従事する職業を決定する自由を意味する。自己の選択した営利事業を遂行する自由、すなわち営業の自由もそれに含まれる。もっとも、営業の自由は、財産権を行使する自由を含むので、憲法29条の財産権にも密接に関係する。封建社会では、多くの職業は世襲的であり、職業選択の自由はなかった。封建的な拘束から解放して、自由に自己に適する職業を選択し、自由に営業できるようにしたのが、職業選択の自由であり、資本主義社会を支える大原則である。

職業選択の自由は、近代市民階級が自由な経済活動を行うために

主張された権利であるから、当初は絶対不可侵の人権として強く保護された。しかし、現代の社会国家思想は、「公共の福祉」を確保するために、経済活動を国家的統制のもとに置くことを要求するようになる。したがって、憲法22条1項の「公共の福祉に反しない限り」とは主として職業選択の自由にかかるものと解するのが妥当である。すなわち、経済的自由は、精神的自由と比較して、より強度の規制を受ける。それは一つには、職業は性質上、社会的相互関連性が大きいので、無制限な職業活動を許すと、社会生活に不可欠な公共の安全と秩序の維持を脅かす事態が生じるおそれが大きいことによるが、それにとどまらず、現代社会の要請する社会国家の理念を実現するためには、例えば、中小企業など経済的弱者に対する政策的な配慮に基づいて積極的な規制を加えることが必要とされる場合が多いからである。そのため、経済活動については、「著しく不合理であることの明白」でない限り、精神的活動の自由には許されないような法的規制措置も容認されるのである（小売市場距離制限事件・最大判昭和47・11・22刑集26巻9号586頁参照）。

　規制手段としては、届出制（理容業等）、許可制（風俗営業、飲食業、貸金業等）、資格制（医師、薬剤師、弁護士等）、特許制（電気、ガス、鉄道、バス等の公益事業）などがあり、国家独占（郵便事業等）とされている営業もある。これらの規制は、規制の目的に応じて、消極目的規制と積極目的規制に区別される。消極目的規制とは、主として国民の生命及び健康に対する危険を防止もしくは除去ないし緩和するために課せられる規制であり、通常警察的規制と呼ばれてきたものである。各種の営業許可制は、おおむね消極目的規制に属する。積極目的規制とは、福祉国家の理念に基づいて、経済の調和のとれた発展を確保し、特に社会的・経済的弱者を保護するためになされる規制であり、社会政策、経済政策の一環として取られる規

制である。例えば、大型スーパーなどの巨大資本から中小企業を保護するための競争制限はその例であり、特許制は積極目的規制に属する。

公共的性格を有する営業については、その業種の特殊な事情によって、経営を確保するために、例外的にいわゆる距離制限ないしは適性配置基準を伴う許可制が容認されることもあり、公衆浴場法による規制はその例である（最大判昭和30・1・26刑集9巻1号89頁）。しかし、そうした特殊性がないかぎり、既設業者の独占的利益の保障を意味する距離制限は許されず、実際、薬事法による薬局等の開設についての距離制限規定は違憲とされた（前出、薬局距離制限事件参照）。しかし、一般に許可制は、職業選択の自由そのものに対する強力な制約であるから、重要な公共の利益のために必要且つ合理的な措置でなければならず、特に消極的・警察目的のためになされるものとしては、より緩やかな制約である職業活動の内容及び態様に対する規制では、目的を十分に達し得ない場合でなければならない。この立場から、薬局等の開業についての許可制そのものは、合憲とされた（同上、薬局距離制限事件参照）。

第3節　財産権の保障

1. 財産権保障の意味

1789年のフランス人権宣言に、「所有権は、神聖かつ不可侵の権利である」（17条）と規定されているように、財産権は、18世紀末の近代憲法においては、個人の不可侵の人権と理解されていた。日本国憲法も、「財産権は、これを侵してはならない」（29条1項）と規定する。近代諸国の憲法は、いずれも同様な内容を定めている。この私有財産権の保障は、それまでの封建制社会の種々の身分的拘

束から個人を解放すると共に、財産権をも解放し、契約の自由の原則とあいまって、財産権の自由な移動を可能にし、近代的生産組織の法的基礎を確立した。しかし、近代社会の進歩発展と共に、自由な財産権に対する新しい社会的制約の必要が強調されるようになり、ワイマール憲法は「所有権は義務を伴う。その行使は同時に公共の福祉のために役立つことを必要とする」(15条3項)と定めるに至る。このような私有財産権の絶対不可侵から、公共の利益による各種の制約を受けるようになるのは、18世紀の個人主義的、自由国家的法思想から、20世紀の社会国家的法思想への変化に相応するものである。このような法思想の変化に対応して、日本国憲法は第29条1項で財産権の保障をすると共に、第2項で、この「財産権の内容は、公共の福祉に適合するように、法律でこれを定める」べきこと、3項で、「私有財産は、正当な補償の下に、これを公共のために用ひることができる」と定める。

ここでいう財産権には、公法上、私法上の区別、一般法上、特別法上の区別、物権的、債権的区別を問わず、一切の権利が含まれる。無体財産権も含まれる。この財産権の保障は、国民が現に所有する財産権を剥奪してはならないことを意味するのみならず、それに対する権利の行使を妨げてはならないことをも意味する。この財産権には、権利者がその財産権について自由に処分する支配権、すなわち、契約の自由も含まれる。また、第29条1項の財産権不可侵の規定は、個人の現に有する具体的な財産上の権利の保障と、個人が財産権を享有しうる法制度、すなわち、私有財産制の保障という2つの面を有する。私有財産権の保障とは、いわゆる財産権を制度として保障することである。財産権の文字通りの不可侵性が多くの制約を伴っている現代においては、財産権保障の主要な意味は、財産を取得し保持する権利一般を法制度として保障する面にあると考え

られる。

2. 財産権の一般的制限

　財産の使用・処分もまた、一般の自由と同じく、法の制約に服する。この点について、古い自由放任思想は財産権の自由を強調したが、社会国家思想は、職業選択の自由の場合と同様に、国家が積極的規制を加えることを要求する。日本国憲法も、「財産権の内容は、公共の福祉に適合するように、法律でこれを定める」と規定する。これは、権利の「内容」を法律が定めると言うのであるから、憲法上特定の内容の権利があることを前提にして、法律がその濫用を防止すると言うのとは異なり、財産権の制度の内容それ自体を公共の福祉に適合するように決定し、その内容を一般的に制約する趣旨を明らかにしたものである。ここに言う「公共の福祉」は、各人の権利の公平な保障をねらいとする自由国家的公共の福祉のみならず、各人の人間的な生存の確保を目指す社会国家的公共の福祉を意味する。すなわち、財産権は、内在的制約のみならず、社会的公平と調和の見地からなされる積極目的規制（政策的規制）にも服するのである。しかしながら、財産権に関する法律の定めが常に合憲とされるわけではない。もともと、財産権に対して加えられる規制が「公共の福祉に適合する」か否かは、規制の目的、必要性、内容や、財産権の種類、性質及び制限の程度を比較考量して決すべきものであるからである。すなわち、立法の規制目的が明らかに公共の福祉に反する場合のほか、規制手段が規制目的を達成するものとして必要性または合理性に欠けていることが明らかな時は、立法府の合理的裁量の範囲を越えたものとして、憲法29条2項に違反することになる（森林法共有林事件・最大判昭和62・4・22民集41巻3号408頁参照）。

財産権の内容が「法律」で定められるとは、条例による財産権の制限を許さない趣旨であるか否かが問題になる。財産権は全国的な取引の対象になる場合が多いのであるから、統一的に法律で規定すべきであるという説も有力である。しかし、条例は地方公共団体の議会において民主的な手続によって制定される法であるから、特に地方的な特殊な事情のもとで定められる条例については、それによる財産権の規制を否定するのは妥当ではない。現在では、各地の公害規制条例等に見られるように、「法律の範囲内」（憲法94条）という制約の下で、条例による財産権の規制は実際に頻繁に行われている。最高裁判所は、奈良県ため池条例事件において、本条例はため池の堤とうを使用する財産上の権利の行使を殆ど全面的に禁止するが、これは当然に受忍されるべき制約であるから、ため池の破損、決かいの原因となる堤とうの使用行為は、憲法・民法の保障する財産権の行使のらち外にあり、そのような行為は条例によって禁止、処罰することができる旨判示している（最大判昭和38・6・26刑集17巻5号521頁）。

3. 財産権の制限と保障の要否

憲法29条3項は「私有財産は、正当な補償の下に、これを公共のために用ひることができる」と規定している。この規定は、私有財産を公共のために収用または制限することができることを明示し、あわせて、その際には「正当な補償」が必要であるとするものである。この「公共のために用ひる」とは、2項の「公共の福祉」による制限と異なり、個別的な公用収容、すなわち、行政上の公用徴収や公用使用を意味すると解されている。「公共のため」とは、病院、学校、鉄道、道路、公園、ダムなどの建設のような公共事業のためだけではなく、戦後の自作農創設を目的とする農地買収のように、

第 5 章　経済的自由に関する基本権

特定の個人が受益者となる場合でも、収用全体の目的が広く社会公共の利益のためであればよいとされる。「用ひる」とは強制的に財産権を制限したり、収用したりすることを意味する。どのような場合に補償が必要とされるか、については多くの議論がある。従来の通説は「特別犠牲説」であり、特定の個人に特別の犠牲を加えた場合には補償が必要だと説く。特別の犠牲と言えるかどうかは、侵害行為の対象が広く一般人か、特定の個人ないし集団か、と言う形式的要件、及び、侵害行為が財産権に内在する社会的制約として受忍すべき限度内であるか、それを越えて財産権の本質的内容を侵すほど強度なものであるか、と言う実質的要件の2つを総合的に考慮して判断すべきだとする。「正当な補償」とはいかなるものかについては、完全補償説と相当補償説とが対立している。完全補償説は、当該財産の客観的な市場価格を全額補償すべきであるとし、相当補償説は、当該財産について合理的に産出された相当な額であれば市場価格を下回っても正当な補償といえるとする。損失補償制度は、本来、適法な権力の行使によって生じた損失を個人の負担とせず、平等原則によって国民の一般的な負担に添加させることを目的とする制度である。従って、道路拡張のための土地収用のように、特定の財産の使用価値に立ち戻って収用が行われる場合には、市場価格による完全補償がなされなければならないと考えられる。

　もっとも、農地改革の場合のように、既存の財産法秩序を構成している、地主の土地所有権の如き特定の財産権に対する社会的評価が根本的に変化したような例外的な場合における公用収用に対しては、相当な補償をもって足りると解される。

第6章 人身の自由に関する基本権

▷適法手続と第三者所有物の没収

最高裁昭和37年11月28日大法廷判決・刑集16巻11号1593頁(関税法違反被告事件)

【事実】 被告人らは、韓国向けに貨物を密輸出しようと企て、税関の許可を得ずに、機帆船に積み込んで下関港を出港したが、途中しけにあい目的を果たさなかった。第一審、第二審とも、被告人らを関税法118条1項違反未遂で有罪とし、機帆船及び貨物を没収した。これに対し、被告人らは、所有者が不明であり、そのため所有者が犯罪が行われることをあらかじめ知っていたか否かを確かめることなく、且つ所有者に財産権擁護の機会を与えないでこれらの没収をなしたことは、憲法31条及び29条1項に違反すると主張して上告した。

【判旨】 (破棄自判)「関税法118条1項の規定による没収は、同項所定の犯罪に関係ある船舶、貨物等で同項但し書きに関係しないものにつき、被告人の所有に属すると否とを問わず、その所有権を剥奪して国庫に帰属せしめる処分であって、被告人以外の第3者が所有者である場合においても、被告人に対する付加刑としての没収の言渡により、当該第3者の所有権剥奪の効果を生ずる趣旨であると解するのが相当である。」「しかし、第3者の所有物を没収する場合において、その没収に関して当該所有者に対し、なんら告知、弁解、防禦の機会を与えることなく、その所有権を奪うことは、著しく不合理であって、憲法の容認しないところであると言わなければならない。けだし、憲法29条1項は、財産権は、これを侵してはならないと規定し、また同31条は、何人も、法律の定める手続きによらなければ、その生命若しくは自由を奪われ、またはその他の刑罰を科せられないと規定しているが、前記第3者の所有物の没収は、被告人に対する付加刑として言い渡され、その刑事処分の効果が第

3者に及ぶものであるから、所有物を没収せられる第3者についても、告知、弁護、防禦の機会を与えることが必要であって、これなくして第3者の所有物を没収することは、適正な法律手続きによらないで、財産権を侵害する制裁を科するに外ならないからである。そして、このことは、右第3者に、事後においていかなる権利救済の方法が認められるかということは、別個の問題である。然るに、関税法118条1項は、同項所定の犯罪に関係ある船舶、貨物等が被告人以外の第3者の所有に属する場合においてもこれを没収する旨規定しながら、その所有者たる第3者に対し、告知、弁解、防禦の機会を与えるべきことを定めておらず、また刑訴法その他の法令においても、なんらかかる手続に関する規定を設けていないのである。従って、前記関税法118条1項によって第3者の所有物を没収することは、憲法31条、29条に違反するものと断ぜざるをえない。」

第1節　基本原則

1. 一般原則

　専制主義が支配していた時代には、不法な逮捕、監禁、拷問が行われ、恣意的な刑罰権の行使によって人身の自由が不当に蹂躙された。しかし、人心の自由の保障がなければ、あらゆる自由権が存在し得ないので、近代憲法は、過去の苦い歴史を踏まえて、人身の自由を保障する規定を設けるのを通例としている。身柄を拘束されないことは、もっとも基本的な個人の自由に属する。犯罪を行った者を公権力が拘束することは当然であるが、近代憲法は刑罰権の行使が濫用されるのを抑止するために、次の3つの原則、手続きを要求している。第1が「法律なければ犯罪なし、法律なければ刑罰なし」とする罪刑法定主義である。恣意的な処罰を排除するために、犯罪の認定とそれに対する科刑とは、あらかじめ国民代表議会が法

定した構成要件に該当する場合に、かつ法定の範囲内でのみ、行うことができるものとする。第2が事後刑罰立法の禁止である。法律が禁じていない行為のために処罰されることはないという罪刑法定主義を補完し、法的生活の安全を確保するため、実行のときに適法であった行為を遡及的に処罰するような立法を禁止する。第3が裁判手続きによる刑罰の確定である。罪刑法定主義の実施を厳格にするために、刑罰の確定は、国家の裁判所において、かつ裁判の手続によって行うべきものとする。日本国憲法はこれら3者を基本として、さらに細目的な手続上の要求を、31条以下に詳細に規定している。また、18条は人権保障の基本とも言うべき奴隷的拘束からの自由を定めている。

2. 適正手続

憲法31条は、「何人も、法律の定める手続によらなければ、その生命若しくは自由を奪われ、またはその他の刑罰を科せられない」と規定する。この規定は、広く人身の自由すべてに通じる基本原則を定めた規定である。公権力を手続的に拘束し、人権を手続的に保障していこうとする思想は英米法に特に顕著な特徴であるが、このような、自由の歴史は大部分手続的保障の歴史であったと考える立場は、人権保障にとって極めて重要な視点である。31条は、法文上は手続が法律で定められることを要求するにとどまるように読めるが、それだけではなく、法律で定められた手続が適正でなければならないこと、実体もまた法律で定められなければならないこと（罪刑法定主義）、法律で定められた実体規定もまた適正でなければならないことを意味する。手続の適正な内容をなす原則の主要なものは、憲法33条から39条にわたって詳細に定められているが、31条の適性手続の内容としてとりわけ重要なものが、「告知と聴聞」

を受ける権利である。告知と聴聞とは、公権力が国民に刑罰その他の不利益を科す場合には、当事者にあらかじめその内容を告知し、当事者に弁解と防御の機会を与えなければならないとするものであって、この権利が刑事手続における適正性の内容をなすことは判例も認めるところである（前出、第三者所有物没収事件参照）。

第2節　被疑者の権利

　憲法はまず、主として、捜査の過程における被疑者の権利として、不法な逮捕、抑留、拘禁からの自由と住居の不可侵とを定める。

1.　不法な逮捕、抑留、拘禁からの自由

　(1)　「何人も、現行犯として逮捕される場合を除いては、権限を有する司法官憲が発し、且つ理由となつてゐる犯罪を明示する令状によらなければ、逮捕されない」（憲法33条）。犯罪による逮捕に司法官憲（裁判官）の発する令状（逮捕状、勾引状、勾留状）を必要とするのは、恣意的な人身の自由の侵害を阻止するためである。令状の発行は、事前になされるのが原則であるが、緊急性の要求があり、逮捕権の濫用のおそれが少ないときは、直ちにこれを求めることを条件として、事後の令状も排除されないとされ、その意味で刑事訴訟法第210条所定の緊急逮捕は合憲とされる（最大判昭和30・12・14刑集9巻13号2760頁）。

　(2)　「何人も、理由を直ちに告げられ、且つ、直ちに弁護人に依頼する権利を与へられなければ、抑留または拘禁されない。又、何人も、正当な理由がなければ、拘禁されず、要求があれば、その理由は、直ちに本人及びその弁護人の出席する公開の法廷で示されなければならない」（憲法34条）。身体の拘束のうち、一時的なもの

が抑留、より継続的なものが拘禁である。刑事訴訟法に言う逮捕、勾引に伴う留置は抑留に、勾留、鑑定留置は拘禁に当たる。本条前段は、被疑者に弁護人との接見交通権を保障したものである。後段は、刑事訴訟法の定める勾留理由開示制度（82条以下）として具体化され、不当な拘禁の防止がはかられる。さらに人身保護法は、一般的に「現に、不当に奪われている人身の自由を、司法裁判により、迅速、且つ、容易に回復せしめる」制度を定めている。

2. 住居等の不可侵

「①何人も、その住居、書類及び所持品について、侵入、捜索及び押収を受けることのない権利は、33条の場合を除いては、正当な理由に基づいて発せられ、且つ捜索する場所及び押収する物を明示する令状がなければ、侵されない。②捜索又は押収は、権限を有する司法官憲が発する各別の令状により、これを行う」（憲法35条）。「各人の住居は彼の城である。雨や風は入ることはできるが、国王は入ることはできない」と言う法格言が示すように、住居は人の私的生活の本拠として、古来、その不可侵はすべての人権宣言の保障するところとなっている。刑事訴追手続では、証拠の収集などのために個人の財産を押収する必要があり、そのためには、被疑者等の住居に立ち入り、捜索する必要が生じる。憲法35条は、これらの場合に、司法裁判所の発する令状を要求している。その趣旨は、司法警察官等による不当な差押、捜査に対する司法裁判所による規制を通して、個人の住宅、書類及び所持品を守ることにより、個人の私生活に対する公権力による不当な干渉を排除することにある。第2項に言う「司法官憲」とは、司法権を行使する官憲、すなわち裁判所のことであり、「各別の令状」とは、捜索一件毎に許可を記載する令状を言う。これは、捜索する場所及び押収するものを明示

すべきことの要求とあいまって、一般令状を排除するためのものである。本条は、令状による場合及び「第33条の場合」に、例外的に不可侵の保障を解除しているが、令状を必要としないとする「第33条の場合」の意味が必ずしも明確ではない。制憲議会における政府説明は、現行犯として逮捕される場合と解したが、判例によれば、「第33条による不逮捕の保障の存しない場合」の意であると解されている（最大判昭和30・4・27刑集9巻5号924頁）。すなわち、現行犯の場合及び逮捕令状の存する場合が、この除外例の場合に当たると言うことになる。したがって、33条による適法な逮捕の場合には、現行犯であると否とにかかわりなく、逮捕に伴う合理的な範囲内であれば、本条による令状を必要とせずに、住居等の侵入等を行うことが許される。なお、本条が定める令状主義の精神を没却するような重大な違法手続によって得られた証拠に対しては、原則として証拠能力が否定される（最判昭和53・9・7刑集32巻6号1672頁）。

第3節　被告人の権利

刑罰は人の自由・権利に重大な制限を加えるものであるから、その内容及び科刑の手続は慎重かつ公正でなければならない。日本国憲法は、36条の他に、37条から39条にかけて、主として刑事被告人の権利を保障するために刑事裁判手続に関する規定をおいている。

1.　拷問及び残虐刑の禁止

「公務員による拷問及び残虐な刑罰は、絶対にこれを禁ずる」（憲法36条）。近代国家において、被疑者、被告人から自白を得る手段としての拷問が行われ、非人間的な残虐刑が科せられたが、日本で

第6章　人身の自由に関する基本権

も明治憲法時代に、法律上禁止されていたにもかかわらず、実際にはしばしば行われたので、日本国憲法で特に「絶対に」という強い口調で禁じることにしたのである。「残虐な刑罰」とは、「不必要な精神的、肉体的苦痛を内容とする人道上残酷と認められる刑罰」であって、被告人から見て過重と考えられるようなものが、これに当たるわけではない（最大判昭和23・6・30刑集2巻7号777頁）。また、憲法は、他に死刑制度を容認することを前提とする規定を持っているから（31条参照）、死刑そのものを残虐として違憲にする趣旨ではない。もっとも、死刑の執行の方法等が、その時代と環境とにおいて、人道上の見地から、一般に残虐性を有すると認められる態様のものである場合には、残虐刑として禁止されるが、現行の絞首刑は、そのような意味での残虐刑には当たらない（最大判昭和23・3・12刑集2巻3号191頁）。しかし、死刑制度そのものが、近時の死刑廃止論によって再考を迫られている。

2. 迅速な公開裁判を受ける権利

「すべて刑事事件においては、被告人は、公平な裁判所の迅速な公開裁判を受ける権利を有する」（憲法37条1項）。憲法は別に、裁判を受ける権利と公開裁判の原則について一般的に規定しているが、特に刑事被告人の権利を明確にするために、公平、迅速、公開裁判を保障している。「公平な裁判所」とは、「構成其他において偏頗の惧れなき裁判所」を意味し（最大判昭和23・5・5刑集2巻5号447頁）、これを確保するために、裁判官等の除籍、忌避、回避と言った制度が法定されている（刑事訴訟法20条以下）。「迅速な裁判」が保障されるのは、不当に遅延した裁判は「裁判の拒否」に等しいからである。刑事被告人というだけで、社会的不利益をこうむり、遅延によって防禦権の行使に支障がおこり、公正な裁判の実現が阻ま

237

れる惧れがないようにするためである。遅延の原因が被告人側になく、明らかにこの保障の趣旨に反するような異常事態が生じた場合には、これに対処すべき具体的規定がなくとも、37条によって審理を打ち切るという非常救済手段が許されると解し、免訴を言い渡した判例がある（高田事件・最大判昭和47・12・20刑集26巻10号631頁）。「公開裁判」とは、其の対審及び判決が公開の法廷で行われる裁判を言う（憲法82条参照）。

3. 証人審問権・喚問権

「刑事被告人は、すべての証人に対して審問する機会を充分に与えられ、又、公費で自己のために強制的手続により証人を求める権利を有する」（憲法37条2項）。前段の証人審問権は、被告人に審問の機会が十分に与えられない証人の証言には証拠能力は認められない、という趣旨の直接審理の原則を保障している。これに基づく制度が、刑事訴訟法の定める伝聞証拠禁止の原則である（320条）。前段は、刑事被告人に英米法に由来する証人に対する反対尋問権を担保するものであるが、アメリカにおける反対尋問のように直接尋問に続いて直ちに行われる交互尋問制まで保障したものではない（最大判昭和25・3・6刑集4巻3号308頁）。この審問権の保障については、制度上被告人・弁護人の反対尋問の機会が存しない手続で得られた供述を事実認定の基礎となしうるかの問題があるが、判例は、自己負罪拒否特権を消滅させて証言させる刑事免責制度を採用していない現行法の下では、刑事免責を付与して得られた供述を証拠となしえないとしている（ロッキード事件・最大判平成7・2・22刑集49巻2号1頁）。後段は証人喚問権を保障するが、被告人の申請にかかる証人のすべてを、裁判所が経験則によって必要適切でないと判断する者まで、喚問しなければならないという趣旨ではない（最大

判昭和23・7・29刑集2巻9号1045頁)。なお、「公費」による証人喚問の保障は、訴訟進行の過程で被告人に費用を支弁させないで、訴訟上の防禦を遺憾なく行使せしめるためのものである。したがって、有罪とされたとき、被告人に訴訟費用の全部又は一部の負担を命ずることは差しつかえない(最大判昭和23・12・27刑集2巻14号1934頁)。

4. 弁護人依頼権・国選弁護制度

「刑事被告人は、いかなる場合にも、資格を有する弁護人を依頼することができる。被告人が自らこれを依頼することができないときは、国でこれを附する」(憲法37条3項)。弁護人依頼権は、被告人自ら行使すべきもので、裁判所が被告人にこの権利を行使する機会を与え、其の行使を妨げなければ足りる。国選弁護人については、被告人が貧困その他の理由で弁護人を依頼できないときに国に対して請求し、国はこれに対して弁護人を付すれば足り、弁護人の選任を請求しうる旨を特に被告人に告げる義務まで裁判所に負わせるものではない(最大判昭和24・11・30刑集3巻11号1857頁)。被告人が指名を黙秘したまま提出した弁護人選任届を却下すること(最大判昭和32・2・20刑集11巻2号802頁)、氏名を記載できない合理的理由もないのに、被告人が署名していない弁護人の選任届による選任を無効にすること(最判昭和44・6・11刑集23巻7号941頁)、被告人のした国選弁護人の再選任請求が、誠実な権利行使と認められないとして却下すること(最判昭和54・7・24刑集33巻5号416頁)はいずれも本項に違反しないとされる。

5. 自己負罪拒否特権(黙秘権)

「何人も、自己に不利益な供述を強要されない」(憲法38条1項)。

これは、被疑者、被告人及び各種の証人に対して、不利益な供述を避けた場合、処罰その他法律上の不利益を与えることを禁ずることを意味する。「自己に不利益な供述」とは供述者本人が刑事訴追を受け、又は有罪判決を受けるおそれのある供述である。したがって、自動車運転者に対してアルコール保有度を調査する呼気検査などは、其の供述を得ようとするものではないから、本項が保障する自己負罪拒否特権に違反するわけではなく、氏名などもその対象とはならない（最大判昭和32・2・20刑集11巻2号802頁）。なお、刑事訴訟法は、憲法が直接に要求する自己負罪拒否特権の範囲を越え、「自己に不利益な供述」であるか否かを問わず、一般的な黙秘権を保証している（198条2項、311条1項）。行政手続における申告義務については、かつては本条の禁止と無関係と考えられてきたが、今日では、ある種の非刑事手続にも供述拒否権の保障が及ぶと解されるようになった。すなわち、収税官吏の所得税に関する質問検査について、本条の保障は、「実質上、刑事責任追及のための資料の取得収集に直接結びつく作用を一般的に有する手続には、ひとしく及ぶ」とされ、（川崎民商事件・最大判昭和47・11・22刑集26巻9号554頁）、さらに、国税反則取締法上の反則嫌疑者に対する質問調査の手続についても（最判昭和59・3・27刑集38巻5号2037頁）、本条の保障が及ぶとされる。なお、自動車運転者の交通事故の報告義務について、報告を要求される「事故の内容」には、「刑事責任を問われる虞のある事故の原因その他の事項」は含まれておらず、行政上の目的に基づくものであることを根拠として、合憲とした（最大判昭和37・5・2刑集16巻5号495頁）。

6. 自白排除の法則

(1) 「強制、拷問若しくは脅迫による自白又は不当に長く抑留若

しくは拘禁された後の自白は、これを証拠とすることができない」(憲法38条2項)。自白とは、犯罪事実の全部又は一部の供述、又は、広く不利益な事実の供述を言う。本項は、任意性に疑いのある自白や違法な手段で得られた自白については、証拠能力そのものを否定する趣旨である。強制、拷問若しくは脅迫による自白が任意の自白であるか否かは裁判官の自由心証によって判断される(最判昭和28・2・12刑集7巻2号204頁等)。例えば、警察における取調べに無理があった場合の司法警察官に対する供述調書は強制による自白である(最判昭和33・6・13刑集12巻9号2009頁)。また、検察官の、自白をすれば起訴猶予にする旨の言葉を信じてなした自白は、任意性に疑いがある(最判昭和41・7・1刑集20巻6号537頁)。しかし、裁判所及び検察官が黙秘権告知をしなかったとしてもその供述が強制によるものとはいえない(最大判昭和23・7・14刑集2巻8号846頁)。不当に長く抑留若しくは拘禁された後の自白も任意性に疑いがあるが、問題は「不当に長く」をどのように解するかである。判例は、事案の性質に応じて解釈すべきものとの立場を採り、109日の拘留後の自白を証拠とした原審判決を違憲とする(最大判昭和23・7・19刑集2巻8号944頁)。同時に、事案の内容が非常に複雑で、被告人の虚言癖のため取調べに日時を要した場合は、自白が長期の拘束の結果であっても、不当長期拘禁に当たらないとしている(帝銀事件・最大判昭和30・4・6刑集9巻4号663頁)。

(2)「何人も、自己に不利益な唯一の証拠が本人の自白である場合には、有罪とされ、又は刑罰を科せられない」(憲法38条3項)。自己に不利益な唯一の証拠が本人の自白である場合、これを有罪とするためには補強証拠を必要とする。この規定は、裁判官の自由心証主義に対して例外を設ける意味を持つものである。本項については、公判廷における自白も「本人の自白」に含まれるか否かが問題

にされた。判例は、本項の趣旨を、一般に自白が強制、拷問、脅迫などにより自由意思に反してなされることのあるのを考慮して、その証明力を制限するものと解する。したがって、公判廷では、真意に反してまで、自己に不利益な自白をなすべき状態もその必要もないこと、また、そのような自白に対しては弁護人が是正の機会を持ち得ることを根拠として、裁判官が自白の真実性について心証を得れば、それが唯一の証拠であっても有罪としうるとした（最判昭和42・12・21刑集21巻10号1476頁）。ここにいう本人の自白に共犯者の自白が含まれるか。共同審理を受けている共犯者も、被告人本人との関係においては、被害者その他の証人と異なるものではないとして、共犯者の自白は本人の自白に含まれず、独立の証拠能力ありとした判例がある（印藤巡査殺し事件・最大判昭和33・5・28刑集12巻8号1718頁）。

7. 遡及処罰の禁止と二重処罰（二重の危険）の禁止

(1) **遡及処罰の禁止又は事後法の禁止**　「何人も、実行のときに適法であった行為……については、刑事上の責任を問われない」（憲法39条前段）。この規定は、ある行為が実行されたときは適法であったにもかかわらず、その行為より後に制定された法律がこの行為に刑罰を科することを禁止するものであるが、「刑事上の責任を問われない」とは、そもそも刑事裁判の被告人として起訴されないことを意味する（最大判昭和25・9・27刑集4巻9号1805頁）。この規定は刑事責任に関する規定であるが、同じ法理が非刑事手続に要求される場合もあって、地方議会が、事後の制定した懲罰規則を遡及的に適用して、その議員を懲罰することも許されないとされる（最判昭和26・4・28民衆5巻5号336頁）。

(2) **一事不再理又は二重処罰（二重の危険）の禁止**　「何人も……

第 6 章　人身の自由に関する基本権

既に無罪とされた行為については、刑事上の責任を問われない。又、同一の犯罪について、重ねて刑事上の責任を問われない」（憲法39条前段後半、後段）。「既に無罪とされた」とは、刑事裁判の確定判決によって無罪とされたことを意味する。したがって、例えば、家庭裁判所が、少年法事件の調査手続において、無罪たるべきものと判断して検察官への送致を決定しなかったというような場合は、刑事裁判の判決ではないから、ここにいう「既に無罪とされた」場合に当たらない（最大判昭和40・4・28刑集19巻3号240頁）。第一審の無罪判決を不服として検察官が控訴することは、二重処罰、すなわち「同一の犯罪について、重ねて刑事責任を問」うことにはならない。刑事裁判は、「訴訟手続の開始から終了に至るまでの一つの継続的状態」を一つの手続と見るものであって、第一審判決の効力が確定する前に行われた控訴は、一つの手続の中の処分に過ぎないからである（前出、最大判昭和25・9・27）。なお、この規定は、刑事責任を重ねて問うことを禁止するものであって、刑事責任と行政上の不利益処分等を併科することが禁止されるものではない。したがって、刑罰と司法上の秩序罰としての過料を併科することは本条の禁止に抵触しない（最判昭和39・6・5刑集18巻5号189頁）。

第7章　社会権——生存権的基本権

第1節　総説——自由権と社会権

　ドイツのワイマール憲法（1919年）は、「経済生活」と題する章を持っている。その冒頭の151条1項に経済生活の秩序はすべての人間に値する生存を保障することを目的とする正義の原則に適合しなくてはならない旨が述べられている。この「人間に値する生存」を確保するために必要な諸条件を国家に対して要求する権利、これが社会権である。それは社会的基本権あるいは生存権的基本権とも呼ばれる。

　憲法の保障する基本的人権とは、人権中でも基本的に重要なものという意味であるが、いかなる人権が基本的とされるかは、時代により、国により異なる。各時代、各国家における市民ないし国民の国家権力に対するかかわりかたが異なるからである。18・19世紀国家においては市民の自由確保が最大の目標とされ、基本的人権の内容は自由権が中心であった。封建的・絶対主義権力の下にあって自由を束縛された市民階級を中心とする人々が最も切実に求めたのは、何よりも、封建的身分制の打破と恣意的権力からの開放だったからである。自由権は思想史的には、18世紀の自然法思想に基づき前国家的な、人間の自然的権利として近代憲法にとり入れられたものである。アメリカ独立宣言（1776年）が、「すべての人は平等に造られ、おのおの造物主によって一定の不可譲の権利を与えられ、……、これらの権利を確保するために人々の間に政府が組織せら

れ」た、というように、自由権は人間が人間である以上当然享有する生まれながらの権利であり、それは国家以前に存するものであって国家が与えるものではないから、国家がこれを奪うことはできないものと観念される。すなわち、自由権とは、「国家からの自由」を意味し、人間が自然のうちで持つ基本的な自由が、国家権力によって侵害されないように保障することを主目的とするものであって、かかる人間の自由な領域に対する国家の不作為を請求できる権利である。それは所有権の不可侵と契約の自由を基軸とし、自由かつ独立な人格が自由に経済活動を行なうことによって自律的な生活を営むという、レッセ・フェールの原則に基礎をおく近代市民社会の要請に沿うものであった。それは、いわゆる夜警国家ないしは自由国家という国家観に対応する基本的人権であった。それが、資本主義経済の成立発展に大きく寄与したことはいうまでもない。

　しかしながら、19世紀後半に入ると、資本主義が高度化するとともに、さまざまな社会的矛盾があらわれ始める。資本の極度の集中と企業の独占、資本家と労働者の対立の激化などによって、国民相互間の貧富の懸絶、社会的不平等が深刻化するに至ると、無産者大衆にとっては財産権や自由権は画餅に等しくなる。自由主義理念に基づく自由放任経済体制が、18世紀哲学において楽観的に予測されたようなアダム・スミス（Adam Smith）の言う「神の見えざる手」に導かれた調和ある社会をもたらすどころか、現実社会において、富める者はますます富み、貧しき者はいよいよ貧しくなるという社会的経済的強弱関係を生みだし、実質的には人権保障の一理想である社会的平等、実質的平等を破壊し、必ずしも、ベンサム（Jeremy Bentham）の言う「最大多数の最大幸福」を実現しないことが明瞭になった。こうした自由主義のゆきすぎを是正し、社会的正義、実質的平等の実現をはかるため、国家の機能の転換が求めら

第 7 章　社会権——生存権的基本権

れることになる。夜警国家・自由国家から福祉国家・社会国家への転換であり、国家による不干渉主義から社会調整をなすべく積極的関与主義への転換である。これに対応して国家への立法その他の積極的配慮の要請が、「国家への自由」としての社会権として構成せられ、生存権、労働者の権利などの社会的基本権の誕生をみるに至るのである。社会権はかようにして資本主義あるいは自由主義経済機構のもつ弊害を除去ないし修正すべく現代 20 世紀社会の要請にかかるものだから、ワイマール憲法を初めとして、20 世紀憲法には多かれ少なかれ社会権についての規定がおかれている。したがって、明治憲法を初め、19 世紀の憲法は社会権を知らないし、逆に社会権を知らない憲法は 20 世紀憲法としての歴史的任務を自覚しない憲法といってよいであろう。日本国憲法は、生存権（25 条）、教育を受ける権利（26 条）、勤労の権利（27 条）[1]、勤労者の団結権・団体交渉その他の団体行動権（28 条）[2]を保障して、20 世紀憲法にふさわしく社会国家の理念を具現している。

　最後に自由権と社会権との関係について整理しておこう。かつて人権宣言は自由権を中核としていた。今日、人権宣言は社会権に花形的地位を与えている。その成立時期を異にする両者はまず、それぞれ国家権力とのかかわりかたを異にする。自由権は国家権力の消極的な不干渉によって充足される。すなわち、「国家からの自由」[3]である。社会権は国家権力の積極的な関与によって充足される[4]。すなわち「国家への自由」と称されるゆえんである。したがって、自由権に対する侵害は国家権力の作為によって行なわれるのに対し、社会権に対する侵害は国家権力の不作為という形で現れる。また、その性格においても、自由権は、それが人間存在にとって根源的な権利であるが故に、絶対的な権利として設定されているが、社会権は、それが国家に積極的施策を要求する権利であり、そのための社

247

会立法は常に財政的裏付を必要とするから、その時々の現実の社会、経済状況に規制され多かれ少なかれ相対的性格をもたざるをえない。

　前述したように人権宣言のカタログには自由権から社会権への流れが見られる。そして、社会権の充実は、たとえば労働基本権の保障が契約の自由の制約の上に成り立つというように、多かれ少なかれ、伝統的自由権の制約という効果をともなう。しかし、このことは、今日、自由権の意味が消滅し、その価値が減退したことを意味するものでは決してない。社会権それ自体が目的なのではない。それは、実質的な自由・平等を確保し、特に人間存在に不可欠な精神的自由を享受する前提条件を備えんとするものである。人はパンのみにて生くべきものではないけれども、また、パンなきところに思想や言論の自由は意味を失う。社会権は自由権の否定ではなく、自由権を現代社会において再活性化せんとするものである。それ故に、現代人権宣言は、自由権と社会権の調和の上に整合的に体系化されたものとして把握されなければならないのである。

第2節　生存権と環境権

▷環境権──大阪空港公害訴訟

大阪高裁昭和50年11月27日判決・判時797号36頁

　【事実】　大阪国際空港は、人口密集の市街地に位置するため、航空騒音、振動等により周辺地域住民の生活環境を極度に悪化せしめた。そこで、川西市、豊中市に居住する空港周辺住民264名は、離着陸する多数の航空機のもたらす騒音、排気ガス、ばい煙、悪臭、振動等により、生活環境が破壊されたとして、空港設置管理者の国を相手どり、夜間飛行禁止等の差止と損害賠償を求めて提訴したものである。

　第一審判決（大阪地判昭和49・2・27判時729号3頁）は、被害の事実

第7章　社会権——生存権的基本権

を認めて人格権に基づく差止請求を認容し、夜間の離着陸禁止については、午後10時から翌日7時までを認め、午後9時から10時までの1時間は航空輸送上必要度が高いことを理由に、受忍限度内のものと判断した。過去の損害賠償については国家賠償法1条1項に基づいて認容したが、将来請求については却けた。原告にとっては1部勝訴1部敗訴の判決であったが、環境権についての判断が消極的であったために実質敗訴と考えられた。両当事者が控訴。控訴審は原告らの請求をほぼ全面的に認容し、午後9時以降翌日午前7時までの離着陸の差止めを認めた。

【判旨】（一部控訴棄却）（差止請求の根拠としての環境権・人格権について）「原告らは、原告ら各人についてすでに被害が発生していることを主張しており、他方、原告らの主張によっても、環境権の意義は、被害が各個人に現実化する以前において環境汚染を排除し、もって人格権の外延を守ることにあるというのであるから、判断の順序としては、まず人格権に基づく主張の当否を判断すべきものと解される。」「およそ、個人の生命・身体の安全、精神的自由は、人間の存在に最も基本的なことがらであって、法律上絶対的に保護されるべきものであることは疑いがなく、また、人間として生存する以上、平穏、自由で人間たる尊厳にふさわしい生活を営むことも、最大限度尊重されるべきものであって、憲法13条はその趣旨に立脚するものであり、同25条も反面からこれを裏付けているものと解することができる。このような、個人の生命、身体、精神および生活に関する利益は、各人の人格に本質的なものであって、その総体を人格権ということができ、このような人格権は何人もみだりにこれを侵害することは許されず、その侵害に対してはこれを排除する権能が認められなければならない。」「被告は、このような差止請求の根拠としての人格権には実定法上の根拠を欠くと主張するが、右のとおり人格権の内容をなす利益は人間として生存する以上当然に認められるべき本質的なものであって、これを権利として構成するのに何ら妨げはなく、実定法の規定をまたなくとも当然に承認されるべき基本的権利であるというべきである。」「もっとも、人格権の外延をただちに抽象的、

第3部　人権保障

一義的に確定することが困難であるとしても、少なくとも前記のような基本的な法益をその内容とするものとして人格権の概念を把握することができ、他方このような法益に対する侵害は物権的請求権をもってしては救済を全うしえない場合があることも否定しがたく、差止請求の根拠として人格権を承認する実益も認められるのであって、学説による体系化、類型化をまたなくてはこれを裁判上採用しえないとする被告の主張は、とりえないところである。」

▷環境権 —— 大阪空港公害訴訟上告審判決[5]

最高裁昭和56年12月16日大法廷判決・民集35巻10号1369頁（大阪国際空港夜間飛行禁止等請求事件）

　【事実】　控訴審判決参照。控訴審判決は人格権に基づく差止め請求を認めたため、国側が上告した。

　【判旨】　（一部棄却、一部破棄自判、一部破棄差戻）「国際航空路線又は主要な国内航空路線に必要なものなど基幹となる公共用飛行場……にあっては、その設置、管理のあり方がわが国の政治、外交、経済、文化等と深いかかわりを持ち、国民生活に及ぼす影響も大きく、したがって、どの地域にどのような規模でこれを設置し、どのように管理するかについては航空行政の全般にわたる政策的判断を不可欠とする。」「本件空港の管理に関する事項のうち、少なくとも航空機の離着陸の規制そのもの等、本件空港の本来の機能の達成実現に直接かかわる事項自体については、空港管理権に基づく管理と航空行政権に基づく規制とが、空港管理権者としての運輸大臣と航空行政権の主管者としての運輸大臣のそれぞれ別個の判断に基づいて分離独立的に行われ、両者の間に矛盾乖離を生じ……ないよう、いわば両者が不即不離、不可分一体的に行使実現されているものと解するのが相当である。」「本件空港の離着陸のためにする供用は運輸大臣の有する空港管理権と航空行政権と言う二種の権限の、総合的判断に基づいた不可分一体的な行使の結果であると見るべきであるから、右被上告人らの……請求は、事理の当然として、不可避的に航

第7章　社会権——生存権的基本権

空行政権の行使の取消変更ないしその発動を求める請求を包含することとなるものといわなければならない。したがって、右被上告人らが行政訴訟の方法により何らかの請求をすることができるかどうかはともかくとして、上告人に対し、いわゆる通常の民事上の請求として……私法上の給付請求権を有するとの主張の成立すべきいわれはな」く、「いわゆる狭義の民事訴訟の手続きにより一定の時間帯につき本件空港を航空機の離着陸に使用させることの差し止めを求める請求にかかる部分は、不適法と言うべきである。」

1. 生　存　権

　資本主義経済の発展に伴って、国民の間の貧富の差が激化し、無産者大衆の生活苦が増大するという社会況下で、いかにしてすべての国民に人間らしい生活を保障するかという問題に、20世紀の国家は直面した。この課題に応えるために人権宣言の中に生存権が登場してくるのである。生存権はこの意味で20世紀憲法としての新鮮さをもった人権であり、その最初の例はワイマール憲法に見られる。日本国憲法第25条1項は「すべて国民は、健康で文化的な最低限度の生活を営む権利を有する。」と規定する[6]。「健康で文化的な最低限度の生活」とは「人間の尊厳にふさわしい生活」（世界人権宣言23条3項）であり、「人間に値する生存」（ワイマール憲法）を意味する。日本国憲法は全体として自由権の保障に重点がおかれ、自由国家の憲法としての性格が濃厚であるが、同時に社会国家の理念にも仕えるものであることは前述したとおりである。自由は人間の尊厳の基本条件であるが、その基礎的前提として、生存または生活の権利が確立されなければならない。生存または生活が確保されない状況での自由は、いわば「橋の下に寝る自由」であって、人間の尊厳にとって無意味な虚名にすぎないからである。現代社会にお

ける自由は何よりも「貧困からの自由」であり、生活の安定の上に立った自由でなければならない。したがって、生存権は単に消極的に生存または生活を妨げられない権利にとどまらず、積極的に生存または生活の維持・発展に必要な諸条件の確保のための社会立法[7]その他国家の積極的な配慮を要求する権利である。前述したように、現代国家の任務は、人権として単に「国家からの自由」を保障するにとどまらず、貧困からの自由、欠乏からの自由、すなわち国家の積極的行為を要求する「国家への自由」を保障することにある。そこに現代福祉国家の理念がある。国民が健康で文化的な最低限度の生活を営む権利を有することは、福祉国家の不可欠の条件であり、この意味で生存権は、人間たるに値する生活に関する一連の規定である社会権の規定のうちで核心的地位を占め、他の社会権規定の基礎にあるものであって、他の社会権規定は、生存権を多角的に実質的に支えるものといえよう。

ところで、25条の生存権規定の法的性格については学説・判例上争いがみられる。大別すると、プログラム規定説と法的権利説とがある。本規定によって、国民は「健康で文化的な最低限度の生活」を営む権利を有する以上、国は国民に対し、「健康で文化的な最低限度の生活」を保障するために、「すべての生活部面について、社会福祉、社会保障及び公衆衛生の向上及び増進に努めなければならない」（25条2項）義務を負うにいたるわけであるが、もし国がそのための立法その他の十分な措置を講じなかった場合、個々の国民がこの規定を根拠に訴訟を通じて生活費の支給など国による具体的な措置を求めることがはたしてできるのかどうかということが問題になり、それをめぐって見解がわかれるのである。

プログラム規定[8]説は次のようにいう。憲法25条は、法律的には、国民の生活を積極的に確保するために努力しなければならない

という国家の政治的・道義的責任を定めたにすぎない。それは国民に具体的な内容をもつ請求権を与えたものではなく、法的には国家もこれに応じて具体的に義務づけられるわけではない。国民の具体的権利は、国がその政治的義務に基づき生活保護法などの社会保障立法を行なうことによって初めて発生する。しかも、その具体的実現はもっぱら国（立法権）の立法政策ないし政策実現過程の裁量に委ねられている。したがって、国家が生存権実現のために必要な立法や適当な施設の設置をしないときに、その怠慢を国の義務違反だとして訴訟によって救済を求めることはできない。これは従来の支配的学説であり、また現在でも判例の主流を占める考え方である。生存権の法的性格に関して初めて判断を下した判例として旧食糧管理法違反事件[9]（最判昭和23・9・29刑集2巻10号1235頁）がある。この判決において最高裁判所は、憲法25条1項により、「国家は、国民一般に対して概括的に」健康で文化的な最低限度の生活を保障する「責務を負担し、これを国政上の任務としたのである」が、「この規定により、直接、個々の国民は、国家に対して具体的現実的にかかる権利を有するものではない」と判示して、生存権の具体的権利を否定した。

　生存権についての最も著名な判例であるいわゆる朝日訴訟[10]（最判昭和42・5・24民集21巻5号1043頁）においても、最高裁判所は次のように判示して、プログラム規定説を採用した。憲法25条は、「すべての国民が健康で文化的な最低限度の生活を営み得るように国政を運営すべきことを国の責務として宣言したにとどまり、直接個々の国民に対して具体的権利を賦与したものではない……。具体的権利としては、憲法の規定の趣旨を実現するために制定された生活保護法によって、はじめて与えられているというべきである」。ところで、「健康で文化的な最低限度の生活」の具体的内容は、「多

数の不確定的要素を綜合考慮してはじめて決定できるもの」だから、その認定は、「いちおう、厚生大臣の合目的的な裁量にまかされている」とみるべきであり、その裁量権の限界を超えた場合は別として、「その判断は、当不当の問題として政府の政治的責任が問われることはあっても、直ちに違法の問題を生ずることはない」。「本件生活扶助基準が入院入所患者の最低限度の日用品費を支弁するにたりるとした厚生大臣の認定判断は、与えられた裁量権の限界をこえまたは裁量権を濫用した違法があるものとは、とうてい断定することができない。」

　しかし、プログラム規定説をとる論者も、第25条がまったく実効性を欠くものとみているわけではない。第25条がプログラムであるとしても、国は憲法上のプログラムを実現することを政治的に義務づけられており、その反面として国民は政治的にそれを要求することができる。さらに、憲法25条は、下位の法規範である法律等の解釈上の基準になることも認められている。たとえば、生存権の保障の実現を明らかに妨げるような立法や行政処分は違憲違法として無効とされうる。この考え方をさらに一歩進めるところに、法的権利説がでてくる。憲法上明文で「権利」と書かれている以上、それはあくまでも法的権利であるべきであって、それを単なるプログラムというのはおかしいという反論がでてくるのである。この説によると、25条1項の「権利」も法的権利である以上、それに対応する同条2項の国の義務も当然法的義務でなければならないということになり、国会としても、「健康で文化的な最低限度の生活」を保障するための適切な立法をする法的義務を負い、それをしなければ違憲とされることになる。もっとも、25条の生存権を法的権利とみる立場も、さらにそれは抽象的権利だとみる考え方（抽象的権利説）と具体的権利だとみる考え方（具体的権利説）とに分かれ

第7章 社会権——生存権的基本権

る。抽象的権利説によると、国が生存権を保障するために立法義務を負っているとしても、それは抽象的義務にすぎないから、国会が立法しなかったからといって、その不作為を違憲であるとして裁判所に確認させ、国会を強制して法律を作らせることはできない。ただ、国会が生存権保障の憲法の精神に反するような具体的立法をした場合に、裁判所はそれを違憲無効とすることはできる。また、生存権についての立法がなされて具体的請求権が発生した場合に、その立法に基づいて権利侵害の救済を裁判所に求めることもできる。これに対し、具体的権利説によると、生存権は国民が立法権に対し、その権利内容にふさわしい立法を行なうように請求できる具体的な権利であるから、国会がそのような立法をしなかった場合、立法不作為の違憲性確認と適正な救済立法をするように裁判所に求めることができるとする。裁判所はそのような立法の不在が違憲であることを確認した上、国会に対し必要な立法を行なうよう命ずる判決をしなければならず、国会は当然にその判決に拘束されることになる。

　それでは、いずれの考え方が妥当であろうか、まず、プログラム規定説が生存権をもって純粋に政治的道徳的な権利にすぎないとみているとすれば、それは生存権が憲法上の権利として登場した由来を理解しないものであって妥当でない（もっとも、25条を文字どおりプログラムであるとし、裁判規範としての効力を一切認めない考え方は現在殆んど存しない）。25条がいかなる意味においても法的権利を保障するものでないと解することは実定憲法みずから「権利」という文言を用いていることからみて不当である。また、単なるプログラムと解すれば、それは国の福祉政策の後退に口実を与え、福祉国家の理念に仕える20世紀憲法の精神に反することになろう。法的権利説が基本的に正当である。しかし、具体的権利説に対しては、裁判所が国会に立法を指示することは三権分立の原則からみて妥当

255

でないという批判もなされよう。生存権を具体化する社会立法は常に予算を必要とするが、その予算の配分は国の財政政策等の問題である以上、社会立法が国の裁量事項に属することを全く無視することはできないからである。さらに、立法不作為を違憲とすることには訴訟技術的になお問題が残る。憲法上、違憲審査の対象となるのは、法律・命令・処分などの作為的行為とされているからである（81条参照）。したがって、抽象的権利説（プログラム規定説でも最近の考え方は抽象的権利説に近くなっている——プログラム規定積極説）が生存権の法的性格についての最も妥当な考え方といえる。この説は現在の支配的学説となっているとみてよかろう。

2. 環 境 権

近年、公害や環境破壊の激化にともない、生存権の内容として、従来の経済的給付を受けること以外に、公害の排除や良好な環境の保持を求めることが加わってきたことに注目しなければならない。新しい社会権としての環境権の登場である。環境権とは、清浄な空気・水・土壌、日照、静穏、景観等人間が健康で快適な生活を維持する上に不可欠な良好な環境を享受し、かつこれを支配する権利である、と定義することができよう。憲法25条は「健康で文化的な最低限度の生活を営む権利」を国民に保障するが、環境は人間の「健康で文化的な生活」を規制する基本条件であり、良好な環境を享受することは人間の尊厳や自由にとって不可欠の前提である。しかるに、現代における急速な科学技術の進歩に基づく産業の高度成長、その無制約な活動にともなう人為的な環境破壊、いわゆる公害が特に1960年代以降激化し、個人の健康や生命をむしばむに至るや、「健康で文化的な最低限度の生活を営む権利」が直接侵害を受けることになる。これは、立法者の予見しえなかった事態であり、

第7章　社会権——生存権的基本権

既存の法体系をもってしては、これらの侵害に対し、個人の権利を十分に救済することはできない。ここにおいて、この危機を克服し、国民の環境的利益を守るための基本的法理として、公害反対運動の盛り上りの中から「環境権」という新しい人権概念が誕生したのである。それは、公害を防止し、人々の健康と生活環境を効果的に保護し、また公害による生命、健康被害の救済を容易ならしめることを意図して提唱されたものである。

このような誕生の契機からみて、環境権は、それについての明文の根拠規定[11]はないけれども、なによりも、25条の生存権と不可分の関係をもつ。同条の文言の意味に照らしてみれば、生存権を脅かす公害の排除ならびに予防のための環境保全は、生存権の前提あるいはコロラリー（系）として認められるべきだからである。また、生存権というのは単に動物として生命を維持する権利ではなく、健康で文化的な人間に値する生存の権利を意味するから、環境権は人格的生存に必要な環境に対する権利として、13条の幸福追求権にもその根拠を求めることができよう。さらに言えば、環境権は、25条の国家の積極的配慮と施策を要請する性格と13条の自由権的側面としての公害、環境破壊からの自由の性格を併せもつとの考え方も成り立ちえよう。

次に、環境権の憲法上の根拠づけとも関連することであるが、環境権の法的性格ないしは効果が問題になる。すなわち、環境権を具体的法的権利とみて、国家権力及び私企業による環境破壊行為に規制力をもつ裁判規範性をもった権利として把握するか、それとも単なる指導的・綱領的なプログラム的性格の権利として把握するかという問題である。また効果の面において、特に環境破壊行為に対する事前差止請求について環境権を法理論的根拠となしうるかという問題である。環境権が社会権の1つとしてとらえられ、憲法25条

の生存権規定に実定法上の根拠を求める以上、生存権の法的性格論と同じ問題に直面することはさけがたい。しかも、環境権が新しい社会権としていまだ生成途上の権利であり、その内容が必ずしも明確でない故に、生存権以上にプログラム性が強いものとして把握され、具体的権利性を否定されるのが、判例実務を中心として、一般的傾向であるといえよう。例えば、名古屋東海道新幹線訴訟第一審判決（名古屋地判昭和55・9・11判例時報976号40頁）は次のように判示して、環境権をもって差止請求の法的根拠とはなし難いとした。「環境権は、その基盤たる各個人の権利の対象となる環境の範囲、いわば環境を構成する内容、性質、地域的範囲等が明らかでなく、したがって、またその侵害の意義、更には権利者の範囲も確定し難く、ひっきょう、差止の法的根拠としての私権性を肯認することは困難である。環境権は原告らの主張するように憲法13条、25条などに依拠して成立しうるとしても、これらの規定は、憲法上の綱領的性格を有する権利にとどまり、私法上の具体的権利をもって目し難い。」火力発電所操業差止訴訟である豊前環境権訴訟（福岡地裁小倉支判昭和54・8・31）伊達環境権訴訟（札幌地判昭和55・10・14判時988号37頁）等においても同様な判旨がみられる。また、生存権および環境権ないし入浜権に基づいて主張せられた海水浴場の利用およびその景観の享有が、国がその利用を許していることの反射的効果にすぎず、権利性を有しないとされたケースもある（長浜町入浜権訴訟——松山地判昭和53・5・29）。

　もっとも、これまで、環境的利益の侵害に対する事前の予防として差止請求を認容した判例も少なくないが、それは環境権を根拠にするものではなく、人格権、所有権など個人の具体的権利に基づくものである（例えば、徳島市ごみ焼却場建設差止仮処分申請事件——徳島地判昭和52・10・7）。本節の冒頭に紹介した大阪国際空港公害訴訟

第7章　社会権——生存権的基本権

控訴審判決（大阪高判昭和 50・11・27）は、午後 9 時以降 10 時間航空機の夜間飛行差止を認めたものであるが、それも環境権ではなく人格権を法理論的根拠とするものである。しかし、この判決で注目すべきことは、被害住民らが人格権・環境権を主張して空港という公共事業に対し本格的な公害差止訴訟を提起したのに対し、大阪高裁は環境権を必ずしも明白に否認しなかったことである。第一審大阪地裁が差止請求の法的根拠として環境権の具体的権利性に否定的見解を示して、人格権を認めたのに対し、控訴審判決は、まず人格権に基づく差止請求権の可否について判断し、人格権で十分に請求の目的を達するから環境権について論ずるまでもないとの趣旨で環境権の当否についての判断にはふれていないのである。しかも一審判決は人格権について、利益衡量に基づく受忍限度判定にあたって考慮すべき一要素として相対的価値しか認めなかったのに対し、控訴審は、「およそ、個人の生命・身体の安全、精神的自由は、人間の存在に最も基本的なことがらであって、法律上絶対的に保護されるべきものであることは疑いがなく」「このような個人の生命、身体、精神および生活に関する利益は、各人の人格に本質的なものであって、その総体を人格権ということができ、このような人格権は何人もみだりにこれを侵害することは許されず、その侵害に対してはこれを排除する権能が認められなければならない」として、人格権に法律上絶対的に保護されるべき価値を認めている。しかも、さらに注目すべきは、この人格権の絶対性の延長線上に環境権を認めるような口振りが看取されることである。大阪高裁は、文言上は環境権に言及してはいないが、人格権の説明において環境権の内容が示されており、人権としての環境権そのものの説明になっている。いわば、人格権に名を藉りて環境権を語っているともみられるのである。そもそも環境権の法理は人格権のそれと多くの重なり合いを示して

いる上に、この判決は、「環境権の意義は被害が各個人に現実化する以前において環境汚染を排除し、もって人格権の外延を守ることにある」とする原告の主張を正面から受けとめた上で、人格権を個人の生命、身体、精神及び生活に関する利益の総体として観念し、それを環境破滅の予防的事前規制的法理として認め、さらにその法律上の根拠を憲法13条、25条に求めている。これは、個人及び地域住民の生活環境の利益が侵害された場合の環境権論の立場に著しく接近するものである。したがって、この判決は環境権を認めた判決[12]であると評価するむきもあるほどである。少なくとも、この判決は、環境権の存在を示唆し、法的保護に値する環境的利益の存在を認めて、たんなる「理念としての環境権」から一歩ふみだしたものと評価することはできよう。

　近時、ナショナルトラスト運動にもみられるように、住民の身近かな生活をとりまく環境保全への関心が高まるにつれ、環境訴訟は、生活権、健康権、日照権、入浜権、眺望権、静穏権など、その侵害の態様に即応した権利概念をとり入れつつ増大してきている。このような状況に対応し、環境破壊に対する私法的救済にあたって原因者負担の原則を明確にし、国、地方自治体に対し公害対策の拡充[13]（環境アセスメント[14]の厳格な義務づけ等を含め）、転換をせまり、発生源に対する差止請求認容の余地を拡大するためには、人格権から独立したものとしての環境権の法理を確立することが要請される。単なるプログラム的あるいは政治スローガン的な抽象的な権利概念では有効に対処できない。また、ひとたび失われた良好な環境を再びとりかえすことは不可能事である。それは損害賠償その他の金銭的救済で補えるものではない。環境破壊の危険が迫まる前段階、つまり環境汚染の段階で加害行為をくい止め、しかも個々の住民の権利侵害と併せて広い地域の環境破壊の違法性を追及すること

を容易にし、さらには人的、物的な被害のほかに環境汚染に対する損害をも将来請求を含め賠償に加算しうるようにするためには、人格権を発展させた絶対的支配権としての「環境権」が、その内容効果についての明確化・拡充化の点においても、またその訴訟技術の面においても早急に確立されなければならない。「健康と環境は不可分の関係にある。国民に健康で文化的な生活を営む権利（憲法25条）が保障されている以上、当然に健全な生活環境を享受する権利、すなわち環境権が認められなければならない。今日の社会状況のもとにおいては、環境権が人間の生存に不可欠の基本的権利であることを自覚的に承認することによって、はじめて国民の幸福追求の権利（憲法13条）を実質的に保障したことになるのである」（大阪空港公害訴訟における原告の最終準備書面第1章）。

第3節　教育を受ける権利と教育の自由

▷**教育権──教育を受ける権利と教育の自由──旭川学力テスト事件**

最高裁昭和51年5月21日大法廷判決・刑集30巻5号615頁

【事実】　昭和31年の地教行法（地方教育行政の組織及び運営に関する法律）の成立以来、文部省の手による教育内容行政、教育管理体制の集権的強化への諸施策がつぎつぎとうちだされたが、この教育内容行政の一環として「文部省学力調査」（いわゆる学力テスト）が昭和31年に開始された。36年に至り、中学校2、3年生全員を対象とする「全国中学校いっせい学力調査」となるに及んで教員組合はあらためて激しい反対運動を全国的にくりひろげた。本件はその反対運動の一環として北海道旭川私立永山中学校において行なわれた学テ阻止行動に関する訴訟事件である。被告人らは同中学校らに対して学テ中止の説得を行なったが、

説得に耳を貸さない学力調査立合人（市教委事務職員）の出室を阻止し、教室を見回る校長に暴行、脅迫を加えたとして、建造物進入、公務執行妨害、共同暴行罪で起訴されたものである。一審判決（旭川地判昭和41・5・25判時453号16頁）は、学テは違法であるとして公務執行妨害罪の成立を否定し、無罪としたが、建造物進入、共同暴行罪の成立を認めたので、検察・被告人双方が控訴。控訴審（札幌高判昭和43・6・26判時524号25頁）は一審の判旨をひきつぎ、控訴棄却、これに対し双方が上告。

【判旨】（手続上、実質上ともに学テの合法性を認め、被告人の暴行行為は公務執行妨害罪を構成するとして、1部上告棄却、1部破棄自判。教育権と教育の自由に関して次のように判示する。）「わが国の法制上子どもの教育の内容を決定する権能が誰に帰属するとされているかについては、2つの極端に対立する見解がある」が、当裁判所は、右の2つの見解はいずれも極端かつ一方的であり、そのいずれをも全面的に採用することはできないと考える」。憲法26条の「規定の背後には、国民各自が、一個の人間として、また一市民として、成長、発達し、自己の人格を完成、実現するために必要な学習をする固有の権利を有すること、特に、みずから学習することのできない子どもは、その学習要求を充足するための教育を自己に施すことを大人一般に対して要求する権利を有するとの観念が存在していると考えられる。換言すれば、子どもの教育は、教育を施す者の支配的権能ではなく、何よりもまず、子どもの学習をする権利に対応し、その充足をはかりうる立場にある者の責務に属するものとしてとらえられているのである。しかしながら、この……ことからは、このような教育の内容及び方法を、誰がいかにして決定すべく、また決定することができるかという問題に対する一定の結論は、当然には導き出されない」。憲法23条の保障する学問の自由のもとでは、「普通教育の場においても、例えば教師が公権力によって特定の意見のみを教授することを強制されないという意味において、また、子どもの教育が教師と子どもとの間の直接の人格的接触を通じ、その個性に応じて行なわ

れなければならないという本質的要請に照らし、教授の具体的内容及び方法につきある程度自由な裁量が認められなければならないという意味においては、一定の範囲における教授の自由が保障されるべきことを肯定できないではない。しかし、……普通教育においては……子どもの側に学校や教師を選択する余地が乏しく、教育の機会均等をはかる上からも全国的に一定の水準を確保すべき強い要請があること等に思いをいたすときは、普通教育における教師に完全な教授の自由を認めることは、とうてい許されないところといわなければならない。」「親は、子どもに対する自然的関係により、……子どもの教育に対する一定の支配権、すなわち子女の教育の自由を有すると認められるが、このような親の教育の自由は、主として家庭教育等学校外における教育や学校選択の自由にあらわれるものと考えられるし、また、私学教育における自由や前述した教師の教授の自由も、それぞれ限られた一定の範囲においてこれを肯定するのが相当であるけれども、それ以外の領域においては、一般に社会公共的な問題について国民全体意思を組織的に決定し、実現すべき立場にある国は、国政の一部として広く適切な教育政策を樹立、実施すべく、また、しうる者として、憲法上は、あるいは子ども自身の利益の擁護のため、あるいは子どもの成長に対する社会公共の利益と関心にこたえるため、必要かつ相当と認められる範囲において、教育内容についてもこれを決定する権能を有する。」もとより、政党政治の下では「本来人間の内面的価値に関する文化的な営みとして、党派的な政治的観念や利害によって支配されるべきでない教育」に対しては、「国家的介入についてはできるだけ抑制的であることが要請されるし、殊に個人の基本的自由を認め、その人格の独立を国政上尊重すべきものとしている憲法の下においては、子どもが自由かつ独立の人格として成長することを妨げるような国家的介入……は、憲法26条、13条の規定の上からも許されない」。しかし、「これらのことは、前述のような子どもの教育内容に対する国の正当な理由に基づく合理的決定権能を否定する理由となるものではないといわなければならない」。

第 3 部 人権保障

1. 教育を受ける権利

　国民が社会の一員として人間たるに値する生存を自ら確保するためには、一定の文化的教養と知識とを身につけることは不可欠である。特に民主主義社会にあっては、主権者として政治を批判する目を養うことが必要である。世界人権宣言は、「何人も、教育を受ける権利を有する」といい、「教育は、人格の完全な発展と人権および基本的自由の尊重の強化とをその目的としなければならない」と規定する (26条2項)。日本国憲法も、26条において社会権の1つとして、教育の機会均等と共に、その最小限の裏づけとなる義務教育とその無償制について保障した。教育を受けることが「健康で文化的な最低限度の生活」を営む前提条件であるという意味で、第26条の教育を受ける権利は生存権の文化的側面といえる[15]。教育は精神的面での「人間らしい生活」を営むために必要だからである。

　本条はまた、憲法14条の法の下の平等の教育の面における保障である。すべて国民はひとしく、その能力に応じて教育を受ける機会を与えられ、人種、信条、性別、社会的身分、経済的地位または門地によって教育上差別されない (教育基本法3条1項)。特に、能力がありながら、経済的理由で修学できない者に修学の機会を現実に保障するところに意味がある。教育基本法3条1項が特に「経済的地位」による差別のない教育の機会均等を定めているのはそのためである。憲法26条2項は義務教育を無償とし、教育基本法3条2項は国及び地方公共団体に奨学の方法を講ずる義務を課している。日本育英会法による育英制度の充実はその趣旨にそうものである。もっとも、このことは、とりわけ高等教育に関して意味をもつ。普通教育は義務教育であり、しかも無償と定められているから、その点については、特に教育を受ける権利をいう実益はない。教育は主として学校教育を意味するが、学校教育以外についても同じ趣旨が

第7章 社会権──生存権的基本権

認められるべきである。図書館や公民館などの整備、拡充等によって高等教育を受ける機会の乏しい大衆に教育を受ける可能性を確保することは憲法の趣旨を生かすものである。

　国民の教育を受ける権利に対応して、国家は国民が利用できるように教育（学校教育以外の教育も含む）の施設その他の教育条件、環境を拡充させる義務を負う。教育を受ける権利についても、生存権と同様、その法的性格について、プログラム規定説と法的権利説との対立が見られるが、第26条1項が教育を受ける権利は「法律の定めるところにより」保障されると規定しているから、その具体的実現には教育基本法、学校教育法、私立学校法、社会教育法等の制定が必要とされたのである。

　第26条2項は普通教育についてはこれを義務教育とし、保護する子女に義務教育を受けさせることを親に義務づけるのと引換に義務教育の無償化を定める。但し、義務教育の無償は国公立の学校に限られるから、私立学校は義務教育でも授業料をとってよいことはもちろんである。義務教育を無償とするとは、最高裁判所によれば、「子女教育に要する一切の費用」を無償としなくてはならないとの意ではなく、「授業料不徴収の意味」であり、「教科書、学用品その他教育に必要な一切の費用まで無償としなければならないことを定めたものではない」とされる（最判昭和39・2・26民集18巻2号343頁）しかし、26条をプログラム規定とみる立場からしても、法律でその無償の範囲をひろげることは、もちろん憲法の精神にそうゆえんである。教科書無償措置法は義務教育諸学校の教科用図書は無償とすると定めている。ただ、教科書を無償とする現行の措置が教科書検定制度という高い代償と無関係ではないことを見逃してはならない。

第3部　人権保障

2. 教育の自由

　従来、国民の教育に関する人権の問題は、教育の機会均等の面に重点をおいた社会権の問題として論じられてきた。ところが、教科書検定の違憲性を争った、いわゆる家永訴訟、その後の旭川学テ事件を契機として、教育の自由の問題が、単に憲法26条論にとどまらず、23条の学問の自由、さらには13条の個人の尊厳にかかわる重要な問題であることが指摘され、広く教育権の問題として把握されるようになってきた。すなわち、実定憲法上、社会権として位置づけられている教育を受ける権利は、同時に、国家権力によって妨げられることなく教育を受けられるという自由権的側面を持っていることが、特に教育への国家統制が強まり始めた今日、強調されなければならないのである。そもそも、教育を受ける権利は、何らかの教育の保障で足りるというように形式的に理解されるべきものではなく、それは、教育基本法1条に具体的に示されている目的、すなわち、平和、人権擁護、民主主義の立場に立って、真実と真理を知る権利なのである。そのためには、国家権力による教育内容への不当な介入を排除しなければならない。この意味で教育の自由は教育を受ける権利の不可欠の要素なのである。教育基本法10条は、1項において、「教育は不当な支配に服することなく、国民全体に対し直接に責任を負って行われるべきものである」と規定し、さらに第2項において、「教育行政は、この自覚のもとに、教育の目的を遂行するに必要な諸条件の整備確立を目標として行われなければならない」と規定しているが、これは教育の自由を具体的に保障したものであって、教育の領域に政治が介入しないようにすべきだとする教育の中立性を要求するものである。

　これに関連して、教育権が国民にあるのか、国家にあるのかという教育権の所在の問題が、さらに言えば、国に教育内容決定権が認

第7章 社会権——生存権的基本権

められるか否かという問題が、教育の自由と不可分の問題として提起される。具体的教育内容を決定ないし実施する権能という意味での教育権の所在をめぐっては、「国家の教育権」説と「国民の教育権」説との争いがある。「国家の教育権」説は、立法、行政という国家機関に教育内容を決定する権能を肯定するものである。義務教育に関する憲法26条2項の反面解釈から国家の教育権を認める学説もある。あるいは、教育の私事性を捨象した現代公教育ないし福祉国家論、議会制民主主義の原理から国民の総意が国会を通じて法律に反映されるから、国は法律に準拠して公教育を運営する権能を有するという議会制民主主義論などを根拠にする判例もみられる（第1次家永訴訟第1審判決——高津判決——東京地判昭和49・7・16判時751号47頁）。しかしながら、26条は親すなわち国民に教育の義務を課したものであるが、その反面解釈として、国民に義務があるから国家に権利があるとするのは国民主権主義にもとる解釈である。むしろ、国民に教育の義務があるからこそ、同時に国民に教育の権利もあると考える方が論理的であろう。また、福祉国家論は、社会権が自由権を排除するものではなく、むしろ自由権を前提にしているものであることに理解が至らぬものであり、議会制民主主義の原理を国民の人権を否定する根拠とするに至っては背理以外のなにものでもない。国家教育権説は基本的人権としての教育の自由を否定する説に結びつくものである。教育を受ける権利は、主権の担い手となるべき次の世代に、権力に干渉されずに真理教育を行なう自由を前提としているものであるから、権力の側に教育内容決定権ありとする国家教育権説は妥当性欠くものと考えるべきである。

これに対して、「国民の教育権」説は、国家機関が教育内容に介入する権能を原則的に否定し、それを教師、親などの国民に認めようとするものであって、教育の自由を承認する説に結びつくもので

あることはいうまでもない。日本国憲法において主権は国民に存するが、主権の所在と教育権の所在とは密接不可分の関係があるものと考えるべきである。国民主権主義は、国民をもって政治の主人公とし、国家体制の選択、決定権者とするものである。国家の命運を決定すべき主体である次の世代を教育する権能を、本来国民に奉仕すべき国家権力の手にゆだねることは、国民主権主義の形骸化につながりかねない。教育基本法1条にいう「自主的精神に充ちた心身ともに健康な国民の育成」は、国民を教育の主体として初めて可能となる。憲法19条は国民の思想・良心の領域に国家が介入することを禁ずるものであるが、「本来人間の内面的価値に関する文化的営み」としての、人間形成にかかる教育の領域もまた国家権力に対して不可侵の領域として保持されるべきものであって、教育行政は教育に「必要な諸条件の整備確立」にその役割をとどめ、教育内容に不当な支配を及ぼしてはならない。この意味で、教育基本法10条は、国民の教育権、教育の自由を具体化し、国家の教育内容への介入を排斥したものと解されるのである。

このような「国民の教育権」の理念を集大成し、その後の理論の発展にとってリーディング・ケースとなったのが、第2次家永教科書訴訟[16]第一審判決（東京地判昭和45・7・17行裁例集21巻7号別冊）、いわゆる杉本判決である。この杉本判決は次のように言う。「憲法26条は子どもの教育を受ける権利を生存権の文化的教育的側面から保障したものである。すなわち、同条は、子どもの教育を受ける権利に対応して子どもを教育する責務をになうものは親を中心として国民全体」であり、「このような国民の教育の責務は、いわゆる国家教育権に対する概念として国民の教育の自由とよばれる」。このことを前提として、国家は国民の教育責務を助成するために公教育制度の設定等教育条件整備の責任を負うが、「教育内容に介入

することは基本的には許されない」。このように判示して、杉本判決は、国家教育権を明白に否定し、国民の教育の自由を前面に押しだし、さらに国民（親）の教育の責務はその信託を受けた教師を通じて遂行されるが、この教師にも憲法23条によって学問の自由と教育の自由が保障されているとして、教師の教育の自由を憲法上の人権として承認したものであって、画期的な判決といえる。

以上のように、同じ家永訴訟であっても、高津判決は国家教育権論に加担し、杉本判決は明白に「国民の教育権」説を採用したのであるが、旭川学力テスト事件最高裁判決（最判昭和51・5・21 ——本節冒頭掲載）は、教育権の所在についての相対立する2つの見解は「いずれも極端かつ一方的であり、そのいずれをも全面的に採用することはできない」とした。しかし、同判決は、国は教育内容について必要かつ相当と認められる範囲で決定権能を有するとして、結論自体は「国家の教育権」を主張してきた文部当局の教育行政のあり方を追認したものであって、批判を免れない。しかしながら、憲法26条の「規定の背後には、国民各自が、一個の人間として、また一市民として、成長、発達し、自分の人格を完成、実現するために必要な学習をする固有の権利を有すること、特に、みずから学習することのできない子どもは、その学習要求を充足するための教育を自己に施すことを大人一般に対して要求する権利を有するとの観念が存在していると考えられる。換言すれば、子どもの教育は、教育を施す者の支配的権能ではなく、何よりもまず、子どもの学習をする権利に対応し、その充足をはかりうる立場にある者の責務に属するものとしてとらえられているのである」と判示している点は、杉本判決の立場を引き継いだものであり、教育原理に対する正当な認識を示すものとして評価できよう。また、結論としては、子ども自身ならびに社会公共の利益の擁護のためにする必要かつ合理的と

認められる教育に対する行政権力の介入は教育内容、方法に関するものであっても、教育基本法10条の禁止するところではないとしながらも、他方で「本来人間の内面的価値に関する文化的営み」としての教育内容への介入はできるだけ抑制的であるべきであり、「子どもが自由かつ独立の人格として成長することを妨げるような国家的介入」は「憲法26条、13条の規定の上からも許されない」として、その限界を示し、教育を受ける権利の自由権的側面を明らかにしている点は、教育を受ける権利と教育の自由という本節の主題に適切に対応するものとして、注目すべきところである。

第4節　労働基本権

▷争議権の限界──山田鋼業事件

最高裁昭和25年11月15日大法廷判決・刑集4巻11号2257頁（窃盗被告事件）

【事実】　A会社は、事業縮小による人員整理を理由に、同工場労組幹部の解雇通告をしたが、これを契機に組合側は、解雇取消・待遇改善・労働協約を要求、争議に入った。交渉の結果、解雇取消・待遇改善については妥結を見たので争議態勢は一応解かれたが、協約問題で交渉が決裂、再び争議に入った。この争議における手段が生産管理であり、組合側は、組合の手によって経営を行い、ハンマー等を製作販売して組合員の賃金支払い等の費用に当てていたが、その間会社内の鉄板を2回にわたって売却したことが業務上横領に当たるとしてYら組合幹部が起訴された。第一審は、企業及び所有権の社会性を考慮し、労働者が争議解決のため企業の物的設備を一時自己の手におさめても、ただちに使用者の占有権・所有権と経営権を侵害するものではないとして無罪を言い渡した。しかし、第二審は窃盗罪が成立するとしたので、Xらは争議行為の方法としての生産管理の憲法適合性を主張して上告した。

第7章 社会権──生存権的基本権

【判旨】（棄却）「論旨は、憲法が労働者の争議権を認めたことを論拠として、従来の市民法的個人法的観点を揚棄すべきことを説き、かような立場から労働者が争議によって使用者たる資本家の意思を抑圧してその要求を貫徹することは不当でもなく違法でもないと主張する。しかし、憲法は勤労者に対して団結権、団体交渉権その他の団体行動権を保障すると共に、すべての国民に対して平等権、自由権、財産権等の基本的人権を保障しているのであって、是等諸々の基本的人権が労働者の争議権の無制限な行使の前に悉く排除されることを認めているのでもなく、後者が前者に対して絶対的優位を有することを認めているのでもない。寧ろこれ等諸々の一般的基本的人権と労働者の権利との調和をこそ期待しているのであって、この調和を破らないことが、すなわち争議権の正当性の限界である。その調和点を何処に求めるべきかは、法律制度の精神を全般的に考察して決すべきである。固より使用者側の自由権や財産権と雖も絶対無制限ではなく、労働者の団体行動権等のためある程度の制限を受けるのは当然であるが、原判決の判示する程度に、使用者側の自由意思を抑圧し、財産に対する支配を阻止することを許さるべきでないと認められる。それは労働者側の争議権を偏重して、使用者側の権利を不当に侵害し、法が求める調和を破るものだからである。」「論旨は、生産管理が同盟罷業と性質を異にするものでないということを理由として、生産管理も同盟罷業と同様に違法性を阻却される争議行為であると主張する。しかし、わが国現行の法律秩序は私有財産制度を基幹として成り立っており、企業の利益と損失とは資本家に帰する。従って企業の経営、生産行程の指揮命令は、資本家又はその代理人たる経営担当者の権限に属する。労働者が所論のように企業者と並んで企業の担当者であるとしても、その故に当然に労働者が企業の使用収益権を有するのでもなく、経営権に対する権限を有するのでもない。従って労働者側が企業者側の私有財産の基幹を揺るがすような争議手段は許されない。なるほど同盟罷業も財産権の侵害を生ずるけれども、それは労働力の給付が債務不履行となるに過ぎない。然るに本件のようないわゆる生産管理に於ては、

企業経営の権能を権利者の意思を排除して非権利者が行うのである。それ故に同盟罷業も生産管理も財産権の侵害である点において同様であるからとて、その相違点を無視するわけにはいかない。前者において違法性が阻却されるからとて、後者においてそうだという理由はない。」

1. 労働基本権の意義と性質

19世紀の資本主義の発展の過程において、労働者は失業や劣悪な労働条件のために厳しい生活を余儀なくされた。そこで、労働者に人間に値する生活を実現するために、労働者を保護し、労働運動を容認する立法が制定されることになった。

このような経緯を踏まえて、日本国憲法は、27条で勤労の権利を保障し、かつ、勤労条件の法定を定めると共に、28条で労働基本権を保障している。すなわち、「勤労者の団結する権利及び団体交渉その他の団体行動をする権利は、これを保障する」。団結権、団体交渉権、団体行動件（争議権）、いわゆる労働3権の保障である。ここでいう、勤労者とは、労働力を提供して、その対価として賃金を受けて生活する者のことであり、労働者と同義である。契約自由の原則が全面的に妥当している場合には、現実の労使間の力の差のために、労働者は使用者に対して不利な立場に立たざるをえない。労働基本権の保障は、劣位にある労働者を使用者と対等の立場に立たせることを目的としている。

労働基本権の性質は社会権たる生存権を勤労者に保障したものである。かつての学説には、憲法28条は勤労者の有する労働基本権の保障を国が侵害することを禁止したものとする自由権説に類する説、勤労者に対する労働基本権の保障は、この保障に基づく勤労者の使用者に対する権利と構成する説とがあった。これらのかつての学説は、生存権概念の最初の規範化といわれるワイマール憲法が労

働基本権の1つである団結権を団結の自由と規定し、これを自由権と解する余地があり、また、労働基本権が使用者を前提とする権利であり、勤労者の使用者に対する権利の保障と解する余地があったことの影響を受けて成立したものと言える。しかし、労働基本権の保障は勤労者の自由権の保障と解することには無理があり、また、この保障は使用者に対する権利の保障と解さなくとも、生存権の保障と解することにより、勤労者の使用者に対する権利と解する説と同様になるから、最近の学説は生存権に統一されている。判例は、憲法 28 条の保障を一貫して生存権の保障と解しており、前掲全農林警職法事件（最大判昭和 48・4・25 刑集 27 巻 4 号 547 頁）では「労働基本権の保障は、憲法 25 条のいわゆる生存権の保障を基本理念とし……勤労者の経済的地位の向上を目的」とするとしており、憲法 28 条の保障は、憲法 25 条の生存権を基本理念とする生存権と解している。

2. 労働基本権の内容

憲法 28 条が保障する労働基本権は、団結権、団体交渉権、団体行動権（争議権）の 3 権である。まず、「勤労者の団結する権利」、すなわち勤労者が労働組合などの団体を結成しうるとする団結権は、憲法 21 条の結社の自由に内包されるものであるが、ここで特に規定されるのは、かつてその結成を違法とした歴史があったことをうけてのことであり、かつ「団体交渉その他の団体行動をする権利」の前提ともなるからである。次に、「団体交渉」とは、多衆立会いで交渉することではなく、団体、すなわち労働組合などの結合体を交渉主体として、勤労条件の約定を交渉することである。企業者が雇用するのは個々の勤労者であるが、個々の勤労者が個別的に交渉したのでは、実質的に企業者と対等の立場に立っての約定は困難な

ため、勤労者が結合体を作り、結合体として交渉することを保障したものである（最大判昭和24・5・18刑集3巻6号772頁）。したがって、それは企業者対勤労者、すなわち使用者対被使用者と言うような関係においてのみ成立し、個人の集合にすぎないものが交渉したり、勤労条件以外のことについて交渉することは含まれない（前出、最大判）。交渉の結果、締結されるのが労働協約（労働組合法第14条）である。その交渉の態様は、団体意思が代表者によって合理的に伝達されれば足り、企業者に危害を加えたり畏怖させたりするような行為は含まれない（最判昭和26・8・9刑集5巻9号1750頁）。また、「その他の団体行動」とは団体交渉を成功させるために行う団体としての行動（争議行為）を言い、そのための権利はふつう争議権と呼ばれるが、いわゆる政治ストなど団体交渉と無縁の目的のための団体行動は、その中に含まれない（前掲、東京中郵事件・最大判昭和41・10・26刑集20巻8号901頁）。私的な経済的権利であるから、他の経済的権利と同様、国民生活に重大な障害を及ぼすような争議行為の態様は認められず（同上、最大判）、「公共の福祉」のためにする制約に服する。憲法28条が労働基本権を保障することにより、勤労者の行う争議行為については、刑事免責と民事免責とが認められている。

　以上の労働3権を実効的に保障するために、労働組合法が制定されており、使用者による労働組合の組織・運営への介入や、正当の理由のない団体交渉の拒否などを「不当労働行為」として禁止し（同法7条）、労働委員会による救済措置を定めている（同法27条）。その他、特に当事者間の自主的な団体交渉の成果に着目して、労働組合と使用者との間で締結される労働協約に対しては法規的効力を認め、これに反する個々の労働契約を無効としている（同法16条）。

　（なお、公務員の労働基本権については、本部第2章第3節参照）

第 7 章　社会権——生存権的基本権

注

(1)　日本国憲法はすべての国民に勤労の権利を保障し、国は勤労を欲する者には職を与えるべく、それができないときには、失業保険その他適切な失業対策を講ずる義務を負う。それを実現するために、職業安定法、雇用対策法、雇用保険法、労働基準法等が制定されている。

(2)　資本主義経済体制の下においては、労働条件や賃金は、使用者と勤労者とが対等の立場に立って交渉して決めることになっているが、今日、経済的に著しく劣位にある勤労者が使用者と対等の立場で交渉しうるといっても、現実には困難である。そこで、憲法は、社会国家の要請から、このような勤労者の弱い立場を強化するため、いわゆる労働3権を労働基本権として保障したのである。団結権とは、勤労者が使用者と対等の立場に立って労働条件の維持改善のために交渉しうる団体すなわち労働組合を結成し、これに加入する権利である。団体交渉権とは、労働者の団体が使用者と労働条件について交渉する権利である。団体交渉の結果、労使間に結ばれる労働協約は法規的効力を有し、それに反する個々の労働契約は無効とされる。団体行動権とは、団体交渉を有利にするためのストライキその他の争議を行なう権利である。正当な争議の範囲すなわち争議権の限界については問題が多いが、いかなる場合にも暴力は許されないし、また政治的目的をもつ政治ストのように、団体交渉の対象とならない事柄を目的とする争議は原則として正当とはいえない。労働3権を具体的に保障するため、労働組合法、労働関係調整法などが制定されている。なお、公務員の労働基本権については、本部第2章第3節を参照されたい。

(3)　自由権は前国家的権利であり、社会権は後国家的権利であるといわれる。しかし、自由権の前国家性は、自由権が自然権であり、自然法に基づいて国家以前に存在するが故に国家権力による侵害を許さないということを強調せんがための措辞であって、ともに国家の

存在を前提とし、国家によって保障される法的権利である点では、自由権も社会権も変りはない。
(4) 社会権と社会主義国家の同種の権利とは区別されなければならない。両者は国家権力の積極的な発動を要請するという点では類似している。しかし、資本主義国家と社会主義国家とでは国家目的や憲法体制を異にし、人間の自由というものに対する価値評価を異にする。資本主義国家における社会権は資本主義経済のもつ弊害を修正し、形骸化した自由権を再活性化することを目的とするのに対し、社会主義国家においては社会権それ自体が目的である。
(5) 本件は、住民の環境権か空港の公共性かをめぐって争われた本格的な大型環境訴訟であり、他の多くの公共施設の差止訴訟に大きな影響を与えるものとして、夜間飛行の差止請求に対する最高裁判所の判断が注目されていたものである。しかるに最高裁判所大法廷（最判昭和56・12・16民集35巻10号1369頁）は過去の損害賠償請求については、大阪空港の欠陥を認めてほぼ全面的に住民側の請求を認容したものの、差止請求については、第一審、第二審の判決を覆し、国営空港の管理は「航空行政権、すなわち、航空法その他航空行政に関する法令の規定に基づき運輸大臣に付与された航空行政上の権限で公権力の行使に基づく作用」であるから、行政訴訟としてはともかく、民事訴訟の手続で差止を認めることはできないとして、本案審理に入ることなく差止請求を却下してしまった。なお、環境権については何らの判断も示していない。
(6) この規定は当初の内閣草案にはなく、主として社会党の主張に基づいて、衆議院の修正で加えられたという立法の経緯からも、社会権としての性格がうかがえる。
(7) 第25条の趣旨を具体的に実現するための社会立法として、生活保護法、社会福祉事業法、厚生年金保険法、国民年金法、児童福祉法、健康保険法、伝染病予防法等が制定されている。
(8) プログラム規定とは、個人に対し具体的権利を与え、これに対応

第 7 章　社会権——生存権的基本権

する具体的義務を国家に課することなく、立法その他の国政の上での単なる政治的・道義的指針を示すにとどまる規定をいう。

(9)　旧食糧管理法に違反して、いわゆるやみ米を購入運搬したことにより起訴された被告人が、配給米だけでは「健康で文化的な最低限度の生活」を営むことはできない、したがって、やみ米の購入運搬は憲法 25 条によって保障されている生存権行使であり、それを処罰する旧食糧管理法は違憲であると主張したのに対し、最高裁判所は合憲とした。

(10)　生活保護法の適用を受けて長期療養中の結核患者（朝日茂）が、あまりにも低い保護基準に対して、権利としての社会保障を求め、憲法 25 条を具体化する法律である生活保護法に基づき厚生大臣が設定した保護基準の違憲性を争った訴訟である。第一審の東京地裁（東京地判昭和 35・10・19 行裁例集 11 巻 10 号 2921 頁）は次のような注目すべき判断を示している。国が憲法 25 条の「生存権の実現に努力すべき責務に違反して、生存権の実現に障害となるような行為をするときは、かかる行為は無効と解しなければならない。」「健康で文化的な」とは「決して単なる修飾ではなく、その概念内容にふさわしい内実を有するもの」、すなわち「人間に値する生存」を可能ならしめる程度でなければならない。この判旨は生存権を法的権利として認めようとするものであって、この第一審判決を契機に、プログラム規定説を克服しようとする新しい学説上の発展がなされるのである。なお、朝日訴訟以後の生存権に関する事件としては、第 25 条の理念を具体化した各種の年金・手当を給付する法律の併給禁止規定の合憲性を争う訴訟が注目される（堀木訴訟等）。

(11)　環境権の根拠規定については、①25 条のみを根拠とする説、②13 条を根拠とする説、③25 条と 13 条の双方によって二重に根拠づける説とがあるが、本文に述べたような観点からみて、また第 25 条及び第 13 条により「二重に包装する」ことによって、「第 25 条の狭い解釈によって落ちこぼれてしまう内容を合理的にすくいこ

(12) 住民の主張する環境権に肯定的な判断を示して勝訴判決を下した判例として、阪神高速道路工事禁止仮処分申請事件（神戸地裁尼崎支決昭和48・5・11）、広島県吉田町し尿処理場建設工事禁止仮処分申請事件（広島高判昭和48・2・14）、横須賀野比海岸眺望侵害事件（横浜地裁横須賀支判昭和54・2・26）等が見受けられる。

(13) 立法レベルでの対応は、環境基本法を初め、大気汚染防止法、騒音規制法、水質汚濁防止法、廃棄物処理法さらには公害紛争処理法、自然環境保全法などの制定により、形の上では公害先進国に相応しいものがあるが、公害統制の基準はかなり甘く、いわゆる経済の低成長時代にあって、環境行政の退行現象すらみられる。

(14) 環境影響評価、環境影響事前評価ともいう。開発行為その他事業活動等が大気、水、土、生物等の環境に及ぼす影響と範囲、その防止策等について、代替案の比較検討を含め、事前に予測と評価（再評価を含む）を行なうことである。損害賠償請求あるいは差止め請求における加害行為の違法性とか過失の判断要素として、環境アセスメントが実施されたか否かが問題にされることが多い。いわゆる4大公害事件のうち、新潟水俣病事件、熊本水俣病事件、四日市ぜんそく事件においては、裁判所は、企業について、環境影響を調査する義務があるとした。なお、環境アセスメントに関する統一的な手続を定める環境アセスメント法が1997年に制定された。

(15) 教育を受ける権利の内容、性質については、① 生存概説（経済的権利説）——国家が教育の機会均等化の経済的配慮を行なうべきこととするもの、② 公民権説——主権者国民に公民的能力の拡充のために国家の条件整備を求める権利とするもの、③ 学習権説——教育を受け、学習することにより、人間としてその能力を全面的に発達させるために国家の条件整備を求める権利とするものがあ

第 7 章　社会権――生存権的基本権

る。第1説が通説であり、本文の叙述は第1説に第2説を加味するものである。第3説は家永教科書裁判杉本判決及び旭川学テ最高裁判決の立場である。

(16)　原告の家永三郎（当時東京教育大学教授）の執筆した高校用教科書『新日本史』は、昭和28年以降、検定済教科書として広く使用されてきたところ、学習指導要領が改められたのに伴い、全面的に書き直した5訂版が昭和38年に文部省から検定不合格の判定を受け、翌年には、300項目の修正違憲づきで条件付合格とされた。そこで、家永教授はこの検定を違憲違法と主張して、昭和40年国家賠償訴訟を提起した。これが第1次家永訴訟（東京地判昭和49・7・16判時751号47頁）で、高津判決と呼ばれるものである。その後、昭和41年の5訂版の部分改訂の検定申請に際して、文部大臣より6ヶ所の改訂箇所につき不合格処分の通知を受けた。そこで、家永教授は、検定が教育を受ける権利、教育の自由、表現・出版の自由、学問の自由等を保障する憲法に違反し、さらに教育の内容への国家の介入を禁じた教育基本法第10条に違反すると主張して、文部大臣を被告として、検定不合格処分の取消を求めて出訴したものである。東京地裁は、教科書検定制度自体は直ちに違憲とはいえないが、本件の場合は教科書執筆者としての思想（学問的見解）内容を事前に審査するものというべきだから、憲法第21条2項の禁止する検閲に該当し、同時に記述内容の当否に介入するものだから、教育基本法第10条に違反するとして、運用違憲の立場から、原告の請求を認容し、不合格処分の取消を命じた。これが第2次家永訴訟（東京地判昭和45・7・17）であり、杉本判決と呼ばれるものである。これに対し、被告国側が控訴したが、昭和50年12月20日、東京高裁（東京高判昭和50・12・20判時800号19頁）は控訴を棄却したので、被告はさらに上告した。最高裁判所（最判昭和57・4・8民集36巻4号594頁）は、昭和57年4月8日、二審判決を破棄した上、不合格処分を取り消しても改めて合否の検定を受ける可能

性（訴えの利益）があるかどうかを審理するよう、東京高等裁判所に審理のやり直しをすべく差し戻した。差戻審（東京高判平成1・6・27行裁例集40巻6号661頁）は、指導要領の全面改正の結果、検定審査基準の実質的変更も少なくなく、教科書の改定には新検定を経ることが必要であるから、訴えの利益は失われたとして、一審判決を取消した。家永側が再上告を断念し、事件は終結した。

第8章　参　政　権

▷外国人の選挙権(1)——地方議会議員選挙の投票権
最高裁平成7年2月28日第1小法廷判決・民集49巻2号639頁（選挙人名簿不登録処分に対する異議の申出却下決定取消請求事件）

　【事実】　原告らは、永住者の地位を有する在日韓国人であるが、定住外国人は憲法上地方公共団体における選挙権を保障されているはずであるから、自分達が選挙人名簿に登録されていないのは不当であるとして、選挙管理委員会に対して、選挙人名簿に登録することを求める異議の申出をした。これに対して、選挙管理委員会は却下の決定をしたため、原告らは、その却下決定の取消しを求めて訴えを提起した。原審の大阪地裁によりその請求が棄却されたため、原告らは、公職選挙法25条3項に基づいて最高裁判所に上告した。

　【判旨】　（棄却）「憲法（15条1項）は、国民主権の原理に基づき、公務員の終局的任免権が国民に存することを表明したものにほかならないところ、主権が『日本国民』に存するものとする憲法前文及び1条の規定に照らせば、憲法の国民主権の原理における国民とは、日本国民すなわち我が国の国籍を有する者を意味することは明らかである。そうとすれば、公務員を選定罷免する権利を保障した憲法15条1項の規定は、権利の性質上日本国民のみをその対象とし、右規定による権利の保障は、わが国に在留する外国人には及ばないものと解するのが相当である。」
「国民主権の原理及びこれに基づく憲法15条1項の規定の趣旨に鑑み、地方公共団体が我が国の統治機構の不可欠の要素を成すものであることをも併せて考えると、憲法93条2項に言う『住民』とは、地方公共団体の区域内に住所を有する日本国民を意味するものと解するのが相当であり、右規定は、我が国に在留する外国人に対して、地方公共団体の長、その議会の議員等の選挙の権利を保障したものということはできない。」

第3部 人権保障

「このように、憲法93条2項は、わが国に在留する外国人に対して地方公共団体における選挙の権利を保障したものとはいえないが、憲法第8章の地方自治に関する規定は、民主主義社会における地方自治の重要性に鑑み、住民の日常生活に密接な関連を有する公共的事務は、その地方の住民の意思に基づき其の区域の地方公共団体が処理するという政治形態を憲法上の制度として保障しようとする趣旨に出たものと解されるから、わが国に在留する外国人のうちでも永住者等であってその居住する区域の地方公共団体と特段に密接な関係を持つに至ったと認められるものについて、その意思を日常生活に密接な関連を有する地方公共団体の公共的事務の処理に反映させるべく、法律をもって、地方公共団体の長、其の議会の議員等に対する選挙権を付与する措置を講ずることは、憲法上禁止されているものではないと解するのが相当である。しかしながら、右にような措置を講ずるか否かは、専ら国の立法政策にかかわる事柄であって、このような措置を講じないからといって違憲の問題を生ずるものではない。」「以上検討したところによれば、地方公共団体の長及びその議会の議員の選挙の権利を日本国民たる住民に限るものとした地方自治法11条、18条、公職選挙法9条2項の各規定が憲法15条1項、93条2項に違反するものということはできず、その他本件各決定を維持すべきものとした原審の判断に憲法の右各規定の解釈の誤りがあるということもできない。」

1. 意 義

　国民は、主権者として、国（又は地方公共団体）の政治に参加する権利を有する。国民が国の政治に参加する方法には、直接的なものと間接的なものとがある。いずれの場合にも、国民の行為が国政のあり方を決めるについて決定的な効果をもつから、国政参加は主権者たる日本国民についてのみ認められ、外国人には認められないという議論が生じる。直接的な仕方としては、①自ら公職に就任

する、②国家意思を決定するための投票（国民投票又は住民投票）に参加するという2つの方法がある。間接的な国民参政は、国家意思決定者の選任、解任に参与することによって行われる。①選挙における投票、②公務員に対する解職の請求及び解職の決定投票への参加の2つの方法がある。参政権は、近代憲法においてあまねく保障されている重要な権利である。日本国憲法も、選挙権について、15条1項において、「公務員を選定し、及びこれを罷免することは、国民固有の権利である」と基本原則を定め、国会議員の選挙権・被選挙権（43条、44条）、地方公共団体の長、その議会の議員等の選挙（93条2項）について規定している。その他に、国民投票制について、最高裁判所裁判官の国民審査（79条2項）、憲法改正の際の国民投票（96条）、地方特別法制定に当たっての住民投票（95条）についての規定が置かれている。

なお、以上の他に、直接民主制の理念に基づく国政決定の方法としての国民投票制について、重要な国の政策に関する国民意思を問うために法律で定めることができるかが問題になる。憲法は国会を「唯一の立法機関」とし、間接民主制を原則としているので、国民投票が諮問的ないし助言的なものである場合はさておき、国会を拘束するような形のものは、憲法の改正なしには採用することはできない。

2. 選挙権の意義と要件

国民の参政権のうちで、議員を選挙する選挙権が最も一般的で重要なものである。選挙とは、多数人によって公職者を選定する行為を言うが、選挙権の性質については、選挙人としての地位に基づいて公務員の選挙に関与する「公務」と見るか、国政への参加を国民に保障する「権利」と見るかについての争いがある。両者の性質を

併せもつものと解すべきであろう。選挙権は人権の1つとされるに至った参政権の行使という意味で権利であるが、公務員という国家機関を選定する公的行為であり、純粋な個人の権利とは違った側面を持つからである。

　公職者の選挙について日本国憲法は、現代立憲諸国に共通する選挙法の公理ともいうべきものを定めている。普通選挙制、平等選挙制、秘密投票制の3つであるが、さらに政治活動の自由を認める憲法の下、自由選挙も当然に選挙法の公理として位置づけられる。

　①　普通選挙制　「公務員の選挙については成年者による普通選挙を保障する」(15条3項)。「普通選挙」とは、選挙権を認めるために、国籍、年齢と住居要件以外の条件を要求せず、広く国民を選挙に参加させることである。歴史的には、信仰、門地、財産、納税、教育、性別などを積極的要件とすること（制限選挙）が多かったが、これらを法定することは禁止される。特に、狭い意味では、財力（財産または納税額）を選挙権の要件としない制度を普通選挙と言う。性別と年齢については、特に戦後、婦人参政権を含む、20歳以上の国民すべてに選挙権が認められたことによって普通選挙制は実現した。選挙権のみならず、被選挙権についても資格の平等を具体的に定めている（44条）。

　②　平等選挙制　「平等選挙」とは、複数選挙（特定の選挙人に2票以上の投票を認める制度）や、等級選挙（選挙人を特定の等級に分けて等級毎に代表者を選出する制度）を否定し、選挙権の価値は平等、すなわち一人一票を原則とする制度を言う（公職選挙法36条）。これは、選挙権の数的平等の原則であるが、現在では、平等選挙は、投票の価値的平等の要請をも含むものと解されるようになっている。この点で、間接的に投票権の価値の不平等をもたらす各選挙区間における議員定数の不均衡が問題になる[2]。

③　秘密投票制　「すべて選挙における投票の秘密は、これを侵してはならない。選挙人は、其の選択に関し公的にも私的にも責任を問われない」(15条4項)。「秘密投票制（秘密選挙）」とは、誰に投票したかを秘密にする制度を言う。主として、社会における弱い立場にある者の自由意思による選挙権の行使を確保するための保障である。公職選挙法は、その趣旨を実現するために、無記名投票を義務づけ（46条3項）、その一方で、「何人も、選挙人の投票した被選挙人の指名又は政党その他の政治団体……を陳述する義務はない」として、投票・開票の管理について秘密選挙の趣旨を徹底すると共に、選挙の自由の妨害、投票の秘密の侵害、投票への干渉などに対する罰則を設けている（225条～228条）。投票の帰属の取調べは、当選の効力を定める手続だけでなく、詐偽投票等の罪に関する刑事手続においても許されないと解されている。

なお、秘密投票との関連で、自由選挙は、棄権しても罰金、公民権停止、氏名の公表などの制裁を受けない制度を言うが、自由選挙の理念は、秘密投票の原理に尽きるわけではなく、選挙人の自由な投票意思の形成、実現をめざすものとして、表現の自由とあいまって選挙運動の自由を保障する。

3.　国民罷免（リコール）

国民罷免は、通常、選挙人が法定数の連署を持って公職就任者の罷免を請求することを認め、この請求が有効になされたときは、罷免の可否を一般選挙人の投票で決するという手続からなっている。日本国憲法は国民罷免制度について規定せず、このような制度は国政上は認められていないが、地方自治法は、地方公共団体の長、地方議会、その議会の議員について、この制度を設けている（76条以下）。

第3部　人権保障

　憲法上も、類似の制度は設けている。最高裁判所裁判官の国民審査制度である。これは、国民からの請求を受けてではなく、一定時期に必ず行われる点で、典型的なリコール制度ではないけれども、最高裁判所は一種のリコール制度であるとしている。その審査権者について、最高裁判所裁判官国民審査法は、衆議院議員の選挙権を有する者としている（4条）。

　　注
(1)　外国人の参政権　永住外国人地方選挙権付与法案が国会における論議の焦点に浮上している。この問題については大別して2つの意見が対立している。一つは、日本社会の多国籍化が進む中、同じ地方公共団体の住民であり、納税者として政治に参画する権利はあっていいと考える立場であり、他の一つは、参政権を求めるのであれば、日本国籍を取得すべきとする立場である。日本国籍と外国籍を対等なものと認めて、国籍に関係なく、地域社会に定住する、すべての人を地方公共団体の住民と考えるのか、それとも日本国籍と外国籍との間に線引きをして、日本国籍を持つ人だけを住民とみなすのか、の違いと言えよう。後者の考え方には、「公権力の行使または国家意思の形成への参画に携わる公務員となるためには、日本国籍を必要とする」ことは「公務員に関する当然の法理」とする、政治と国籍を関係付ける考え方が根底にある。一方、日本国憲法は、国政選挙の選挙主体に「国民」を前提としながら、地方選挙に関する第93条は「国民」という言葉を使わず、「地方公共団体の住民が直接選挙する」と定めて、「国民」と「住民」とを区別している。そもそも、地方参政権は、身近な暮らしにかかわる問題を、そこに住む人々が自ら決定するという住民自治の基本に立って、「住民」に付与されたものである。また、納税者の立場としては、税の使途である行政サービスのあり方を民主的に決める手段に公平に参画で

第8章　参政権

きているかどうかを問題にしているのであって、国籍は関係ないといえる。もっとも、国籍を要件とする人々は、永住者の国籍取得の条件緩和を提案しているが、アメリカのような「出生地主義」による権利としての国籍選択取得までは認めていないようである。最高裁判所は、永住外国人に対し、「法律をもって、地方公共団体の長、その議会の議員等に対する選挙権を付与する措置を講ずることは、憲法上禁止されているものではない」と述べて、選挙権を認めるか否かは立法政策の問題であるとの見解を示している（前掲、最判平成 7・2・28 参照）。永住外国人に地方選挙権を認める法案をめぐって起きている論争は、国家とは何かとの問いをはらんでいる。国家の枠組みを壊しかねないなどとして反対する意見と、外国人との共生による柔構造社会を目指す賛成意見が鋭く対立している。日本が国際社会に開かれた国家といえるか、さらには、日本の民主主義のあり方と人権意識が問われているといえよう。

(2) 投票価値の平等　衆議院議員選挙に関して言えば、選挙区割と議員定数配分の決定については、選挙人数と配分議員数との比率の平等を最も重要かつ基本的な基準とすべきであり、その比率が諸般の要素を考慮してもなお極端で、合理的期間内に是正されない場合には、違憲とされる（前掲最大判昭和 51・4・14 民集 30 巻 3 号 223 頁、最大判昭和 60・7・17 民集 39 巻 5 号 1100 頁）。つまり、著しい投票価値の不平等と立法裁量の限界と言う二点から判断されるのである。参議院議員選挙については、それが都道府県の代表の選出と言う独自の意義・機能を与えられている選挙制度であることから、投票価値の平等の要求は、人口比率主義を基本とする制度の場合と同一に見る必要はない（最大判昭和 58・4・27 民集 37 巻 3 号 345 頁、最大判平成 10・9・2 民集 52 巻 6 号 1373 頁）。しかし、その点を考慮しても、著しい投票価値の不平等状態があれば、違憲となり得る（最大判平成 8・9・11 民集 50 巻 8 号 2283 頁）。

第 9 章　国務請求権(受益権)

▷ 家事審判と「裁判を受ける権利」

最高裁昭和 40 年 6 月 30 日大法廷決定・民集 19 巻 4 号 1089 頁(夫婦同居審判に対する抗告棄却決定に対する特別抗告事件)

【事実】　X 女は Y 男と婚姻し同居したが不仲となり実家に帰った。その後反省した X は同居を求めたが、Y は離婚を主張してこれを拒否した。この事案について、福岡家裁は同居を命ずる審判をし、Y はこれに対し即時抗告したが、却下された。そこで Y は、家事審判法に基づく原審判は、憲法上の対審の原則、公開の原則違反であるとして、その取消を求めて最高裁に特別抗告した。

【判旨】　(棄却)「法律上の実体的権利義務自体を確定することが固有の司法権の主たる作用であり、かかる争訟を非訟事件手続又は審判事件手続により、決定の形式を持って裁判することは、……憲法の規定(82条)を回避することになり、立法をもってしても許されざるところである。」「家事審判法 9 条 1 項乙類は、夫婦の同居その他夫婦間の協力扶助に関する事件を婚姻費用の分担、財産分与、扶養、遺産分割等の事件と共に、審判事項として審判手続により審判の形式を以って裁判すべき旨規定している。……しかし、前記同居義務等は多分に倫理的、道義的な要素を含むとはいえ、法律上の実体的権利義務であることは否定できないところであるから、かかる権利義務自体を終局的に確定するには公開の法廷における対審及び判決によってなすべきものと解せられる……従って前記の審判は夫婦同居の義務等の実体的権利義務自体を確定する趣旨のものではなく、これら実体的権利義務の存することを前提として、例えば、夫婦の同居についていえば、その同居の時期、場所、態様等について具体的内容を(形成的に)定める処分であり、また必要に応じてこれに基づき給付を命ずる処分である……審判確定後は、審判の形成的

効力については争いえないところであるが、その前提たる同居義務自体については公開の法廷における対審及び判決を求める途が閉ざされているわけではない。従って、同法の審判に関する規定はなんら憲法82条、32条に抵触するものとはいい難く、また、これに従った為した原決定にも違憲の廉はない。」

　国務請求権または受益権と呼ばれるこの権利は人権を確保するための基本権とされ、人権保障をより確実なものにするために認められている。

1. 請願権

「何人も、損害の救済、公務員の罷免、法律、命令又は規則の制定、廃止または改正その他の事項に関し、平穏に請願する権利を有し、何人も、かかる請願をしたためにいかなる差別待遇も受けない」（憲法16条）。請願とは、国または地方公共団体の機関に対して、公務のあり方についての願望を述べる権利である。歴史的には、専制君主の絶対的支配に対して、国民が自己の権利を確保するために民情や民意を国政に反映させる手段として発達してきた権利であったが、現代では、国民主権に基づく議会政治が発達し、言論の自由が広く認められるようになり、その意義は相対的に減少している。それでもなお、国民の意思表明の手段として、参政権的な役割を果たしている。請願は、原則として、文書で提出される（請願法2条）が、公の意思は公の手続で決定されるべく、一国民の意思で決定されるべきものではないから、官公所は請願内容どおりに処理すべきものとはされず、その処理については請願者に通知する義務もなく、誠実に処理すれば足り（同5条）、請願の内容を審理、判定する法的拘束力を生じさせるものではない。なお、請願が、苦情の表明と

して平穏を欠いてなされやすいことを考慮して、憲法は、特に「平穏に」請願することを要件としている。

2. 裁判を受ける権利

「何人も、裁判所において裁判を受ける権利を奪われない」（憲法32条）。本条の中核は「裁判を受ける権利」の保障にあり、「裁判の拒絶」は許されないことを意味する。これは、刑事事件については「裁判による科刑」を保障し、罪刑法定主義の厳正な適用を確保すると言う意味を持つから、人身の自由につかえる自由権的な効果を備えていることになる。それは憲法37条において重ねて保障されている。他方、民事事件については、自力救済禁止の原則上、私人は原則として他人に強制力を加えることができず、権利侵害を受けても裁判手続によって救済を求めなければならないという近代法の原則を基盤として、国民の権利を確保するための手続を保障する意味を持つ。行政事件の裁判についても同様である。したがって、国務請求権としての性格がよく表れ、この場合は特に「裁判請求権」と言ってよい。

裁判所が行うべき「裁判」とは、「法律上の争訟」、すなわち法律上の実体的権利義務自体について争いが存在して、訴えが提起された場合に、法令を適用して確定する作用である。ここで「法律上の」とあるのは、法令を適用して解決されるような争いであることを意味し、それで解決し得ないような問題は含まれないとする趣旨である。しかし、福祉国家思想の進展と共に、家庭事件や借地・借家事件など国家の後見的作用が要請される分野について、従来訴訟手続で処理されてきた事件を非訟事件として扱う「訴訟の非訟化」という現象が増加した現段階においては、本条の「裁判」は、憲法第82条によって公開・対審・判決と言う原則が保障される訴訟事

件の裁判のみならず、それをあくまでも原則としつつ、家庭裁判所で行われる家事審判のような、実体的な権利義務の存否を確認する純然たる訴訟事件ではないが、国民が紛争の解決のために裁判所で当該事件にふさわしい適正な手続の保障の下で受ける非訟事件に関する裁判をも含むと解するのが妥当であろう。判例は、32条の「裁判」および82条の「公開の原則の下における対審及び判決によるべき裁判」は「純然たる訴訟事件の裁判」に限られるとし（最大決昭和35・7・6民集14巻9号1657頁）、非訟手続による審判を「裁判」と峻別する。したがって、例えば家事審判法9条1項乙類1号の定める夫婦の同居義務に関する審判は、実体的権利義務自体の確定ではなく、その存在を前提として、同居の時期、場所、態様等につき具体的内容を定める趣旨だと解し、また同3号の定める婚姻費用分担に関する処分も、分担額を具体的に形成決定する趣旨であり、分担義務の存否の確定は純然たる訴訟事件として別に通常訴訟で争う途が開かれていると解しているが（前掲、最大決昭和40・6・30民集19巻4号1089頁参照）、この峻別には問題が残る。

　憲法32条による保障の中核の一つは、「裁判所において」ということで、裁判機関を特定して、公正な裁判を確保するところに意味がある。他方、憲法は、「終審として」でなければ、行政機関が裁判することを排除していない（76条2項後段）から、行政機関による前審の裁判は認められる。したがって、32条の保障は、終審としては「裁判所において」裁判を受ける権利を保障するという意味になる。なお、裁判所の審級制度や管轄権の決定は、法律で定められるべき事項であり（最大判昭和29・10・13民集8巻10号1846頁）、訴訟法で定める管轄権を有する具体的裁判所において裁判を受ける権利を保障したものではない（最大判昭和24・3・23刑集3巻3号352頁）。

3. 国家賠償・補償請求権

憲法第17条は、「何人も、公務員の不法行為により、損害を受けたときは、法律の定めるところにより、国又は公共団体に、その賠償を求めることができる」と規定して、公務員の不法行為に対して損害賠償を請求する権利を保障している。「公務員の不法行為」とは、「公務員が、その職務を行うについて」の不法行為である（国家賠償法1条）。被害者の救済を充分にするために、公務員個人に対してではなく、「国又は公共団体」に対して賠償を請求しうるとするのが本条の趣旨である。「法による行政」の原則は、違法な行政処分に対し、その効力の否認を求めて出訴する道が開かれるべきことを要求する。しかし、それとともに、行政庁の不法行為によって現実に損害が発生した場合には、賠償を求める道を国民に開くことも必要である。賠償請求権の具体的内容の詳細は、国家賠償法で定められている。

憲法40条は、「何人も、抑留又は拘禁された後、無罪の裁判を受けたときは、法律の定めるところにより、国にその補償を求めることができる」と規定して、刑事手続において、抑留、拘禁された被告人に無罪の裁判があった場合に、被告人の被った損失を塡補するために、刑事補償請求権を保障している。犯罪人として疑われるべき相当の理由がある者の身柄を拘束することは、国の正当な行為で、結果として無罪の裁判があったとしても、拘束行為自体が違法となるわけではなく（最判昭和53・10・20民集32巻7号1367頁）、国家賠償の要件は充足されない。しかし、このような拘束は不当であったとして、別に補償請求権を認めるのが本条の趣旨で、詳細は刑事補償法で定められている。

[付録]

日本国憲法

(施行 昭和22年5月3日)

朕は、日本国民の総意に基いて、新日本建設の礎が、定まるに至つたことを、深くよろこび、枢密顧問の諮詢及び帝国憲法第73条による帝国議会の議決を経た帝国憲法の改正を裁可し、ここにこれを公布せしめる。

御 名 御 璽

昭和21年11月3日

内閣総理大臣兼外務大臣	吉田　茂	逓信大臣	一松定吉
		商工大臣	星島二郎
国務大臣男爵	幣原喜重郎	厚生大臣	河合良成
司法大臣	木村篤太郎	国務大臣	植原悦二郎
内務大臣	木村清一	運輸大臣	平塚常次郎
文部大臣	田中耕太郎	大蔵大臣	石橋湛山
農林大臣	和田博雄	国務大臣	金森徳次郎
国務大臣	斎藤隆夫	国務大臣	膳桂之助

日本国憲法

　日本国民は、正当に選挙された国会における代表者を通じて行動し、われらとわれらの子孫のために、諸国民との協和による成果と、わが国全土にわたつて自由のもたらす恵沢を確保し、政府の行為によつて再び戦争の惨禍が起ることのないやうにすることを決意し、ここに主権が国民に存することを宣言し、この憲法を確定する。そもそも国政は、国民の厳粛な信託によるものであつて、その権威は

日本国憲法

国民に由来し、その権力は国民の代表者がこれを行使し、その福利は国民がこれを享受する。これは人類普遍の原理であり、この憲法は、かかる原理に基くものである。われらは、これに反する一切の憲法、法令及び詔勅を排除する。

　日本国民は、恒久の平和を念願し、人間相互の関係を支配する崇高な理想を深く自覚するのであつて、平和を愛する諸国民の公正と信義に信頼して、われらの安全と生存を保持しようと決意した。われらは、平和を維持し、専制と隷従、圧迫と偏狭を地上から永遠に除去しようと努めてゐる国際社会において、名誉ある地位を占めたいと思ふ。われらは、全世界の国民が、ひとしく恐怖と欠乏から免かれ、平和のうちに生存する権利を有することを確認する。

　われらは、いづれの国家も、自国のことのみに専念して他国を無視してはならないのであつて、政治道徳の法則は、普遍的なものであり、この法則に従ふことは、自国の主権を維持し、他国と対等関係に立たうとする各国の責務であると信ずる。

　日本国民は、国家の名誉にかけ、全力をあげてこの崇高な理想と目的を達成することを誓ふ。

第 1 章　天　　皇

第 1 条　〔天皇の地位・国民主権〕　天皇は、日本国の象徴であり日本国民統合の象徴であつて、この地位は、主権の存する日本国民の総意に基く。

第 2 条　〔皇位の世襲と継承〕　皇位は世襲のものであって、国会の議決した皇室典範の定めるところにより、これを継承する。

第 3 条　〔天皇の国事行為に対すると内閣の助言・承認及び責任〕天皇の国事に関するすべての行為には、内閣の助言と承認

を必要とし、内閣が、その責任を負ふ。

第 4 条〔天皇の権能の限界、天皇の国事行為の委任〕① 天皇は、この憲法の定める国事に関する行為のみを行ひ、国政に関する権能を有しない。

② 天皇は、法律の定めるところにより、その国事に関する行為を委任することができる。

第 5 条〔摂政〕皇室典範の定めるところにより、摂政を置くときは、摂政は、天皇の名でその国事に関する行為を行ふ。この場合には、前条第1項の規定を準用する。

第 6 条〔天皇の任命権〕① 天皇は、国会の指名に基いて、内閣総理大臣を任命する。

② 天皇は、内閣の指名に基いて、最高裁判所の長たる裁判官を任命する。

第 7 条〔天皇の国事行為〕① 天皇は、内閣の助言と承認により、国民のために、左の国事に関する行為を行ふ。

1 憲法改正、法律、政令及条約を公布すること。
2 国会を召集すること。
3 衆議院を解散すること。
4 国会議員の総選挙の施行を公示すること。
5 国務大臣及び法律の定めるその他の官吏の任免並びに全権委任状及び大使及び公使の信任状を認証すること。
6 大赦、特赦、減刑、刑の執行の免除及び復権を認証すること。
7 栄典を授与すること。
8 批准書及び法律の定めるその他の外交文書を認証すること。
9 外国の大使及び公使を接受すること。

10　儀式を行うこと。

第 8 条　〔皇室の財産授受〕　皇室に財産を譲り渡し、又は皇室が、財産を譲り受け、若しくは賜与することは、国会の議決に基かなければならない。

　　　　第　2　章　　戦争の放棄

第 9 条　〔戦争の放棄、戦力の不保持・交戦権の否認〕　①　日本国民は、正義と秩序を基調とする国際平和を誠実に希求し、国権の発動たる戦争と、武力による威嚇又は武力の行使は、国際紛争を解決する手段としては、永久にこれを放棄する。
②　前項の目的を達するため、陸海空軍その他の戦力は、これを保持しない。国の交戦権はこれを認めない。

　　　　第　3　章　　国民の権利及び義務

第 10 条　〔国民の要件〕　日本国民たる要件は、法律でこれを定める。

第 11 条　〔基本的人権の享有、基本的人権の永久不可侵性〕　国民は、すべての基本的人権の享有を妨げられない。この憲法が国民に保障する基本的人権は、侵すことのできない永久の権利として、現在及び将来の国民に与へられる。

第 12 条　〔自由及び権利の保持責任・濫用禁止・利用責任〕　この憲法が国民に保障する自由及び権利は、国民の不断の努力によつて、これを保持しなければならない。又、国民は、これを濫用してはならないのであつて、常に公共の福祉のためにこれを利用する責任を負ふ。

第 13 条　〔個人の尊重・幸福追求権・公共の福祉〕　すべて国民は、個人として尊重される。生命、自由及び幸福追求に対する

国民の権利については、公共の福祉に反しない限り、立法その他の国政の上で、最大尊重を必要とする。

第 14 条〔法の下の平等、貴族制度の禁止、栄典の授与〕① すべて国民は、法の下に平等であつて、人種、信条、性別、社会的身分又は門地により、政治的、経済的又は社会的関係において、差別されない。

② 華族その他の貴族の制度は、これを認めない。

③ 栄誉、勲章その他の栄典の授与は、いかなる特権も伴はない。栄典の授与は、現にこれを有し、又は将来これを受ける者の一代に限り、その効力を有する。

第 15 条〔公務員選定罷免権、公務員の本質、普通選挙・秘密投票の保障〕① 公務員を選定し、及びこれを罷免することは、国民固有の権利である。

② すべて公務員は、全体の奉仕者であつて、一部の奉仕者ではない。

③ 公務員の選挙については、成年者による普通選挙を保障する。

④ すべて選挙における投票の秘密は、これを侵してはならない。選挙人は、その選択に関し公的にも私的にも責任を問われない。

第 16 条〔請願権〕 何人も、損害の救済、公務員の罷免、法津、命令又は規則の制定、廃止又は改正その他の事項に関し、平穏に請願する権利を有し、何人も、かかる請願をしたためにいかなる差別待遇も受けない。

第 17 条〔国及び公共団体の賠償責任〕 何人も、公務員の不法行為により、損害を受けたときは、法律の定めるところにより、国又は公共団体に、その賠償を求めることができる。

日本国憲法

第18条 〔奴隷的拘束及び苦役からの自由〕 何人も、いかなる奴隷的拘束も受けない。又、犯罪に因る処罰の場合を除いては、その意に反する苦役に服させられない。

第19条 〔思想及び良心の自由〕 思想及び良心の自由は、これを侵してはならない。

第20条 〔信教の自由、政教分離〕 ① 信教の自由は、何人に対してもこれを保障する。いかなる宗教団体も、国から特権を受け、又は政治上の権力を行使してはならない。

② 何人も、宗教上の行為、祝典、儀式又は行事に参加することを強制されない。

③ 国及びその機関は、宗教教育その他いかなる宗教的活動もしてはならない。

第21条 〔集会・結社・表現の自由、通信の秘密〕 ① 集会、結社及び言論、出版その他一切の表現の自由は、これを保障する。

② 検閲は、これをしてはならない。通信の秘密は、これを侵してはならない。

第22条 〔居住・移転・職業選択の自由、外国移住・国籍離脱の自由〕 ① 何人も、公共の福祉に反しない限り、居住・移転及び職業選択の自由を有する。

② 何人も、外国に移住し、又は国籍を離脱する自由を侵されない。

第23条 〔学問の自由〕 学問の自由は、これを保障する。

第24条 〔家族生活における個人の尊厳・両性の平等〕 ① 婚姻は、両性の合意のみに基いて成立し、夫婦が同等の権利を有することを基本として、相互の協力により、維持されなければならない。

② 配偶者の選択、財産権、相続、住居の選定、離婚並びに婚姻及び家族に関するその他の事項に関しては、法律は、個人の尊厳と両性の本質的平等に立脚して、制定されなければならない。

第 25 条 〔国民の生存権、国の社会保障的義務〕 ① すべての国民は、健康で文化的な最低限度の生活を営む権利を有する。

② 国は、すべての生活部面について、社会福祉、社会保障及び公衆衛生の向上及び増進に努めなければならない。

第 26 条 〔教育を受ける権利、教育を受けさせる義務〕 ① すべて国民は、法律の定めるところにより、その能力に応じて、ひとしく教育を受ける権利を有する。

② すべて国民は、法律の定めるところにより、その保護する子女に普通教育を受けさせる義務を負ふ。義務教育は、これを無償とする。

第 27 条 〔勤労の権利義務、勤労条件の基準、児童酷使の禁止〕 ① すべて国民は、勤労の権利を有し、義務を負ふ。

② 賃金、就業時間、休息その他の勤労条件に関する基準は、法律でこれを定める。

③ 児童は、これを酷使してはならない。

第 28 条 〔勤労者の団結権・団体交渉権その他団体行動権〕 勤労者の団結する権利及び団体交渉その他の団体行動をする権利は、これを保障する。

第 29 条 〔財産権〕 ① 財産権は、これ侵してはならない。

② 財産権の内容は、公共の福祉に適合するやうに、法律でこれを定める。

③ 私有財産は、正当な補償の下に、これを公共のために用ひることができる。

日本国憲法

第 30 条〔納税の義務〕 国民は、法律の定めるところにより、納税の義務を負ふ。

第 31 条〔法定手続の保障〕 何人も、法律の定める手続によらなければ、その生命若しくは自由を奪はれ、又はその他の刑罰を科せられない。

第 32 条〔裁判を受ける権利〕 何人も、裁判所において裁判を受ける権利を奪はれない。

第 33 条〔逮捕に対する保障〕 何人も、現行犯として逮捕される場合を除いては、権限を有する司法官憲が発し、且つ理由となつている犯罪を明示する令状によらなければ、逮捕されない。

第 34 条〔抑留・拘禁に対する保障、拘禁理由の開示〕 何人も、理由を直ちに告げられ、且つ、直ちに弁護人に依頼する権利を与えられなければ、抑留又は拘禁されない。又、何人も、正当な理由がなければ、拘禁されず、要求があれば、その理由は、直ちに本人及びその弁護人の出席する公開の法廷で示されなければならない。

第 35 条〔住居の不可侵、捜索・押収に対する保障〕 ① 何人も、その住居、書類及び所持品について、侵入、捜索及び押収を受けることのない権利は、第33条の場合を除いては、正当な理由に基いて発せられ、且つ捜索する場所及び押収する物を明示する令状がなければ、侵されない。

② 捜索又は押収は、権限を有する司法官憲が発する各別の令状により、これを行ふ。

第 36 条〔拷問及び残虐な刑罰の禁止〕 公務員による拷問及び残虐な刑罰は、絶対にこれを禁ずる。

第 37 条〔刑事被告人の諸権利〕 ① すべて刑事事件においては、

被告人は、公平な裁判所の迅速な公開裁判を受ける権利を有する。

② 刑事被告人は、すべての証人に対して審問する機会を十分に与へられ、又、公費で自己のために強制的手続により証人を求める権利を有する。

③ 刑事被告人は、いかなる場合にも、資格を有する弁護人を依頼することができる。被告人が自らこれを依頼することができないときは、国でこれを附する。

第 38 条 〔不利益供述の不強要、自白の証拠能力〕 ① 何人も、自己に不利益な供述を強要されない。

② 強制、拷問若しくは脅迫による自白又は不当に長く抑留若しくは拘禁された後の自白は、これを証拠とすることができない。

③ 何人も、自己に不利益な唯一の証拠が本人の自白である場合には、有罪とされ、又は刑罰を科せられない。

第 39 条 〔遡及処罰の禁止・二重処罰の禁止〕 何人も、実行の時に適法であつた行為又は既に無罪とされた行為については、刑事上の責任を問はれない。また、同一の犯罪について重ねて刑事上の責任を問われない。

第 40 条 〔刑事補償〕 何人も、抑留又は拘禁された後、無罪の裁判を受けたときは、法律の定めるところにより、国にその補償を求めることができる。

第 4 章　　国　　会

第 41 条 〔国会の地位・立法権〕 国会は、国権の最高機関であつて、国の唯一の立法機関である。

第 42 条 〔国会の両院制〕 国会は、衆議院及び参議院の両議院で

これを構成する。

第43条 〔両議院の組織〕 ① 両議院は、全国民を代表する選挙された議員でこれを組織する。

② 両議院の議員の定数は、法律でこれを定める。

第44条 〔国会議員及び選挙人の資格〕 両議院の議員及びその選挙人の資格は、法律でこれを定める。但し、人種、信条、性別、社会的身分、門地、教育、財産又は収入によつて差別してはならない。

第45条 〔衆議院議員の任期〕 衆議院議員の任期は、4年とする。但し、衆議院解散の場合には、その期間満了前に終了する。

第46条 〔参議院議員の任期〕 参議院議員の任期は、6年とし、3年ごとに議員の半数を改選する。

第47条 〔選挙に関する事項の法定〕 選挙区、投票の方法その他両議院の議員の選挙に関する事項は、法律でこれを定める。

第48条 〔両院議員兼職の禁止〕 何人も、同時に両議院の議員たることはできない。

第49条 〔議員の歳費〕 両議院の議員は、法律の定めるところにより、国庫から相当額の歳費を受ける。

第50条 〔議員の不逮捕特権〕 両議院の議員は、法律の定める場合を除いては、国会の会期中逮捕されず、会期前に逮捕された議員は、その議院の要求があれば、会期中これを釈放しなければならない。

第51条 〔議員の発言・表決の無責任〕 両議院の議員は、議院で行つた演説、討論又は表決について、院外で責任を問はれない。

第52条 〔常会〕 国会の常会は、毎年1回これを召集する。

第53条 〔臨時会〕 内閣は、国会の臨時会の召集を決定すること

ができる。いづれかの議院の総議員の４分の１以上の要求があれば、内閣は、その召集を決定しなければならない。

第 54 条〔衆議院の解散と総選挙、特別会、参議院の緊急集会〕
① 衆議院が解散されたときは、解散の日から 40 以内に、衆議院議員の総選挙を行ひ、その選挙の日から 30 日以内に、国会を召集しなければならない。

② 衆議院が解散されたときは、参議院は、同時に閉会となる。但し、内閣は、国に緊急の必要があるときは、参議院の緊急集会を求めることができる。

③ 前項但書の緊急集会において採られた措置は、臨時のものであつて、次の国会開会の後 10 日以内に、衆議院の同意がない場合には、その効力を失ふ。

第 55 条〔議員の資格争訟〕 両議院は、各々その議員の資格に関する争訟を裁判する。但し、議員の議席を失はせるには、出席議員の３分の２以上の多数による議決を必要とする。

第 56 条〔定足数・表決〕 ① 両議院は、各々その総議員の３分の１以上の出席がなければ、議事を開き議決することができない。

② 両議院の議事は、この憲法に特別の定のある場合を除いては、出席議院の過半数でこれを決し、可否同数のときは、議長の決するところによる。

第 57 条〔会議の公開、会議録、表決の記載〕 ① 両議院の会議は、公開とする。但し、出席議員の３分の２以上の多数で議決したときは、秘密会を開くことができる。

② 両議院は、各々その会議の記録を保存し、秘密会の記録の中で特に秘密を要すると認められるもの以外は、これを公表し、且つ一般に頒布しなければならない。

日本国憲法

③　出席議員の5分の1以上の要求があれば、各議員の表決は、これを会議録に記載しなければならない。

第 58 条〔役員の選任、議員規則、懲罰〕①　両議院は、各々その議長その他の役員を選任する。

②　両議院は、各々その会議その他の手続及び内部の規律に関する規則を定め、又、院内の秩序をみだした議員を懲罰することができる。但し、議員を除名するには、出席議員の3分の2以上の多数による議決を必要とする。

第 59 条〔法律案の議決、衆議院の優越〕①　法律案は、この憲法に特別の定のある場合を除いては、両議院で可決したとき法律となる。

②　衆議院で可決し、参議院でこれと異なった議決をした法律案は、衆議院で出席議員の3分の2以上の多数で再び可決したときは、法律となる。

③　前項の規定は、法律の定めるところにより、衆議院が、両議院の協議会を開くことを求めることを妨げない。

④　参議院が、衆議院の可決した法律案を受け取つた後、国会休会中の期間を除いて60日以内に、議決しないときは、衆議院は、参議院がその法律案を否決したものとみなすことができる。

第 60 条〔衆議院の予算先議と優越〕①　予算は、さきに衆議院に提出しなければならない。

②　予算について、参議院で衆議院と異なつた議決をした場合に、法律の定めるところにより、両議院の協議会を開いても意見が一致しないとき、又は参議院が、衆議院の可決した予算を受け取つた後、国会休会中の期間を除いて30日以内に、議決しないときは、衆議院の議決を

国会の議決とする。
第61条 〔条約の国会承認と衆議院の優越〕 条約の締結に必要な国会の承認については、前条第2項の規定を準用する。
第62条 〔議院の国政調査権〕 両議院は、各々国政に関する調査を行ひ、これに関して、証人の出頭及び証言並びに記録の提出を要求することができる。
第63条 〔国務大臣の議院出席の権利と義務〕 内閣総理大臣その他の国務大臣は、両議院の一に議席を有すると有しないとにかかはらず、何時でも議案について発言するため議院に出席することができる。又、答弁又は説明のため出席を求められたときは、出席しなければならない。
第64条 〔弾劾裁判所〕 ① 国会は、罷免の訴追を受けた裁判官を裁判するため、両議院の議員で組織する弾劾裁判所を設ける。

② 弾劾に関する事項は、法律でこれを定める。

第 5 章　内　　閣

第65条 〔行政権と内閣〕 行政権は、内閣に属する。
第66条 〔内閣の組織、国務大臣の文民資格、国会に対する連帯責任〕 ① 内閣は法律の定めるところにより、その首長たる内閣総理大臣及びその他の国務大臣でこれを組織する。

② 内閣総理大臣その他の国務大臣は、文民でなければならない。

③ 内閣は、行政権の行使について、国会に対し連帯して責任を負ふ。
第67条 〔内閣総理大臣の指名、衆議院の優越〕 ① 内閣総理大臣は、国会議員の中から国会の議決で、これを指名する。

この指名は、他のすべての案件に先だつて、これを行ふ。

② 衆議院と参議院とが異なつた指名の議決をした場合に、法律の定めるところにより、両議院の協議会を開いても意見が一致しないとき、又は衆議院が指名の議決をした後、国会休会中の期間を除いて10日以内に、参議院が、指名の議決をしないときは、衆議院の議決を国会の議決とする。

第68条 〔国務大臣の任命と罷免〕 ① 内閣総理大臣は、国務大臣を任命する。但し、その過半数は、国会議員の中から選ばれなければならない。

② 内閣総理大臣は、任意に国務大臣を罷免することができる。

第69条 〔衆議院の内閣不信任決議と解散又は総辞職〕 内閣は、衆議院で不信任の決議案を可決し、又は信任の決議案を否決したときは、10日以内に衆議院が解散されない限り、総辞職をしなければならない。

第70条 〔内閣総理大臣の欠缺又は総選挙後の内閣総辞職〕 内閣総理大臣が欠けたとき、又は衆議院議員総選挙の後に初めて国会の召集があつたときは、内閣は、総辞職をしなければならない。

第71条 〔総辞職後の内閣の職務執行〕 前2条の場合には、内閣は、あらたに内閣総理大臣が任命されるまで引き続きその職務を行ふ。

第72条 〔内閣総理大臣の職権〕 内閣総理大臣は、内閣を代表して議案を国会に提出し、一般国務及び外交関係について国会に報告し、並びに行政各部を指揮監督する。

第73条 〔内閣の職務〕 内閣は、他の一般行政事務の外、左の事

務を行ふ。
1　法律を誠実に執行し、国務を総理すること。
2　外交関係を処理すること。
3　条約を締結すること。但し、事前に、時宜によつては事後に、国会の承認を経ることを必要とする。
4　法律の定める基準に従ひ、官吏に関する事務を掌理すること。
5　予算を作成して国会に提出すること。
6　この憲法及び法律の規定を実施するために、政令を制定すること。但し、政令には、特にその法律の委任がある場合を除いては、罰則を設けることができない。
7　大赦、特赦、減刑、刑の執行の免除及び復権を決定すること。

第 74 条〔法律・政令の署名及び連署〕　法律及び政令には、すべて主任の国務大臣が署名し、内閣総理大臣が連署することを必要とする。

第 75 条〔国務大臣の訴追〕　国務大臣は、その在任中、内閣総理大臣の同意がなければ、訴追されない。但し、これがため、訴追の権利は、害されない。

第　6　章　司　　法

第 76 条〔司法権と裁判所、特別裁判所の禁止、裁判官の独立〕
①　すべて司法権は、最高裁判所及び法律の定めるところにより設置する下級裁判所に属する。
②　特別裁判所は、これを設置することができない。行政機関は、終審として裁判を行ふことができない。
③　すべて裁判官は、その良心に従ひ独立してその職権を

行ひ、この憲法及び法律にのみ拘束される。
第 77 条〔最高裁判所の規則制定権〕① 最高裁判所は、訴訟に関する手続、弁護士、裁判所の内部規律及び司法事務処理に関する事項について、規則を定める権限を有する。
　② 検察官は、最高裁判所の定める規則に従はなければならない。
　③ 最高裁判所は、下級裁判所に関する規則を定める権限を、下級裁判所に委任することができる。
第 78 条〔裁判官の身分保障〕裁判官は、裁判により、心身の故障のために職務を執ることができないと決定された場合を除いては、公の弾劾によらなければ罷免されない。裁判官の懲戒処分は、行政機関がこれを行ふことはできない。
第 79 条〔最高裁判所の裁判官、国民審査、定年、報酬〕① 最高裁判所は、その長たる裁判官及び法律の定める員数のその他の裁判官でこれを構成し、その長たる裁判官以外の裁判官は、内閣でこれを任命する。
　② 最高裁判所の裁判官の任命は、その任命後初めて行はれる衆議院議員総選挙の際国民の審査に付し、その後10年経過した後始めて行はれる衆議院議院総選挙の際更に審査に付し、その後も同様とする。
　③ 前項の場合において、投票者の多数が裁判官の罷免を可とするときは、その裁判官は、罷免される。
　④ 審査に関する事項は、法律でこれを定める。
　⑤ 最高裁判所の裁判官は、法律の定める年齢に達した時に退官する。
　⑥ 最高裁判所の裁判官は、すべて定期に相当額の報酬を受ける。この報酬は、在任中、これを減額することがで

第 80 条 〔下級裁判所の裁判官、任期、定年、報酬〕 ① 下級裁判所の裁判官は、最高裁判所の指名した者の名簿によつて、内閣でこれを任命する。その裁判官は、任期を 10 年とし、再任されることができる。但し、法律の定める年齢に達した時には退官する。

② 下級裁判所の裁判官は、すべて定期に相当額の報酬を受ける。この報酬は、在任中、これを減額することができない。

第 81 条 〔法令審査権〕 最高裁判所は、一切の法律、命令、規則又は処分が憲法に適合するかしないかを決定する権限を有する終審裁判所である。

第 82 条 〔裁判の公開〕 ① 裁判の対審及び判決は、公開法定でこれを行ふ。

② 裁判所が裁判官の全員一致で、公の秩序又は善良の風俗を害する虞があると決した場合には、対審は、公開しないでこれを行ふことができる。但し、政治犯罪、出版に関する犯罪又はこの憲法第 3 章で保障する国民の権利が問題となつてゐる事件の対審は、常にこれを公開しなければならない。

第 7 章　財　政

第 83 条 〔財政処理の基本原則〕 国の財政を処理する権限は、国会の議決に基いて、これを行使しなければならない。

第 84 条 〔租税法律主義〕 あらたに租税を課し、又は現行の租税を変更するには、法律又は法律の定める条件によることを必要とする。

日本国憲法

第 85 条　〔国費の支出及び国の債務負担〕　国費を支出し、又は国が債務を負担するには、国会の議決に基くことを必要とする。

第 86 条　〔予算の作成と国会の議決〕　内閣は、毎会計年度の予算を作成し、国会に提出して、その審議を受け議決を経なければならない。

第 87 条　〔予備費〕　①　予見し難い予算の不足に充てるため、国会の議決に基いて予備費を設け、内閣の責任でこれを支出することができる。

　　　②　すべて予備費の支出については、内閣は、事後に国会の承諾を得なければならない。

第 88 条　〔皇室財産・皇室費用〕　すべて皇室財産は、国に属する。すべて皇室の費用は、予算に計上して国会の議決を経なければならない。

第 89 条　〔公の財産の支出又は利用の制限〕　公金その他の公の財産は、宗教上の組織若しくは団体の使用、便益若しくは維持のため、又は公の支配に属しない慈善、教育若しくは博愛の事業に対し、これを支出し、又はその利用に供してはならない。

第 90 条　〔決算検査、会計検査院〕　①　国の収入支出の決算は、すべて毎年会計検査院がこれを検査し、内閣は、次の年度に、その検査報告とともに、これを国会に提出しなければならない。

　　　②　会計検査院の組織及び権限は、法律でこれを定める。

第 91 条　〔内閣の財政状況報告〕　内閣は、国会及び国民に対し、定期に、少なくとも毎年1回、国の財政状況について報告しなければならない。

第 8 章　地方自治

第 92 条　〔地方自治の基本原則〕　地方公共団体の組織及び運営に関する事項は、地方自治の本旨に基いて、法律でこれを定める。

第 93 条　〔地方公共団体の議会、長・議員等の直接選挙〕　①　地方公共団体には、法律の定めるところにより、その議事機関として議会を設置する。
　②　地方公共団体の長、その議会の議員及び法律の定めるその他の吏員は、その地方公共団体の住民が、直接これを選挙する。

第 94 条　〔地方公共団体の権能〕　地方公共団体は、その財産を管理し、事務を処理し、及び行政を執行する権能を有し、法律の範囲内で条例を制定することができる。

第 95 条　〔特別法の住民投票〕　一の地方公共団体のみに適用される特別法は、法律の定めるところにより、その地方公共団体の住民の投票においてその過半数の同意を得なければ、国会は、これを制定することができない。

第 9 章　改　正

第 96 条　〔憲法改正の手続、その公布〕　①　この憲法の改正は、各議院の総議員の3分の2以上の賛成で、国会が、これを発議し、国民に提案してその承認を経なければならない。この承認には、特別の国民投票又は国会の定める選挙の際行はれる投票において、その過半数の賛成を必要とする。
　②　憲法改正について前項の承認を経たときは、天皇は、国民の名で、この憲法と一体を成すものとして、直ちに

日本国憲法

　　　　これを公布する。

　　　　　第　10　章　　最　高　法　規

第 97 条〔基本的人権の本質〕　この憲法が日本国民に保障する基本的人権は、人類の多年にわたる自由獲得の努力の成果であつて、これらの権利は、過去幾多の試練に堪へ、現在及び将来の国民に対し、侵すことのできない永久の権利として信託されたものである。

第 98 条〔憲法の最高法規性、条約及び国際法規の遵守〕　①　この憲法は、国の最高法規であつて、その条規に反する法律、命令、詔勅及び国務に関するその他の行為の全部又は一部は、その効力を有しない。

　　　②　日本国が締結した条約及び確立された国際法規は、これを誠実に遵守することを必要とする。

第 99 条〔憲法尊重擁護の義務〕　天皇又は摂政及び国務大臣、国会議員、裁判官の他の公務員は、この憲法を尊重し擁護する義務を負ふ。

　　　　　第　11　章　　補　　　　則

第 100 条〔憲法施行期日、施行の準備手続〕　①　この憲法は、公布の日から起算して 6 箇月を経過した日（昭 22・5・3）から、これを施行する。

　　　②　この憲法を施行するために必要な法律の制定、参議院議員の選挙及び国会召集の手続並びにこの憲法を施行するために必要な準備手続は、前項の期日よりも前に、これを行ふことができる。

第 101 条〔経過規定(1)　参議院未成立の間の国会〕　この憲法施

行の際、参議院がまだ成立してゐないときは、その成立するまでの間、衆議院は、国会としての権限を行ふ。

第102条 〔経過規定(2) 第1期参議院議員の任期〕 この憲法による第1期の参議院議員のうち、その半数の者の任期は、これを3年とする。その議員は、法律の定めるところにより、これを定める。

第103条 〔経過規定(3) 憲法施行の際の公務員の地位〕 この憲法施行の際現に在職する国務大臣、衆議院議員及び裁判官並びにその他の公務員で、その地位に相応する地位がこの憲法で認められてゐる者は、法律で特別の定をした場合を除いては、この憲法施行のため、当然にはその地位を失ふことはない。但し、この憲法によつて、後任者が選挙又は任命されたときは、当然その地位を失ふ。

大日本帝国憲法

大日本帝国憲法
(施行 明治23年2月11日)

　　　告　　　文
皇朕レ謹ミ畏ミ
皇祖
皇宗ノ神霊ニ誥ケ白サク皇朕レ天壌無窮ノ宏謨ニ循ヒ惟神ノ宝祚ヲ承継シ旧図ヲ保持シテ敢テ失墜スルコト無シ顧ミルニ世局ノ進運ニ膺リ人文ノ発達ニ随ヒ宜ク
皇祖
皇宗ノ遺訓ヲ明徴ニシ典憲ヲ成立シ条章ヲ昭示シ内ハ以テ子孫ノ率由スル所ト為シ外ハ以テ臣民翼賛ノ道ヲ広メ永遠ニ遵行セシメ益々国家ノ丕基ヲ鞏固ニシ八州民生ノ慶福ヲ増進スヘシ茲ニ皇室典範及憲法ヲ制定ス惟フニ此レ皆
皇祖
皇宗ノ後裔ニ貽シタマヘル統治ノ洪範ヲ紹述スルニ外ナラス而シテ朕カ躬ニ逮テ時ト倶ニ挙行スルコトヲ得ルハ洵ニ
皇祖
皇宗及我カ
皇考ノ威霊ニ倚藉スルニ由ラサルハ無シ皇朕レ仰テ
皇祖
皇宗及
皇考ノ神祐ヲ禱リ併セテ朕カ現在及将来ニ臣民ニ率先シ此ノ憲章ヲ履行シテ愆ラサラムコトヲ誓フ庶幾クハ神霊此レヲ鑒ミタマヘ

　　　憲法発布勅語
朕国家ノ隆昌ト臣民ノ慶福トヲ以テ中心ノ欣栄トシ朕カ祖宗ニ承ク

大日本帝国憲法

ルノ大権ニ依リ現在及将来ノ臣民ニ対シ此ノ不磨ノ大典ヲ宣布ス

惟フニ我カ祖我カ宗ハ我カ臣民祖先ノ協力輔翼ニ倚リ我カ帝国ヲ肇造シ以テ無窮ニ垂レタリ此レ我カ神聖ナル祖宗ノ威徳ト並ニ臣民ノ忠実勇武ニシテ国ヲ愛シ公ニ殉ヒ以テ此ノ光輝アル国史ノ成跡ヲ貽シタルナリ朕我カ臣民ハ即チ祖宗ノ忠良ナル臣民ノ子孫ナルヲ回想シ其ノ朕カ意ヲ奉体シ朕カ事ヲ奨順シ相与ニ和衷協同シ益々我カ帝国ノ光栄ヲ中外ニ宣揚シ祖宗ノ遺業ヲ永久ニ鞏固ナラシムルノ希望ヲ同クシ此ノ負担ヲ分ツニ堪フルコトヲ疑ハサルナリ

朕祖宗ノ遺烈ヲ承ケ万世一系ノ帝位ヲ践ミ朕カ親愛スル所ノ臣民ハ即チ朕カ祖宗ノ恵撫滋養シタマヒシ所ノ臣民ナルヲ念ヒ其ノ康福ヲ増進シ其ノ懿徳良能ヲ発達セシメムコトヲ願ヒ又其ノ翼賛ニ依リ与ニ倶ニ国家ノ進軍ヲ扶持セムコトヲ望ミ乃チ明治十四年十月十二日ノ詔命ヲ履践シ茲ニ大憲ヲ制定シ朕カ率由スル所ヲ示シ朕カ後嗣及臣民及臣民ノ子孫タル者ヲシテ永遠ニ循行スル所ヲ知ラシム

国家統治ノ大権ハ朕カ之ヲ祖宗ニ承ケテ之ヲ子孫ニ伝フル所ナリ朕及朕カ子孫ハ将来此ノ憲法ノ条章ニ循ヒ之ヲ行フコトヲ愆ラサルヘシ

朕カ我カ臣民ノ権利及財産ノ安全ヲ貴重シ及之ヲ保護シ此ノ憲法及法律ノ範囲内ニ於テ其ノ享有ヲ完全ナラシムヘキコトヲ宣言ス

帝国議会ハ明治二十三年ヲ以テ之ヲ召集シ議会開会ノ時ヲ以テ此ノ憲法ヲシテ有効ナラシムルノ期トスヘシ将来若此ノ憲法ノ或ル条章ヲ改定スルノ必要ナル時宜ヲ見ルニ至ラハ朕及朕カ継統ノ子孫ハ発議ノ権ヲ執リ之ヲ議会ニ付シ議会ハ此ノ憲法ニ定メタル要件ニ依リ之ヲ議決スルノ外朕カ子孫及臣民ハ敢テ之カ紛更ヲ試ミルコトヲ得サルヘシ

朕カ在廷ノ大臣ハ朕カ為ニ此ノ憲法ヲ施行スルノ責ニ任スヘク朕カ現在及将来ノ臣民ハ此ノ憲法ニ対シ永遠ニ従順ノ義務ヲ負フヘシ

大日本帝国憲法

御　名　御　璽

明治 22 年 2 月 11 日

内閣総理大臣	伯爵	黒　田　清　隆
枢密院議長	伯爵	伊　藤　博　文
外　務　大　臣	伯爵	大　隈　重　信
海　軍　大　臣	伯爵	西　郷　従　道
農商務大臣	伯爵	井　上　　　馨
司　法　大　臣	伯爵	山　田　顕　義
大　蔵　大　臣 兼内務大臣	伯爵	松　方　正　義
陸　軍　大　臣	伯爵	大　山　　　巌
文　部　大　臣	子爵	森　　　有　礼
逓　信　大　臣	子爵	榎　本　武　揚

大日本帝国憲法

第 1 章　　天　　　皇

第 1 条　大日本帝国ハ万世一系ノ天皇之ヲ統治ス

第 2 条　皇位ハ皇室典範ノ定ムル所ニ依リ皇男子孫之ヲ継承ス

第 3 条　天皇ハ神聖ニシテ侵スヘカラス

第 4 条　天皇ハ国ノ元首ニシテ統治権ヲ総攬シ此ノ憲法ノ条規ニ依リ之ヲ行フ

第 5 条　天皇ハ帝国議会ノ協賛ヲ以テ立法権ヲ行フ

第 6 条　天皇ハ法律ヲ裁可シ其ノ公布及執行ヲ命ス

第 7 条　天皇ハ帝国議会ヲ召集シ其ノ開会閉会停会及衆議院ノ解散ヲ命ス

第 8 条　① 天皇ハ公共ノ安全ヲ保持シ又ハ其ノ災厄ヲ避クル為緊急ノ必要ニ由リ帝国議会閉会ノ場合ニ於テ法律ニ代

大日本帝国憲法

ルヘキ勅令ヲ発ス

② 此ノ勅令ハ次ノ会期ニ於テ帝国議会ニ提出スヘシ若議会ニ於テ承諾セサルトキハ政府ハ将来ニ向テ其ノ効力ヲ失フコトヲ公布スヘシ

第 9 条　天皇ハ法律ヲ執行スル為ニ又ハ公共ノ安寧秩序ヲ保持シ及臣民ノ幸福ヲ増進スル為ニ必要ナル命令ヲ発シ又ハ発セシム但シ命令ヲ以テ法律ヲ変更スルコトヲ得ス

第 10 条　天皇ハ行政各部ノ官制及文武官ノ俸給ヲ定メ及文武官ヲ任免ス但シ此ノ憲法又ハ他ノ法律ニ特例ヲ掲ケタルモノハ各々其ノ条項ニ依ル

第 11 条　天皇ハ陸海軍ヲ統帥ス

第 12 条　天皇ハ陸海軍ノ編成及常備兵額ヲ定ム

第 13 条　天皇ハ戦ヲ宣シ和ヲ講シ及諸般ノ条約ヲ締結ス

第 14 条　① 天皇ハ戒厳ヲ宣告ス

② 戒厳ノ要件及効力ハ法律ヲ以テ之ヲ定ム

第 15 条　天皇ハ爵位勲章及其ノ他ノ栄典ヲ授与ス

第 16 条　天皇ハ大赦特赦減刑及復権ヲ命ス

第 17 条　① 摂政ヲ置クハ皇室典範ノ定ムル所ニ依ル

② 摂政ハ天皇ノ名ニ於テ大権ヲ行フ

第 2 章　臣民権利義務

第 18 条　日本臣民タルノ要件ハ法律ノ定ムル所ニ依ル

第 19 条　日本臣民ハ法律命令ノ定ムル所ノ資格ニ応シ均ク文武官ニ任セラレ及其ノ他ノ公務ニ就クコトヲ得

第 20 条　日本臣民ハ法律ノ定ムル所ニ従ヒ兵役ノ義務ヲ有ス

第 21 条　日本臣民ハ法律ノ定ムル所ニ従ヒ納税ノ義務ヲ有ス

第 22 条　日本臣民ハ法律ノ範囲内ニ於テ居住及移転ノ自由ヲ有

大日本帝国憲法

ス
第 23 条　日本臣民ハ法律ニ依ルニ非スシテ逮捕監禁審問処罰ヲ受クルコトナシ
第 24 条　日本臣民ハ法律ニ定メタル裁判官ノ裁判ヲ受クルノ権ヲ奪ハル丶コトナシ
第 25 条　日本臣民ハ法律ニ定メタル場合ヲ除ク外其ノ許諾ナクシテ住所ニ侵入セラレ及捜索セラル丶コトナシ
第 26 条　日本臣民ハ法律ニ定メタル場合ヲ除ク外信書ノ秘密ヲ侵サル丶コトナシ
第 27 条　① 日本臣民ハ其ノ所有権ヲ侵サル丶コトナシ
　　　　　② 公益ノ為必要ナル処分ハ法律ノ定ムル所ニ依ル
第 28 条　日本臣民ハ安寧秩序ヲ妨ケス及臣民タルノ義務ニ背カサル限ニ於テ信教ノ自由ヲ有ス
第 29 条　日本臣民ハ法律ノ範囲内ニ於テ言論著作印行集会及結社ノ自由ヲ有ス
第 30 条　日本臣民ハ相当ノ敬礼ヲ守リ別ニ定ムル所ノ規程ニ従ヒ請願ヲ為スコトヲ得
第 31 条　本章ニ掲ケタル条規ハ戦時又ハ国家事変ノ場合ニ於テ天皇大権ノ施行ヲ妨クルコトナシ
第 32 条　本章ニ掲ケタル条規ハ陸海軍ノ法令又ハ紀律ニ抵触セサルモノニ限リ軍人ニ準行ス

第 3 章　　帝 国 議 会

第 33 条　帝国議会ハ貴族院衆議院ノ両院ヲ以テ成立ス
第 34 条　貴族院ハ貴族院令ノ定ムル所ニ依リ皇室華族及勅任セラレタル議員ヲ以テ組織ス
第 35 条　衆議院ハ選挙法ノ定ムル所ニ依リ公選セラレタル議員

大日本帝国憲法

ヲ以テ組織ス

第 36 条　何人モ同時ニ両議院ノ議員タルコトヲ得ス

第 37 条　凡テ法律ハ帝国議会ノ協賛ヲ経ルヲ要ス

第 38 条　両議院ハ政府ノ提出スル法律案ヲ議決シ及各々法律案ヲ提出スルコトヲ得

第 39 条　両議院ノ一ニ於テ否決シタル法律案ハ同会期中ニ於テ再ヒ提出スルコトヲ得

第 40 条　両議院ハ法律又ハ其ノ他ノ事件ニ付各々其ノ意見ヲ政府ニ建議スルコトヲ得但シ其ノ採納ヲ得サルモノハ同会期中ニ於テ再ヒ建議スルコトヲ得ス

第 41 条　帝国議会ハ毎年之ヲ召集ス

第 42 条　帝国議会ハ三箇月ヲ以テ会期トス必要アル場合ニ於テハ勅命ヲ以テ之ヲ延長スルコトアルヘシ

第 43 条　①　臨時緊急ノ必要アル場合ニ於テ常会ノ外臨時会ヲ召集スヘシ

②　臨時会ノ会期ヲ定ムルハ勅命ニ依ル

第 44 条　①　帝国議会ノ開会閉会会期ノ延長及停会ハ両院同時ニ之ヲ行フヘシ

②　衆議院解散ヲ命セラレタルトキハ貴族院ハ同時ニ停会セラルヘシ

第 45 条　衆議院解散ヲ命セラレタルトキハ勅命ヲ以テ新ニ議員ヲ選挙セシメ解散ノ日ヨリ五箇月以内ニ之ヲ召集スヘシ

第 46 条　両議院ハ各々其ノ総議員三分ノ一以上出席スルニ非サレハ議事ヲ開キ議決ヲ為スコトヲ得ス

第 47 条　両議院ノ議事ハ過半数ヲ以テ決ス可否同数ナルトキハ議長ノ決スル所ニ依ル

第 48 条　両議院ノ会議ハ公開ス但シ政府ノ要求又ハ其ノ院ノ決

大日本帝国憲法

　　　　　　議ニ依リ秘密会ト為スコトヲ得
第 49 条　両議院ハ各々天皇ニ上奏スルコトヲ得
第 50 条　両議院ハ臣民ヨリ呈出スル請願書ヲ受クルコトヲ得
第 51 条　両議院ハ此ノ憲法及議院法ニ掲クルモノヽ外内部ノ整理ニ必要ナル諸規則ヲ定ムルコトヲ得
第 52 条　両議院ノ議員ハ議院ニ於テ発言シタル意見及表決ニ付院外ニ於テ責ヲ負フコトナシ但シ議院自ラ其ノ言論ヲ演説刊行筆記又ハ其ノ他ノ方法ヲ以テ公布シタルトキハ一般ノ法律ニ依リ処分セラルヘシ
第 53 条　両議院ノ議員ハ現行犯罪又ハ内乱外患ニ関スル罪ヲ除ク外会期中ノ院ノ許諾ナクシテ逮捕セラルヽコトナシ
第 54 条　国務大臣及政府委員ハ何時タリトモ各議院ニ出席シ及発言スルコトヲ得

　　　　第 4 章　　国務大臣及枢密顧問

第 55 条　①　国務大臣ハ天皇ヲ輔弼シ其ノ責ニ任ス
　　　　　②　凡テ法律勅令其ノ他国務ニ関スル詔勅ハ国務大臣の副署ヲ要ス
第 56 条　枢密顧問ハ枢密院官制ノ定ムル所ニ依リ天皇ノ諮詢ニ応ヘ重要ノ国務ヲ審議ス

　　　　第 5 章　　司　　　法

第 57 条　①　司法権ハ天皇ノ名ニ於テ法律ニ依リ裁判所之ヲ行フ
　　　　　②　裁判所ノ構成ハ法律ヲ以テ之ヲ定ム
第 58 条　①　裁判官ハ法律ニ定メタル資格ヲ具フル者ヲ以テ之ニ任ス

②　裁判官ハ刑法ノ宣告又ハ懲戒ノ処分ニ由ルノ外其ノ職ヲ免セラルヽコトナシ

③　懲戒ノ条規ハ法律ヲ以テ之ヲ定ム

第 59 条　裁判ノ対審判決ハ之ヲ公開ス但シ安寧秩序又ハ風俗ヲ害スルノ虞アルトキハ法律ニ依リ又ハ裁判所ノ決議ヲ以テ対審ノ公開ヲ停ムルコトヲ得

第 60 条　特別裁判所ノ管轄ニ属スヘキモノハ別ニ法律ヲ以テ之ヲ定ム

第 61 条　行政官庁ノ違法処分ニ由リ権利ヲ傷害セラレタリトスルノ訴訟ニシテ別ニ法律ヲ以テ定メタル行政裁判所ノ裁判ニ属スヘキモノハ司法裁判所ニ於テ受理スルノ限ニ在ラス

第 6 章　会　　計

第 62 条　①　新ニ租税ヲ課シ及税率ヲ変更スルハ法律ヲ以テ之ヲ定ムヘシ

②　但シ報償ニ属スル行政上ノ手数料及其ノ他ノ収納金ハ前項ノ限ニ在ラス

③　国債ヲ起シ及予算ニ定メタルモノヲ除ク外国庫ノ負担トナルヘキ契約ヲ為スハ帝国議会ノ協賛ヲ経ヘシ

第 63 条　現行ノ租税ハ更ニ法律ヲ以テ之ヲ改メサル限ハ旧ニ依リ之ヲ徴収ス

第 64 条　①　国家ノ歳出歳入ハ毎年予算ヲ以テ帝国議会ノ協賛ヲ経ヘシ

②　予算ノ款項ニ超過シ又ハ予算ノ外ニ生シタル支出アルトキハ後日帝国議会ノ承諾ヲ求ムルヲ要ス

第 65 条　予算ハ前ニ衆議院ニ提出スヘシ

大日本帝国憲法

- 第 66 条　皇室経費ハ現在ノ定額ニ依リ毎年国庫ヨリ之ヲ支出シ将来増額ヲ要スル場合ヲ除ク外帝国議会ノ協賛ヲ要セス
- 第 67 条　憲法上ノ大権ニ基ツケル既定ノ歳出及法律ノ結果ニ由リ又ハ法律上政府ノ義務ニ属スル歳出ハ政府ノ同意ナクシテ帝国議会之ヲ廃除シ又ハ削減スルコトヲ得ス
- 第 68 条　特別ノ須要ニ因リ政府ハ予メ年限ヲ定メ継続費トシテ帝国議会ノ協賛ヲ求ムルコトヲ得
- 第 69 条　避クヘカラサル予算ノ不足ヲ補フ為ニ又ハ予算ノ外ニ生シタル必要ノ費用ニ充ツル為ニ予備費ヲ設クヘシ
- 第 70　① 公共ノ安全ヲ保持スル為緊急ノ需要アル場合ニ於テ内外ノ情形ニ因リ政府ハ帝国議会ヲ召集スルコト能ハサルトキハ勅令ニ依リ財政上必要ノ処分ヲ為スコトヲ得
　　② 前項ノ場合ニ於テハ次ノ会期ニ於テ帝国議会ニ提出シ其ノ承諾ヲ求ムルヲ要ス
- 第 71 条　帝国議会ニ於テ予算ヲ議定セス又ハ予算成立ニ至ラサルトキハ政府ハ前年度ノ予算ヲ施行スヘシ
- 第 72 条　① 国家ノ歳出歳入ノ決算ハ会計検査院之ヲ検査確定シ政府ハ其ノ検査報告ト俱ニ之ヲ帝国議会ニ提出スヘシ
　　② 会計検査院ノ組織及職権ハ法律ヲ以テ之ヲ定ム

第 7 章　補　則

- 第 73 条　① 将来此ノ憲法ノ条項ヲ改正スルノ必要アルトキハ勅命ヲ以テ議案ヲ帝国議会ノ議ニ付スヘシ
　　② 此ノ場合ニ於テ両議院ハ各々其ノ総員三分ノ二以上出席スルニ非サレハ議事ヲ開クコトヲ得ス出席議院三分ノ二以上ノ多数ヲ得ルニ非サレハ改正ノ議決ヲ為スコトヲ得ス

第 74 条　①　皇室典範ノ改正ハ帝国議会ノ議ヲ経ルヲ要セス
　　　　　②　皇室典範ヲ以テ此ノ憲法ノ条項ヲ変更スルコトヲ得ス
第 75 条　憲法及皇室典範ハ摂政ヲ置クノ間之ヲ変更スルコトヲ得ス
第 76 条　①　法律規則命令又ハ何等ノ名称ヲ用キタルニ拘ラス此ノ憲法ニ矛盾セサル現行ノ法令ハ総テ遵由ノ効力ヲ有ス
　　　　　②　歳出上政府ノ義務ニ係ル現在ノ契約又ハ命令ハ総テ第六十七条ノ例ニ依ル

［参 考 文 献］

芦部信喜・憲法（新版・補訂版）（岩波書店、1999 年）
芦部信喜・憲法学Ⅱ 人権総論（有斐閣・1994 年）
芦部信喜・憲法学Ⅲ 人権各論(1)（増補版）（有斐閣・2000 年）
芦部信喜編・判例ハンドブック（憲法）（第 2 版）（日本評論社・1992 年〉
芦部信喜・演習憲法（新版）（有斐閣・1988 年）
芦部信喜＝小嶋和司＝田口精一・憲法の基礎知識（有斐閣・1966 年）
芦部信喜・憲法叢説 2 人権と統治（信山社・1994 年）
阿部照哉＝池田政章＝初宿正典＝戸松秀典編・憲法判例（第 3 版増補）（有斐閣・1997 年）
伊藤正巳・憲法（弘文堂・1982 年）
伊藤正巳＝尾吹善人＝樋口陽一＝戸松秀典・注釈憲法（第 3 版）（有斐閣・1995 年）
鵜飼信成・憲法全書（岩波書店・1956 年）
鵜飼信成・新版憲法（弘文堂・1968 年）
清宮四郎・憲法Ⅰ―統治の機構（第 3 版）（法律学全集）（有斐閣・1979 年）
小嶋和司＝大石　真・憲法概観（第 5 版）（有斐閣・1998 年）
小林直樹・憲法講義（上、下）（新版）（東京大学出版会、1980 年・1981 年）
佐藤　功・憲法（上、下）（ポケット註釈全書）（有斐閣・1983 年、1984 年）
佐藤　功・日本国憲法概説（全訂 5 版）（学陽書房・1996 年）
佐藤　功編　教材憲法入門（有斐閣・1966 年）

[参 考 文 献]

高野雄一・集団安保と自衛権（東信堂・1999年）

高野幹久・ケース・メソッド教養法学新講（下）憲法（信山社・1983年）

中村睦男他・教材憲判判例（北海道大学図書刊行会・2000年）

野中俊彦＝江橋　崇編著・憲法判例集（第7版）（有斐閣・1997年）

宮澤俊義＝芦部信喜・全訂日本国憲法（日本評論社・1978年）

宮澤俊義・憲法II―基本的人権（新版）（法律学全集）（有斐閣・1971年）

渡辺洋三・憲法と国連憲章（岩波書店・1993年）

綿貫芳源＝木村　実＝金子正史・憲法25講（新版）（有斐閣・1984年）

竹内昭夫＝松尾浩也＝塩野宏編集代表・新法律学辞典（第3版）（有斐閣・1989年）

内閣法制局法令用語研究会編・法律用語辞典（有斐閣・1993年、第2版・2000年）

芦部信喜＝高橋和之＝長谷部恭男編・憲法判例百選I、II（第4版（別冊ジュリスト154、155）（有斐閣・2000年）

判例索引 (年月日順)

最大判昭 23・3・12 刑集 2・3・191 ……………………237
最大判昭 23・5・5 刑集 2・5・447 ……………………237
最大判昭 23・5・26 刑集 2・6・529(プラカード事件)……**53**
最大判昭 23・6・30 刑集 2・7・777 ……………………237
最大判昭 23・7・8 刑集 2・8・801 ……………………112
最大判昭 23・7・14 刑集 2・8・846 ……………………241
最大判昭 23・7・19 刑集 2・8・944 ……………………241
最大判昭 23・7・29 刑集 2・9・1045……………………239
裁判昭 23・9・29 刑集 2・10・1235………………………253
最大判昭 23・12・27 刑集 2・14・1934…………………239
最大判昭 24・3・23 刑集 3・3・352 ……………………292
最大判昭 24・5・18 刑集 3・6・772 ……………………274
最大判昭 24・11・30 刑集 3・11・1857…………………239
最大判昭 25・2・1 刑集 4・2・73 ………………………112
最大判昭 25・3・30 刑集 4・3・308 ……………………238
最大判昭 25・9・27 刑集 4・9・1805……………………242,243
最大判昭 25・10・11 刑集 4・10・2037…………………173,174
最大判昭 25・10・25 刑集 4・10・2126 ………………12,166
最大判昭 25・11・15 刑集 4・11・2257(山田鋼業事件)………**270**
最判昭 25・12・28 民集 4・12・683(人身保護請求事件)………**133**
最判昭 26・4・28 民集 5・5・336 ………………………242
最判昭 26・8・9 刑集 5・9・1750 ………………………274
最判昭 27・2・22 民集 6・2・258 ………………………144
最大判昭 27・10・8 民集 6・9・783 ……………………65,108,112

判 例 索 引

最判昭 28・2・12 刑集 7・2・204 ……………………………………241
最大判昭 28・4・8 刑集 7・4・775(政令 201 号事件) ……153,162
最大判昭 29・10・13 民集 8・10・1846 ……………………………292
裁判昭 29・11・24 刑集 8・11・1866 ……………………………205,208
最大判昭 30・1・26 刑集 9・1・89 …………………………………225
最大判昭 30・3・23 民集 9・3・336 …………………………………119
最大判昭 30・4・6 刑集 9・4・663 …………………………………241
最大判昭 30・4・27 刑集 9・5・924 …………………………………236
最大判昭 30・12・14 刑集 9・13・2756 ……………………………171
最大判昭 30・12・14 刑集 9・13・2760 ……………………………234
最判昭 31・5・24 刑集 10・5・734 ……………………………………12
最判昭 31・7・4 民集 10・7・785(謝罪広告事件) ………………182
最大判昭 32・2・20 刑集 11・2・802 ……………………………239,240
最大判昭 32・2・20 刑集 11・2・824 …………………………………12
裁判昭 32・3・13 刑集 11・3・997 ……………………………………207
最大判昭 33・3・28 民集 12・4・624 …………………………………119
最大判昭 33・5・28 刑集 12・8・1718 ………………………………242
最判昭 33・6・13 刑集 12・9・2009 …………………………………241
最判昭 33・9・10 民集 12・13・1969 …………………………………222
最大判昭 33・12・24 民集 12・16・3352 ……………………………123
最大判昭 34・12・16 刑集 13・13・3225(砂川事件上告審) …25,44,60
最大判昭 35・6・8 民集 14・7・1206(苫米地事件) …………71,109
最大決昭 35・7・6 民集 14・9・1657 …………………………………292
裁判昭 35・7・20 刑集 14・9・1243 …………………………………205
最大判昭 37・3・7 民集 16・3・445 …………………………………108
最大判昭 37・5・2 刑集 16・5・495 …………………………………240
最大判昭 37・5・30 刑集 16・5・577 …………………………………131

最大判昭 37・11・28 刑集 16・11・1593（第三者所有物没収事件）
　　……………………………………………………………144, 231
最大判昭 38・3 ・27 刑集 17・2 ・121 ……………………………128
最大判昭 38・5 ・15 刑集 17・4 ・302 ……………………………190
最大判昭 38・5 ・22 刑集 17・4 ・370（ポポロ事件）……………195
最大判昭 38・6 ・26 刑集 17・5 ・521 ……………………………228
最判昭 38・12・24 刑集 17・12・2537 ………………………………12
最大判昭 39・2 ・5 民集 18・2 ・270 ………………………………85
最大判昭 39・2 ・26 民集 18・2 ・343 ……………………………265
最大判昭 39・5 ・27 民集 18・4 ・676 　……………12, 174, 177
最判昭 39・6 ・5 刑集 18・5 ・189 ………………………………243
最判昭 39・11・18 刑集 18・9 ・579 ………………………………151
最大判昭 40・4 ・28 刑集 19・3 ・240 ……………………………243
最大決昭 40・6 ・30 民集 19・4 ・1089（家事審判事件）　……289, 292
最判昭 41・7 ・1 刑集 20・6 ・537 ………………………………241
最大判昭 41・10・26 刑集 20・8 ・901（東京中郵事件）…154, 163, 274
裁判昭 42・5 ・24 民集 21・5 ・1043 ……………………………253
裁判昭 42・12・21 刑集 21・10・1476 ……………………………242
最大判昭 44・6 ・11 刑集 23・7 ・941 ……………………………239
裁判昭 44・7 ・11 民集 23・5 ・1470 ……………………………222
最大決昭 44・11・26 刑集 23・11・1490（博多駅テレビフィルム
　事件）………………………………………………………201, 208
最大判昭 47・11・22 刑集 26・9 ・554 ……………………………240
最大判昭 47・11・22 刑集 26・9 ・586 ……………………………208, 224
最大判昭 47・12・20 刑集 26・10・631 ……………………………238
最判昭 48・3 ・22 刑集 27・2 ・167 ………………………………217

判例索引

最大判昭 48・4・4 刑集 27・3・265(尊属殺人被告事件)
　　　………………………………………………11,114,165,173
最大判昭 48・4・25 刑集 27・4・547(全農林警職法事件)
　　　……………………………………………………155,163,273
最大判昭 48・12・12 民集 27・11・1536(三菱樹脂事件)　140,144,171
最大判昭 50・4・30 民集 29・4・572(薬事法事件) ……114,210,219
最大判昭 50・9・10 刑集 29・8・489(徳島市公安条例事件)
　　　……………………………………………………135,205,209
最大判昭 51・4・14 民集 30・3・223(衆議院議員定数違憲訴訟)
　　　………………………………………………85,114,173,287
最大判昭 51・5・21 刑集 30・5・615(旭川学力テスト事件)
　　　……………………………………………………198,261,269
最大判昭 52・5・4 刑集 31・3・182 …………………………163
最大判昭 52・7・13 民集 31・4・533
　　(津地鎮祭事件上告審) ………………………………187,194
最判昭 53・5・31 刑集 32・3・457 ……………………………214
最判昭 53・9・7 刑集 32・6・1672 ……………………………236
最判昭 53・10・20 民集 32・7・1367 …………………………293
最判昭 54・7・24 刑集 33・5・416 ……………………………239
裁判昭 55・11・28 刑集 34・6・433 ……………………………207
最判昭 56・4・7 民集 35・3・443(板まんだら事件) ……………105
裁判昭 56・4・16 刑集 35・3・84 …………………………207,215
最大判昭 56・12・16 民集 35・10・1369(大阪空港公害訴訟上告審)
　　　……………………………………………………………250,276
最判昭 57・4・8 民集 36・4・594 ……………………………280
最判昭 57・9・9 民集 36・9・1679 ……………………………65
最大判昭 58・4・27 民集 37・3・345 …………………………287

裁判昭 60・1・22 民集 39・1・1 ……………………………………222
最大判昭 60・7・17 民集 39・5・1100 ………………………………287
最大判昭 62・4・22 民集 41・3・408 ……………………………114,227
最判平成 4・4・28 判時 1422・91
　（台湾住民元日本兵戦死傷者損失補償請求事件）…………149
最大判平 5・2・16 民集 47・3・1687 ……………………………122
最大判平 7・2・22 刑集 49・2・1（ロッキード事件）…95,104,238
最判平 7・2・28 民集 49・2・639（外国人の選挙権訴訟）………281
最大判平 8・9・11 民集 50・8・2283…………………………………287
最大判平 9・4・2 民集 51・4・1673 ……………………………114,216
最判平 9・9・9 民集 51・8・3850 …………………………………93
最大判平 10・9・2 民集 52・6・1373 ………………………………287

東京地判昭 28・10・19 行裁例集 4・10・2540 ………………………79
東京地判昭 29・5・11 判時 26・3 ……………………………………200
東京高判昭 29・9・22 行裁例集 5・9・2181 ………………………79
東京地決昭 29・3・6 判時 22・3 ……………………………………92
東京地判昭 34・3・30 下刑集 1・3・776（砂川事件第一審）…23,60
東京地判昭 35・10・19 行裁例集 11・10・2921 ……………………277
東京地判昭 37・1・22 判時 297・7 …………………………………92
東京地判昭 39・9・28 下民集 15・9・2317（「宴のあと」事件）
　………………………………………………………………203,207,214
東京地判昭 40・6・26 下刑集 7・6・1275 …………………………217
東京地判昭 41・1・21 判時 444・19 …………………………………93
旭川地判昭 41・5・25 判時 453・16 …………………………………262
東京高判昭 41・9・14 高裁刑集 19・6・656 ………………………217
東京地判昭 41・12・20 労民 17・6・1407 …………………………144

津地判昭 42・3・16 行裁例集 18・3・246 …………………………193
札幌地判昭 42・3・29 下刑集 9・3・359……………………………64, 113
札幌高判昭 43・6・26 判時 524・25 ………………………………262
東京地判昭 44・7・1 判時集 560・23………………………………144, 145
東京高判昭 44・12・17 高刑集 22・6・924 ………………………93
東京地判昭 45・7・17 行裁例集 21・7 別冊 …………………206, 268, 279
名古屋高判昭 46・5・14 行裁例集 22・5・680
　（津地鎮祭事件控訴審）……………………………………185, 193
札幌地判昭 48・9・7 判時 712・24（長沼ナイキ基地訴訟）……60, 64
大阪地判昭 49・2・27 判時 729・3 …………………………………95
東京地判昭 49・7・16 判時 751・47 ………………………………267, 279
大阪高判昭 50・11・27 判時 797・36（大阪空港公害訴訟控訴審）　248
東京高判昭 50・12・20 判時 800・19 ………………………………280
札幌高判昭 51・8・5・行裁例集 27・8・1175………………………64
名古屋地判昭 55・9・11 判時 976・40 ……………………………258
札幌地判昭 55・10・14 判時 988・37 ………………………………258
東京地判昭 58・10・12 判時 1103・3 ………………………………95
松山地判平 1・3・17 行裁例集 40・3・188 …………………………216
東京高判平 1・6・27 行裁例集 40・6・661 …………………………280
東京高判平 2・1・29 高民集 43・1・1
　（幼児教室に対する公金補助事件）………………………………117
福岡高判平 4・2・28 判時 1426・85 …………………………………216
高松高判平 4・5・12 行裁例集 43・5・717 …………………………216
大阪高判平 4・7・30 判時 1434・38 …………………………………216

〈著者紹介〉
1967年　東京大学大学院法学政治研究科博士後期課程修了
　　　　公法（憲法・国際法）専攻
1989年　University of Pennsylvania Law School 修了
　　　　（LL.M., アメリカ合衆国憲法・英米法・国際法専攻）
現　在　関東学院大学法学部・大学院法学研究科教授
　　　　（憲法・比較憲法・アメリカ法・国際法担当）

　主　著

憲法判断回避の理論〔英文〕（1992年・信山社）
現代国際関係法の諸問題（1994年・信山社）
アメリカ憲法綱要―ケース・メソッド（2001年・信山社）

日本国憲法概論 ── ケース・メソッド ──

| 平成13年11月10日 | 第1版第1刷発行 | 1962-0101 |
| 平成16年 4月30日 | 第1版第2刷発行 | 1962-0102 |

著　書　　髙　野　幹　久
発 行 者　　今　井　　　貴
発 行 所　　信山社出版株式会社
〒113 東京都文京区本郷6-2-9-102
モンテベルデ第2東大前
henshu@shinzansha.co.jp

2001, 髙野幹久　Printed in Japan
ISBN4-7972-1962-9 C3332　1962-0102-050-050
NDC分類322・911